LA DIFUSIÓN DEL PATRIMONIO DE LA PROVINCIA DE CIUDAD REAL A TRAVÉS DE LOS PRODUCTOS FILATÉLICOS

Manuel T. Labián Vázquez

LA DIFUSIÓN DEL PATRIMONIO DE LA PROVINCIA DE CIUDAD REAL A TRAVÉS DE LOS PRODUCTOS FILATÉLICOS

BIBLIOTECA DE AUTORES MANCHEGOS
DIPUTACION DE CIUDAD REAL

Primera edición: 2025

© Manuel-Tomás Labián Vázquez
© Diputación Provincial de Ciudad Real

Edita: Servicio de Cultura. Diputación Provincial
Biblioteca de Autores Manchegos (BAM)
Plaza de la Constitución, 1. 13001 Ciudad Real
Tlf.: 926292575
Web: www.dipucr.es

Cubierta: BAM. Portada: Sello de Correos con letras CR y motivos de la provincia de Ciudad Real, de la serie «12 meses, 12 sellos», FNMT, 2020. Contraportada: Sello de Correos *En un lugar de la Mancha*, realizado por Mingote, de la serie «Correspondencia epistolar escolar», FNMT, 1998.

Coordinación editorial: Jesús Reviejo
Colección General, número 249

Imprime: Producciones MIC, S.L.
ISBN: 978-84-7789-424-7
Depósito Legal: CR-262-2025

Impreso en España

A mis padres, por su ejemplo.
A mi esposa e hijo, por su estímulo.
A mis nietos, como recuerdo.

ÍNDICE

DOBLEMENTE PATRIMONIO

«El coleccionista de sellos se cartea con el pasado».
RAMÓN GÓMEZ DE LA SERNA, *Total de greguerías*, 1962

Prologar un libro como el que tiene en sus manos cumple con muchas de las premisas de la autora de estas líneas: investigación y divulgación del Patrimonio Cultural en este siglo XXI que avanza inexorable. El autor, a través de los sellos, nos introduce en el conocimiento de cómo nos han mostrado elementos referenciales de nuestra provincia mediante esos pequeños rectángulos adheridos a las cartas comerciales, oficiales, familiares o de amor.

El texto parte del nacimiento del correo postal, se presenta la evolución de los acontecimientos de forma rigurosa y fluida, transitando desde el nacimiento de las comunicaciones escritas a la definición de los sellos postales, todo ello con la pasión del coleccionista «que se cartea con el pasado», pero con la metodología del investigador. Se introduce con detenimiento en todos los entresijos de esas estampillas de nuestro correo postal, para finalmente aplicarlo a nuestra provincia. Son objetos presentes de forma rotunda en los siglos pasados y ahora, poco a poco, en el olvido en aras de la tecnología de la inmediatez.

Nos encontramos ante el estudio de un filatélico que ha pasado horas con cada uno de los sellos de su colección, observando cada una de sus piezas con el deleite del trabajo de ilustradores y grabadores, pero que ha sabido ver qué hay mucho más allá de los valores de cada uno de esos pequeños trozos de papel. Son elementos de comunicación entre el organismo creador y los ciudadanos. La mirada humana es visión e interpretación. Los que nacieron como obras de valor simbólico con la iconografía de los gobernantes se transformaron y pasaron a mostrar acontecimientos, obras literarias o monumentos, y es ahí donde el sello se convirtió en un maravilloso objeto de divulgación.

Cada uno de ellos es un elemento patrimonial en sí mismo, pero en la lectura que se nos presenta encontramos un valor añadido: cómo nuestra provincia se ha representado, mostrado o publicitado a través de cada una de las viñetas. Desfilan en las páginas que siguen a estas palabras, dibujos, grabados, pinturas, fotografías... como medios para describir el territorio, personajes, hazañas, productos... que han circulado desde hace más de un siglo fuera de la provincia por nuestro país y lejos de nuestras fronteras. Se aprovecha cada uno de ellos para mostrar la historia, geografía, sociedad, arte..., convirtiendo el libro en un paseo apasionante.

La identificación de La Mancha con la provincia es uno de los lugares comunes más asumidos, tanto por las instituciones como por los ciudadanos, así que, cuando se trata de presentar cómo se nos ha mostrado en la filatelia, estudiar los valores faciales del Quijote se hace imprescindible. Sobre todo, nos encontramos, tal y como desarrolla el autor, la importancia que tiene para la historia del sello. En España se rompe con la tradicional representación de la esfinge de los gobernantes con la realización de una serie conmemorativa del III Centenario de la edición de la primera parte del *Quijote* en 1905, a la que se dedicaron importantes medios tanto en la autoría como en la edición. Fue una de las muchas actuaciones que se planificaron para celebrar el aniversario y abarcaron importantes ámbitos socioculturales en el país. La inclusión de los valores filatélicos puso por primera vez en el punto de mira las posibilidades de tan humilde, pero significativo, papelito.

En el texto aparece también la falta de implicación social y administrativa que no ha demandado a la Real Fábrica de Moneda y Timbre la realización de más valores relacionados con la provincia de Ciudad Real.

En este siglo XXI, del que ya casi ha transcurrido un cuarto, en el que el acto de pegar un sello a una carta o postal es cada vez más excepcional, se siguen produciendo los sellos, tanto para coleccionistas como para aquellos que en un ejercicio de rebeldía no queremos olvidar lo que significa la comunicación epistolar y, tras poner el sello, depositamos en el buzón una parte de nosotros.

Tenemos un texto imprescindible, fruto de dos procesos: una investigación minuciosa, rigurosa y brillante a la que se une la pasión que caracteriza a su autor por la preservación del Patrimonio, llámese filatélico, literario, histórico o artístico y que desea compartir con usted, lector.

Esther Almarcha Núñez-Herrador
Centro de Estudios de Castilla-La Mancha (UCLM)

INTRODUCCIÓN

Página anterior: Esta hoja bloque emitida en 2016 muestra una imagen del Madison Square Park de Nueva York, donde se exhibió en 2011 una de las esculturas del artista catalán Jaume Plensa, titulada *Echo*. Se trata de la cabeza de una niña, de 13 metros y medio de altura, fabricada en resina de fibra de vidrio y recubierta de gel de mármol. La escultura está inspirada en la ninfa de la mitología griega Eco, ninfa que perdió su voz y fue condenada a repetir la palabra de otros. Según el artista, el rostro de la escultura está basado en el de una niña de nueve años, hija del dueño de un restaurante cercano a su casa en Barcelona. El sello que completa la hoja bloque recoge la imagen de la escultura como motivo principal.

*Cada colección de sellos
oculta una historia personal de
esfuerzo y superación.*

1. PROPÓSITO Y MOTIVACIÓN DE ESTA OBRA

Respondía el escultor Jaume Plensa cuando se le preguntaba, si el sello era una pieza apropiada para transmitir el arte de un país:

«... que éste era un vehículo perfecto para ayudar a que circulen y se compartan ideas e imágenes».

Posiblemente sea lo atractivo y sugerente de estas ideas que transmiten lo que me llevó, hace ya más de cincuenta años, a coleccionar sellos. Afición esta que me está causando ya problemas de espacio donde almacenar los álbumes pues, aunque solo colecciono sellos de España, y desde hace treinta años, solo nuevos, los documentos se van amontonando y ocupando un sitio, al que cada vez recurría menos. Por otro lado, mi hijo no tiene espíritu de coleccionista y me ha confesado que no tiene ningún interés por mi colección, quizás por culpa mía, que nunca me he sentado a su lado, lupa en mano, para experimentar juntos el placer de descubrir en tan pequeño trozo de papel toda una historia. No me extrañaría, por tanto, que, cuando yo falte, esta parte de mi vida vaya a parar a un rincón olvidado de algún trastero, o en el mejor de los casos sea vendida en la Plaza Mayor de Madrid, donde algún comerciante le pagará, con suerte, lo suficiente para invitar a su mujer a comer en la cercana cava de Cuchilleros. Aún me queda la esperanza de que, a mis nietos, aun pequeños, pueda inculcarles esta afición filatélica y me quede el suficiente tiempo de vida para, a su lado, hojear los numerosos álbumes y, por qué no, este trabajo, y despertar en los pequeños la ilusión por los sellos, y a través de ellos el amor a sus raíces; en definitiva, a su país.

Y es que los sellos, que, además de su atractivo artístico, formativo y placentero para todo coleccionista, tenían hace unas décadas un incentivo económico como inversión, pues su pequeña pero continua revalorización representaba una forma de ahorro, son en la actualidad un fallido negocio financiero, ya que las piezas de colección se revalorizan cuando hay un mercado activo con muchos coleccionistas implicados en él. Desde hace ya bastantes años el número de coleccionistas de sellos está disminuyendo, y las nuevas generaciones prácticamente no se interesan por algo que las actuales tecnologías de comunicación han eludido como obsoletos y carentes de sentido. Por tanto, al disminuir ostensiblemente el número de demandas, el mercado se hunde y, para colmo, el affaire en 2006 de Fórum Filatélico y Afinsa terminó de sembrar la desconfianza en el sector.

Sin embargo, yo, como historiador del Arte, no podía inhibirme y no aprovechar mis conocimientos y esta colección para investigar y estudiar de qué forma los sellos, como objeto artístico, eran capaces de comunicar las ideas, la historia, los monumentos o los personajes que han conformado nuestra realidad y nuestra idiosincrasia, e intentar transmitir el valor artístico y de sabiduría de estas pequeñas obras de arte a esas nuevas generaciones, fomentando en ellas un interés filatélico que se está perdiendo.

Fruto de estos trabajos de investigación fue un trabajo fin de máster (TFM) sobre *El Quijote en la Filatelia*, en el año 2018, o mi tesis doctoral, defendida en marzo de 2023, sobre *La difusión del Patrimonio de Castilla-La Mancha a través de los productos filatélicos*.

De toda la documentación recogida y estudiada para estos trabajos, hemos seleccionado todos los valores filatélicos relativos a la provincia de Ciudad Real, lugar donde nací y resido. Por tanto, vamos a contar aquí cómo se ha reflejado nuestra provincia en los productos filatélicos: sus gentes, su geografía, su patrimonio artístico, su gastronomía, los hechos sociopolíticos que han configurado su historia, los artistas cuya obra ha trascendido a nivel nacional o internacional; en fin, todo aquello que ha acontecido en Ciudad Real, que debe ser sabido, y que han utilizado los sellos como vehículo de conocimiento.

Pero además, con esta visión de tantos lugares, personajes y acontecimientos, pretendemos crear una conciencia provincial de lo mucho que tenemos, de cómo hemos influido a lo largo de la historia en la formación de este país, de cómo las órdenes militares, la trashumancia o la Iglesia han constituido el germen de nuestros pueblos y ciudades. Pero dada la magnitud de lugares y hechos que aquí consideramos, su estudio solo puede ser superficial, lo suficiente para despertar en el lector ajeno la curiosidad por adentrase en los entresijos de esta tierra, que no es de paso. Y en el paisano, hacerle ver lo poco que la conoce y lo mucho que debe amarla y sentirse orgulloso de ella.

Desgraciadamente, en estos 170 años de historia filatélica, en los más de 6.000 sellos que se han emitido en España, solo 38 tienen motivos referidos a la provincia de Ciudad Real, con los criterios que más adelante expondremos. Tan ridícula representación frente al abultado número de emisiones nos tiene que llevar a una seria reflexión, de cuáles son los motivos, motivos que intentaremos deducir en las conclusiones finales de este libro.

Sin embargo, hay un personaje de ficción de esta tierra «…de la Mancha» del que comprobamos, no sin cierta sorpresa, que es uno de los más filatelizados en España, y su imagen, más que representativa de La Mancha, es un icono español y, como tal, es utilizado una y otra vez, independientemente de la ideología del gobierno de turno. Comprobamos también cómo se han eludido en las emisiones filatélicas los personajes que acompañaban al caballero a lo largo de la novela: el cura, el bachiller, el ama, la sobrina... Solo el fiel escudero Sancho es reflejado en algunas ocasiones por su protagonismo en determinados capítulos y, sin embargo, el carácter, la idiosincrasia, las costumbres y el lenguaje de unos personajes eminentemente manchegos, que aún no se han perdido y siguen existiendo en muchos pequeños pueblos de nuestra provincia, son obviados. De igual manera eran olvidados los numerosos lugares, escenarios de las hazañas del loco egregio. En fin, que la figura de don Quijote ha salido mucho en los sellos, La Mancha poco.

Pero La Mancha, y concretamente Ciudad Real, no es solo *El Quijote*, es mucho más. Es lo que nos proponemos exponer en este trabajo, y de cómo lo han entendido las distintas administraciones a la hora de hacer sus planificaciones filatélicas, incluso de cómo los manchegos nos hemos preocupado por nuestro patrimonio, nuestros héroes o nuestros hechos relevantes, para que se vieran reflejados en un sello de Correos.

Pues igual que don Alonso Quijano, pero en lugar de lanza, «lupa en ristre», me puse a revisar mi colección, a interesarme por el mensaje que cada valor pretendía transmitirnos, a recordar esos momentos de mi historia tan íntimamente ligados a las efemérides que se conmemoraban con cada emisión. A rememorar los paisajes y monumentos que había visto y conocido y que el pequeño sello me testificaba que existían y estaban allí. Conforme me acercaba a los últimos años, iba comprendiendo el tremendo esfuerzo que la Sociedad Estatal de Correos y Telégrafos estaba haciendo por ponerse al día en tecnología y preparación artística, para que sus sellos fueran realmente obras de arte. Y lo estaba consiguiendo. La evolución de sus formas (se abandonaba el cuadrilátero y se adaptaba a cualquier silueta), los colores y texturas, incluso los olores y sonidos, todo indicaba que estábamos asistiendo al nacimiento de un nuevo arte: «el arte filatélico».

El sello es un papel de pagos al Estado, es el documento que acredita que se ha satisfecho la tasa impuesta por la ejecución de un servicio: el transporte de una carta. Hasta llegar a esta forma de pago y regular este servicio de transporte, han sucedido muchas vicisitudes que pretendemos contar aquí. Por un lado, el desarrollo del Correo a lo largo de la Historia, para posteriormente llegar a la necesidad de la creación del sello y su extensión en todo el mundo, siendo representativo de la identidad de un país, de su idiosincrasia y de su cultura. Por tanto, dedicaremos parte de este libro al desarrollo postal y al sello como expresión artística y sociológica.

Y una vez comprendidos los antecedentes y funciones del franqueo postal, intentaremos exponer de qué forma Ciudad Real se ha visto representada en estas muestras artísticas. Qué se ha considerado con la suficiente importancia en nuestra provincia a nivel estatal para que figure en ella, y cómo se ha dado a conocer. Utilizar esta nueva fuente histórica, el sello, para identificar el conocimiento que se tiene de nuestro patrimonio, de nuestras gentes o de nuestras costumbres, y de cómo a lo largo del tiempo han evolucionado estas percepciones. En fin, nos asomaremos a unas pequeñas ventanas, los sellos, para observar desde otro punto de vista la provincia de Ciudad Real.

Es, por tanto, nuestro principal objetivo, determinar: si Ciudad Real está fielmente reflejada en las emisiones filatélicas. Si el número de estas es acorde con la importancia de la provincia. Si la divulgación de estos sellos, al utilizarlos como franqueo, han servido para conocer mejor esta tierra. Si los hechos, personajes o lugares que en ellos se reflejan, merecen de esta consideración y, por supuesto, si se han considerado todos los que debieran de serlo.

2. DELIMITACIÓN DEL TERRITORIO, CARACTERÍSTICAS DE LOS SELLOS A ÉL REFERIDOS Y METODOLOGÍA EMPLEADA EN SU SELECCIÓN Y ANÁLISIS

Después de los intentos fallidos en 1785 del conde de Floridablanca, de José Bonaparte en 1810, o las Cortes de Cádiz en 1813, de realizar una reordenación del territorio, es a finales de octubre de 1833 cuando la regente María Cristina inicia un ambicioso plan de reformas políticas y administrativas, encargando al entonces ministro de Fomento Javier de Burgos «una división racionalizada del territorio español». El objetivo no era otro que uniformar y centralizar el Estado, a fin de facilitar, de manera más rápida y eficaz, la labor del Gobierno central sobre el conjunto de España.

Es por tanto, con el Decreto aprobado el 30 de noviembre de 1833, cuando se define la división del estado en 49 provincias, división que se ha mantenido casi inalterada hasta la actualidad. Todas ellas tomarían el nombre de sus capitales, excepto las provincias de Navarra, Álava, Guipúzcoa y Vizcaya, que aún conservan sus denominaciones. En dicho decreto es donde se delimita la actual configuración de Ciudad Real con una extensión próxima a los 20.0000 km[2], una de las más extensas de España[1]. Su origen se remonta hasta 1691, en que se constituye la antigua provincia española de La Mancha[2], dentro del reino de Toledo y de la corona de Castilla, a cuya jurisdicción ha pertenecido desde la Reconquista y que tenía una extensión un poco mayor que la actual, con capital también en Ciudad Real[3]. Un territorio que se delimitaba desde los Montes de Toledo hasta la falda occidental de la serranía de Cuenca, La Manchuela y altiplano de Yecla; y desde la Alcarria hasta sierra de Segura y Sierra Morena, entrando en esta demarcación la denominada Mesa de Ocaña y del Quintanar, los partidos de Belmonte y San Clemente, con toda la sierra de Alcaraz (o sierra de La Mancha). Estos límites, muy imprecisos, dada su constante modificación, con entradas y salidas de municipios limítrofes, desaparecen definitivamente con la nueva división administrativa de Javier de Burgos.

No obstante, a pesar de su pertenencia al reino toledano, su dominio estuvo desde el siglo XII en manos de las poderosas órdenes militares de

Santiago, Calatrava y San Juan, que repoblaron el territorio y explotaron sus recursos, fundamentalmente ganaderos, agrícolas y mineros.

Ateniéndonos a estos poco más de tres siglos de historia provincial, podemos argumentar que no se dan unos rasgos comunes identificables con el conjunto de pueblos que la componen, y por tanto los valores vinculados a este territorio se individualizan en sellos que solo son referentes para un determinado monumento, personaje o efeméride, pero que en ningún caso inducirá al destinatario o remitente postal a identificar la imagen del franqueo con la provincia de Ciudad Real. Solo un personaje, don Quijote, se puede decir que es emblemático en todos sus pueblos, y de una forma u otra aparece la reproducción de su figura en calles, plazas o colegios. De ahí que le hayamos dedicado un capítulo aparte. Podríamos argumentar también que hay algunos hechos o elementos que podrían considerarse comunes a la mayoría de los 102 municipios que componen esta provincia, como son: la vinculación a las órdenes militares, de cuyo olvido por parte del Servicio Filatélico de Correos (SFC) comentaremos más adelante, o la dependencia de la industria vitivinícola de gran parte de la población,

Fijado por tanto nuestro estudio en el motivo del sello, que no es otro que la provincia de Ciudad Real, y de qué forma este vehículo ha sido utilizado para la difusión de los valores de esta provincia, veamos cuáles son los criterios que nos han guiado en su selección:

- Toda efeméride o documento relacionados con la provincia.
- Igualmente, con todos los pueblos que la componen.
- Cualquier lugar de Ciudad Real que, por cualquier circunstancia, sea motivo del sello.
- Manifestaciones artísticas o culturales de la provincia.
- Personajes ficticios o reales, nacidos o fallecidos en la provincia, o simplemente que hayan estado estrechamente ligados a ella por su trabajo, puesto o dedicación.
- Valores dedicados a la figura de don Quijote, la novela, su autor y las circunstancias que la rodean; este es el apartado más numeroso con 76 sellos.
- Expresiones artísticas de cualquier índole cuya manifestación esté originada o depositada en la provincia.

Con estos criterios hemos seleccionado 144 valores, que serán los que analizaremos en los capítulos 3 y 4.

De los 144 valores que hemos considerado que cumplen estas condiciones, más de la mitad, concretamente el 67%, se refieren a *El Quijote*. Lo cual es hasta cierto punto explicable, ya que posiblemente sea el único y más conocido referente de La Mancha a nivel mundial, de tal forma, que hay todavía quien considera a esta región tan ficticia y producto de la imaginación cervantina como lo son don Alonso Quijano y su fiel Sancho. En cuanto a los 38 sellos restantes, solo podemos argumentar que representan el 0,6% de los valores emitidos en España.

Dado que el principal elemento de nuestro trabajo es el sello, hemos revisado todos los valores emitidos en España desde 1850, escogiendo todos aquellos que tenían relación con nuestra provincia, así como aquellos que eran ilustrativos respecto la historia de la Comunicación o la propia historia del sello. Cada valor filatélico tiene una serie de características que lo definen y distinguen de los demás, y que hemos recogido en sus respectivas fichas e ilustraciones:

- NÚMERO DE CATÁLOGO: Es el que se le asigna a cada sello en un catálogo y que se utiliza como referencia para distinguirlo de los demás. Son varios los catálogos que han numerado los sellos españoles, aunque los más utilizados son Unifil y Fesofi. Nosotros hemos utilizado este último, asignado por la Federación de Sociedades Filatélicas, porque lo consideramos el más completo, y tiene la gran ventaja de que puede consultarse on-line.
- FECHA DE EMISIÓN: Es el día en el que se pone en circulación el sello.
- VALOR FACIAL: Se denomina así al valor que aparece en el sello, que es el coste del franqueo o importe que se paga por el envío de la carta o paquete postal. Viene expresado en la moneda de circulación del país. En nuestro caso hasta el año 2001 en pesetas, y a partir de él en euros.

VALOR FACIAL: Expresado en euros.

Actualmente, y dado que las tarifas postales se modifican cada cierto tiempo, lo que implicaba imprimir nuevos valores, con lo cual quedaban en desuso los anteriores, se ha optado, en las emisiones más numerosas, por sustituir este importe por la tarifa a que corresponde, con lo cual la estampilla o sello no se vería modificada con la subida del precio del franqueo. Es el caso del sello núm. 5.539, emitido en el 2016 con la tarifa A, que es válido para cartas normalizadas hasta 20 gramos.

Valor facial: Tarifa A.

- Serie: Es el conjunto de sellos que se emiten a la vez con un mismo objetivo de conmemoración.
- Impresión: En este apartado se suele indicar todo lo que se conoce sobre el procedimiento de impresión del sello, la imprenta que lo ha hecho, el artista que ha grabado las planchas, el sistema utilizado para la estampación, el tipo de papel y cualquier otra característica destacable.
- Tirada: Es el número de sellos que se ponen en circulación y por lo tanto nos indicará la difusión de estos.
- Tamaño o formato: Normalmente los sellos suelen ser rectangulares o cuadrados, con unas dimensiones adecuadas al uso que se les va a dar. Estas dimensiones se expresan en milímetros; en primer lugar, la dimensión horizontal y posteriormente la vertical. No obstante, ya se emiten sellos circulares o de formas irregulares que se adaptan, en algunos casos, a las siluetas de las figuras impresas.
- Hojas bloque: Son sellos cuya impresión sobrepasa el formato de este y se extiende a una pequeña hoja que lo contiene, suelen ser emisiones para coleccionistas, pero pueden utilizarse perfectamente para franqueo, separando el sello de la hoja.
- Dentado: La impresión de los sellos se realiza en pliegos que contienen varios ejemplares, según su tamaño, a veces hasta 100. Para utilizarlos hay que separarlos, operación que en un principio se realizaba mediante un corte con tijeras. Sin embargo, pronto se ideó una forma práctica para ello sin tener que usar ningún aparato de corte. Dicho sistema consiste en dotar al sello de una perforación en su contorno, que facilitaba el corte manual, y que dejaba en los bordes de este unos dientes, cuyo número y forma son otra de sus características. El instrumento que se utiliza para conocer el dentado de los sellos se llama «odontómetro»[4]

y mide el número de perforaciones que hay cada dos centímetros. De tal forma que cuando el dentado se expresa con una sola cifra la cadencia de perforaciones es igual en todos sus lados, mientras que, si se expresa con dos cifras, la primera indica el dentado de los bordes horizontales y la segunda de los verticales. También la forma de realizar las perforaciones influye en el aspecto del sello. Se pueden realizar en dos tiempos, primero las verticales y luego las horizontales, y entonces se denomina de «línea». Otra forma de perforación es la de «peine», cuando las agujas son montadas con esta forma, y el peine perforador baja sobre el sello perforando tres lados a la vez. O por último se pueden perforar todos los sellos al mismo tiempo, que es lo habitual actualmente, conociéndose como perforación de «bloque».

- MOTIVO DEL SELLO: Es el hecho, personaje o circunstancia que se quiere conmemorar en la emisión de ese sello. Se expresa en una imagen que se estampa en el mismo y, dado su pequeño tamaño, debe ser lo suficientemente expresiva para que el observador entienda su mensaje. Es precisamente este motivo y su referencia a Ciudad Real el eje de nuestro trabajo de investigación.

Una vez recopilados dichos valores, hemos realizado unas fichas de cada uno, con sus características (imagen del sello, número Fesofi, serie, motivo, dimensiones, dentado, fecha de emisión, color, tipo de impresión, papel, tirada y valor facial), y además cualquier característica singular que tuviera el sello, como su impresión en una imprenta distinta a la Fábrica Nacional de Moneda y Timbre (FNMT), o un grabador extraordinario. Y con todas esas fichas confeccionamos un listado con las características más significativas, que relacionamos en el capítulo Anexo de ilustraciones.

También utilizaremos alguna terminología no admitida por la Real Academia de la Lengua, pero que en filatelia se suele emplear con frecuencia, como el verbo «filatelizar», cuando nos refiramos a plasmar en un sello de correos cualquier motivo; «odontómetro», el aparato para medir los dientes de los sellos; «microrelieve», cuando el sello presenta algún tipo de relieve; «minipliego», pliego de sellos con un número reducido de estos; o «filoestuche», estuche de poliestireno para adherir los sellos al álbum. De igual forma utilizaremos en algunas ocasiones las siguientes abreviaturas:

- FNMT: Fábrica Nacional de Moneda y Timbre.
- SFC: Servicio Filatélico de Correos.
- CLM: Castilla-La Mancha.
- JCCLM: Junta de Comunidades de Castilla-La Mancha.
- RAHF: Real Academia Hispánica de Filatelia.
- PH: Patrimonio de la Humanidad.
- BIC: Bien de Interés Cultural.

En el análisis de cada emisión filatélica hemos intentado descubrir de qué forma el Servicio Filatélico de Correos (SFC) ha tenido en cuenta cada uno de los lugares, acontecimientos o personajes de esta provincia para realizar su programación, así como la repercusión que estos valores filatélicos han tenido en el conocimiento de la misma.

Analizaremos numerosas efemérides retratadas en nuestros sellos, con lo cual descubriremos pueblos, personajes y hechos de gran importancia en nuestra historia y de gran valor en nuestro patrimonio, pero, aunque «sí son todos los que están, no están todos los que son». Es decir, creemos que hay razones más que suficientes para la filatelización de todo lo que aquí se va a estudiar, incluso algunos motivos, dada la relevancia de lo que celebran, se han quedado cortos en su exposición, pero también intentaremos descubrir si hay más motivos que no han llegado a «tomar la tinta» de la FNMT y por qué.

Por tanto, al realizar nuestro análisis de cada sello hemos tenido en cuenta los siguientes conceptos:

- Cuál es el lugar, efeméride, escena o personaje que se representa, el entorno del que está rodeado y si es correcta su interpretación.
- En qué momento socio-político se lleva a cabo la emisión y de qué forma se presenta.
- Quién ha sido la persona u organismo que ha promovido la emisión ante el SFC.
- Qué es lo que el SFC, en definitiva, el poder político del momento, pretende comunicar con este motivo.
- Proceso de creación artística del sello: autor del dibujo, grabador, diseñador, etc.
- Características técnicas de la emisión: tipo de impresión, tipo de papel, formato, dentado y cualquier elemento que nos ayude a comprender mejor de qué manera ha llegado el sello a manos del consumidor final.
- Si la importancia del motivo filatelizado está de acuerdo, con la que le ha dado el SFC o merecería una mayor relevancia en el tratamiento.
- Y por último, de qué forma esta emisión ha divulgado o ha ayudado a conocer mejor la provincia de Ciudad Real y su vinculación con el personaje.

EL CORREO A TRAVÉS DEL TIEMPO

Página anterior: Sello emitido el 17 de mayo de 1983, para conmemorar el Año Mundial de las Comunicaciones, elegido así por la Asamblea General de las Naciones Unidas, que en su resolución 36/40, adoptada el 19 de noviembre de 1981, reconoce la importancia fundamental de la infraestructura de las comunicaciones como un elemento indispensable para el desarrollo económico y social de todos los países.

1.1. EL DESARROLLO DE LAS COMUNICACIONES.

Las sociedades han evolucionado a lo largo de la historia por el contacto entre sus miembros, siendo por tanto la comunicación entre estas sociedades, indispensable para el desarrollo de estas, de tal forma que la transmisión de noticias y una forma eficiente de llevarlas a cabo han definido en gran manera la superioridad de una cultura sobre sus coetáneas. Hoy decimos que la «información es poder».

Hasta la aparición de la escritura han sido muy diversas las formas de comunicación, algunas de las cuales han persistido hasta hace poco tiempo: tambores, metales bruñidos o incluso silbidos. La épica cuenta que mediante señales de humo se avisó a Esparta de la ocupación de Troya.

NÚM. FESOFI: 5,473. MOTIVO: Hombre silbando. VALOR FACIAL: 2,84 euros. Multicolor. SERIE: Patrimonio Inmaterial de la Humanidad. Silbo gomero, 2 valores. FECHA DE EMISIÓN: 28 de julio de 2015. IMPRESIÓN: Offset (sonido+RA). Papel engomado. IMPRENTA: FNMT. TAMAÑO: 57,6 x 40,9 mm. DENTADO: 13 6/11 (horizontal) y 14 2/11 (vertical). TIRADA: 300.000.

El sello número 5.473, emitido en 2015, se ilustra con la obra del pintor francés Bernard Romain[1], con un diseño de Francisco Fidalgo, que representa a un habitante de la isla de la Gomera comunicándose a distancia a través del único lenguaje silbado del mundo, totalmente desarrollado y practicado por una comunidad numerosa. Su técnica, dotada de cierta complejidad, consiste en reproducir con silbidos la lengua hablada, de forma que las vocales y consonantes son reemplazadas por silbidos diferenciados que se distinguen por su tono, su interrupción o su continuidad.

Pero es la escritura la que sustenta la comunicación entre personas, de forma que se pueda garantizar la seguridad y confidencialidad de las noticias que se transmiten. Es a finales del tercer milenio antes de Cristo cuando en el Creciente Fértil aparece una civilización, cuyo desarrollo y organización necesitaba tener constancia fiable de las normas y procedimientos que se seguían en ella, y esta necesidad lleva a la aparición de los primeros signos sobre arcilla que posteriormente desembocarían en la escritura, y es por tanto Mesopotamia, cuna de la escritura, la que ostentará el privilegio de ser la primera cultura que desarrolló un sistema de comunicación seguro y fiable. La noticia, grabada en una tablilla de barro, era introducida en un recipiente también de barro, que se sellaba y cocía después de haber grabado en él las señas y nombre del destinatario, e incluso idearon un procedimiento postal, que incluía el uso de un sello impreso sobre la arcilla para certificar la autoridad de lo escrito, con lo cual garantizaban por un lado la autenticidad del mensaje y por otro lado la confidencialidad del mismo, ya que para acceder a él había que romper la vasija.

Carta y sobre en arcilla de la cultura mesopotámica que muestra Edgardo Civallero en su trabajo *De tablillas y papiros*.

Los egiptólogos obvian estas cartas mesopotámicas que pueden ser anteriores, y de las cuales se conservan restos, para defender que una carta de Pepi II, aun niño (2200 a. C.), al alto funcionario y gobernador de Elefantina, Herkhuf, es la más antigua que podemos estudiar. Lo que sí es cierto es que el Nilo era una fantástica ruta postal que los egipcios utilizaban con un permanente servicio de mensajeros en canoas.

Posteriormente, el imperio chino, durante la dinastía Zhōu (circa 1046 a 256 a. C.), y según cuenta el explorador Marco Polo, estableció un sistema de correos que poseía cinco rutas, con más de dieciséis mil estaciones postales, por las que circulaban 60.000 mensajeros que recorrían hasta 230 kilómetros diarios para llevar las cartas[2].

Núm. Fesofi: 5.483. Motivo: Muralla China. Valor facial: 0,55 euros. Multicolor. Serie: Maravillas del mundo moderno, 3 valores. Fecha de emisión: 30 de septiembre de 2015. Impresión: Offset. Papel engomado. Imprenta: FNMT. Tamaño: 74,6 x 28,8 mm. Dentado: 13 3/22 (horizontal) y 13 8/9 (vertical). Tirada: 310.000.

En el sello número 5.483, emitido en 2015, aparece la Gran Muralla, construida por China entre los siglos V a. C. y XVI d. C. para protegerse de las invasiones mongoles y manchúes, y que utilizaron como línea de comunicación visual, ya que, a lo largo de sus 9.000 kilómetros, establecieron puestos de vigilancia, fundamentalmente en previsión de los ataques xiongnues, avisándose de uno a otro con señales de humo y luminosas.

Sin poner en duda las cifras sobre los correos que nos da el insigne explorador, nos parecen más fiables las aportaciones de Jenofonte[3], que nos cuenta cómo en el reinado del gran Ciro (circa 559-530 a. C.) existía un sistema de comunicación postal entre las orillas del mar Egeo y Susa, donde estaba la corte, en el que existían 105 casas de postas, distantes unas de otras un día de camino, establecimientos estos que debían tener una gran relevancia social, ya que su dirección se le asignaba a individuos de la alta nobleza. Es aquí, con los primitivos mensajeros persas, cuando se destaca otra de las características del correo, la diligencia o rapidez en llevar el mensaje a su destino. Es Heródoto[4] el que cuenta de ellos:

«Ni la nieve, ni la lluvia, ni la oscuridad, ni la noche, impedirán que estos correos cumplan con el deber designado a toda velocidad».

Joaquín Velázquez Muñoz[5], en su estudio sobre las postas en el imperio aqueménida, llega a la conclusión de que un correo podía recorrer entre 125 y 150 kilómetros diarios, cambiando de caballo cada 25, de ahí la fama de rapidez del correo persa.

Quizás el mensajero más famoso de la historia fue Filípides (siglo V a. C.), tanto si atendemos la versión de Heródoto, que lo hace portador del mensaje de los atenienses a la ciudad de Esparta en solicitud de ayuda contra los persas, recorriendo una distancia de 246 kilómetros en dos días, como si atendemos la versión de Luciano de Samósata[6] que lo hace portador de la noticia de la victoria de los atenienses sobre los persas en la llanura de Maratón, recorriendo 42 kilómetros hasta Atenas. A estos mensajeros se les conocía como «hemeródromos», personas que eran capaces de recorrer a paso rápido largas distancias diariamente.

Una de las razones de la persistencia en el tiempo del imperio romano fue su excelente red de vías de comunicación que conectaban cualquier lugar de su vasto territorio y, como consecuencia, la información que a través de estas vías se transmitía. Ya en el siglo III a. C. Appius Claudio inició esta gran red de vías y caminos que, comenzando en Roma (Vía Appia) llegaban hasta Britania, las Galias, Hispania, Asía…, cuya longitud sobrepasaba los 15.000 kilómetros Posteriormente, a principios de nuestra era, Augusto consideró parte de estos caminos como carreteras consulares, y sobre ellas creó un servicio de correos al que denominó «Cursus Publicus», que comunicaba al emperador con todos sus dominios. Estos caminos

Núm. Fesofi: 2.729. Motivo: Sello hoja bloque. Correo romano, con bandeleta. Valor facial: 16 pesetas. Castaño y negro. Serie: Día del Sello. Bandeleta España 84, 1 valor. Fecha de emisión: 8 de octubre de 1983. Impresión: Calcografía y offset. Imprenta: FNMT. Tamaño: 49,8 x 33,2 mm. Dentado: 12 3/4. Tirada: 12.000.000.

estaban dotados de una red de estaciones denominadas «posiciones» (nombre que evolucionó posteriormente a «postas»), edificios donde los mensajeros cambiaban de caballos y eran atendidos por los «stractores»[7] y por los «muliores»[8] y donde además una pequeña dotación de soldados garantizaba el trayecto que dominaba dicha estación. Este servicio de correos llegó a clasificar los envíos en dos categorías: «tardo» para las mercancías y «célere» para la correspondencia, que normalmente consistía en tablillas («tabellas») cubiertas con una delgada capa de cera o yeso blanco grabadas con un punzón («stylus»). El sello número 2.729, emitido en 1983, reproduce un carro romano que transportaba el correo, parecido a nuestras viejas galeras, y que era conocido como «carpentum», en él acompañaban al correo al menos un postillón o «catabulense».

Los avances que los romanos habían conseguido en el sistema postal, que comunicaban prácticamente toda Europa, desaparecen con las invasiones bárbaras. Con la llegada de Carlomagno surge un incipiente servicio público de correos y, a finales del siglo XI, casi todos los gobernantes tenían un servicio de mensajeros o emisarios, a los que dotan de un uniforme donde figura el blasón y el escudo de la casa a quien servían.

El califato de Bagdad llegó a disponer en el siglo XI de 930 postas a lo largo de las seis principales vías que partían de dicha ciudad, mensajeros que posteriormente se extendieron por todos los territorios que ocuparon los árabes, y que iban montados sobre unos pequeños caballos, muy veloces y de gran resistencia.

Al otro lado del Océano, el imperio incaico, con más de 30.000 kilómetros de caminos, poseía también un sistema de mensajería que constituía un efectivo medio de integración político–administrativa, socioeconómica y cultural de los pueblos que hoy forman los estados de Perú, Bolivia, Chile y parte de Argentina. Los mensajeros, conocidos como «chasquis», eran jóvenes hábiles y preparados físicamente desde temprana edad, equipados con un instrumento sonoro, para anunciar su llegada y alertar a su relevo, y un penacho de plumas blancas en la cabeza a modo de identificación visual. Este sistema de correos impresionó tanto a los españoles cuando su conquista que mantuvieron a los chasquis durante todo el virreinato.

NÚM. FESOFI: 1.757. MOTIVO: El Chasqui. VALOR FACIAL: 6 pesetas. Pizarra y beige. SERIE: Forjadores de América, 8 valores. FECHA DE EMISIÓN: 12 de octubre de 1966. IMPRESIÓN: Huecograbado. IMPRENTA: FNMT. TAMAÑO: 24,9 x 40,9 mm. DENTADO: 12 3/4. TIRADA: 8.000.000.

No obstante, todos estos sistemas de mensajería o de correos eran usados exclusivamente por los dirigentes políticos, la aristocracia o altos dignatarios eclesiásticos, pues enviar una carta o un paquete era un lujo que casi ningún ciudadano podía permitirse. Por lo que en Europa, durante la Edad Media, el correo fue un sistema prácticamente privado, con lo que se aseguraban la confidencialidad de la correspondencia. En el sello número 2.529, que se muestra a continuación, emitido en 1979, se reproduce una miniatura de las *Cantigas de Santa María* de Alfonso X el Sabio, perteneciente a un códice de la Biblioteca de El Escorial, donde aparece un correo entregando una carta al rey. Los correos reales eran los más frecuentes.

Núm. Fesofi: 2.529. Motivo: Correo del rey, siglo XIII. Valor facial: 5 pesetas. Multicolor. Serie: Día del Sello, 1 valor. Fecha de emisión: 15 de junio de 1979. Impresión: Calcografía y offset. Imprenta: FNMT. Tamaño: 49,8 x 33,2 mm. Dentado: 12 3/4. Tirada: 15.000.000.

El primer correo propiamente dicho surgió en la Francia de Luis XI, alrededor del año 1476, cuando se crearon las «estafetas», palabra que deriva del italiano «staffa», que quiere decir estribo. Estafeta era por tanto el mensajero que va sobre estribos, encargado de recibir y distribuir la correspondencia, creándose al mismo tiempo el término «postal», refiriéndose a las postas o paradas donde el mensajero cambiaba de caballo, y que antes hemos comentado derivaba del término romano «posición». Estas postas con el tiempo fueron ampliándose y, además de poseer un corral con los caballos de refresco y los servicios necesarios para tal fin, comenzaron a ofrecer servicios de alojamiento y comida, así como la posibilidad de despachar la correspondencia, enviando o recibiendo cartas desde ellas.

La confidencialidad y secreto de la mensajería supuso un hito dentro del desarrollo de la correspondencia, y fue España, a principios del siglo XV, la primera nación que legisló sobre este tema para poder castigar a los infractores de dicha confidencialidad.

Como comentaremos en el capítulo siguiente, fue en 1520 cuando apareció el primer monopolio en un sistema de correos, al contratar Carlos V el servicio de una misma empresa para organizar el transporte de todos los envíos de particulares entre sus reinos. Este personaje fue Francisco de Tassis y dio origen a un sistema que se mantuvo vigente por más de tres siglos en Europa.

El Renacimiento y la aparición y desarrollo de la imprenta fomentaron la lectura y con ello la afición a la correspondencia, que no se limitó solo a los poderosos y a la nobleza, sino que se extendió al pueblo llano, que intuyó en el servicio postal un sistema útil, seguro y confiable para comunicarse. En el sello número 2.164, emitido en 1973 con motivo del V Centenario de la imprenta, aparece un mapa de España y sus colonias americanas, donde figura la ciudad de Segovia, que tuvo la primera imprenta española en el año 1472, a instancias de su obispo Juan Arias Dávila quien, para proporcionar obras impresas a los alumnos del Estudio General de Segovia, se trajo desde Heidelberg (Alemania) al impresor Juan Párix. A esta ciudad siguió Valencia en 1474, y en América: México y Lima en 1539 y 1584 respectivamente.

Los imperios conocen la eficacia de un buen servicio de correos para mantener el poder, de ahí que Napoleón mantuviera una política inversora en obras públicas, que le garantizara una comunicación segura y rápida. Este desarrollo tiene también enorme importancia en el Reino Unido, donde en un almanaque de 1820 se afirma que el día de San Valentín se reparten 200.000 cartas por encima de la cifra habitual, por lo que no es de extrañar que sea allí, a mediados del siglo XIX donde surge la «Reforma Postal» de Rowland Hill, que introduce el prepago con la aparición del sello postal.

Núm. Fesofi: 2.164. Motivo: Primeras imprentas. Valor facial: 1 peseta. Azul y gris verdoso. Serie: V Centenario de la Imprenta, 3 valores. Fecha de emisión: 11 de diciembre de 1973. Impresión: Calcografía. Imprenta: FNMT. Tamaño: 40,9 x 24,9 mm. Dentado: 12 3/4. Tirada: 10.000.000.

No obstante, a pesar de la seguridad y rapidez de los servicios postales, todavía existían personas que seguían prefiriendo la correspondencia alternativa y usaban las palomas mensajeras, entre ellos los agentes financieros, como los Rothschild. Concretamente Nathan Rothschild conocía los acontecimientos antes que el gobierno, que usaba el correo ordinario, de ahí que se enterara antes que nadie del resultado de la batalla de Waterloo, obteniendo de ello pingües beneficios.

El sello número 2.874, emitido en 1986, reproduce un fragmento de la arquería de la mezquita cordobesa, enmarcando la figura de un hombre con turbante, encargado del correo califal, que está liberando una paloma. En segundo término se encuentra una vista exterior del templo por el ángulo suroeste.

Núm. Fesofi: 2.874. Motivo: Sello hoja bloque. Correos califales de palomas. Valor facial: 17 pesetas. Multicolor. Serie: Exfilna 86, 1 valor. Fecha de emisión: 7 de octubre de 1986. Impresión: Calcografía y offset. Imprenta: FNMT. Tamaño: 49,9 x 28,8mm. Dentado: 12 3/4. Tirada: 4.000.000.

Este desarrollo imparable de los servicios postales necesitaba de un acuerdo internacional que estableciera la coordinación de los distintos servicios nacionales para dictar las normas que rigieran en todos los países. Fue un funcionario alemán, Heinrich von Stephan, el que propuso a su gobierno un proyecto de unión postal entre las naciones y consiguió, con el apoyo del gobierno suizo, que se reunieran en Berna, el 15 de septiembre de 1874, veintidós países para firmar el primer Convenio Postal y fundar la Unión General de Correos, que más tarde dio lugar a la «Unión Postal Universal», constituida en Viena en 1964 con sede en la ciudad de Berna, y a la que pertenecen actualmente 192 naciones. Cumple una función de asesoramiento, mediación y enlace, proporcionando asistencia técnica y estableciendo las normas para el intercambio de correo internacional y para mejorar la calidad de servicio de cara a los clientes. Acoge a una comunidad de más de 700 millones de habitantes. Y todos los países miembros son considerados como un solo territorio postal para el intercambio recíproco de correspondencia y demás objetos que circulan por Correos.

El sello número 2.212, emitido en 1974, que conmemora el centenario de la asociación, reproduce el monumento levantado en Berna con motivo de la creación del organismo internacional en 1874. El emblema representa a una mujer sentada sobre una roca y, frente a ella, una columna de nubes soporta un globo terráqueo alrededor del cual otras cinco mujeres –que simbolizan a los cinco continentes– van haciendo entrega de una carta. La obra fue realizada por el escultor francés René de Saint-Marceaux.

Núm. Fesofi: 2.212. **Motivo**: Monumento de la Unión Postal Universal en Berna. **Valor facial**: 8 pesetas. Rojo, naranja y verde. **Serie**: Centenario de la Unión Postal, 2 valores. **Fecha de emisión**: 9 de octubre de 1974. **Impresión**: Huecograbado. **Imprenta**: FNMT. **Tamaño**: 28,8 x 40,9 mm. **Dentado**: 13 1/4. **Tirada**: 10.000.000.

Con parecido propósito, se creó en el año 1911, en la ciudad de Montevideo, la Unión Postal de las Américas, España y Portugal (UPAEP), un organismo internacional de carácter intergubernamental, conformado por los gobiernos de 28 países y cuya finalidad primordial es promover la cooperación técnica entre los operadores postales de los países miembros, facilitar las relaciones postales entre estos, estudiar la implantación de nuevos servicios, promover la cooperación técnica entre las administraciones postales y mejorar el nivel técnico de los funcionarios de los correos respectivos. Para conmemorar el 50 aniversario de su fundación se emitió en 1962 el sello número 1.462, que aparece a continuación.

Núm. Fesofi: 1.462. Motivo: Logotipo de la Unión Postal Universal. Valor facial: 1 peseta. Verde y castaño. Serie: 50 Aniversario de la Unión Postal, 1 valor. Fecha de emisión: 20 de octubre de 1962. Impresión: Calcografía. Imprenta: FNMT. Tamaño: 28,8 x 33,2 mm. Dentado: 12 3/4. Tirada: 6.000.000.

1.2. HISTORIA POSTAL ESPAÑOLA

Cuando desparece el imperio romano de Occidente allá por el año 476, desaparece también el «Cursus Publicus», y su pujante organización de postas muere con él. Y aunque los correos no desaparecieron en absoluto, no se encuentran noticias respecto a los mismos. Se cree que los visigodos, en España, desconocían las ventajas del correo y, aunque existiera este, lo sería de forma muy elemental. De todas maneras, no hay referencias concretas.

Cuando los árabes llegan a España, donde permanecieron casi ochocientos años, hubo grandes periodos de guerras, en los cuales el correo apenas existió. Sin embargo, también hubo largos periodos de paz que permitieron el asentamiento y florecimiento de distintos reinos árabes, destacando principalmente el califato de Córdoba, del que los omeyas hicieron un modelo de cultura y civilización. Precisamente uno de sus califas, Abderramán II, estableció en el

Núm. Fesofi: 2.787. **Motivo**: Correo árabe. **Valor facial**: 17 pesetas. Multicolor. **Serie**: Día del Sello, 1 valor. **Fecha de emisión**: 5 de octubre de 1984. **Impresión**: Calcografía y offset. **Imprenta**: FNMT. **Tamaño**: 49,8 x 33,2 mm. **Dentado**: 12 3/4. **Tirada**: 8.000.000.

año 854 un excelente servicio de correos, del que tenemos abundantes noticias[9]. Los mensajeros, demostrando la fama de buenos jinetes que tiene este pueblo, se trasladaban en caballos de una raza especial que criaban, y que aún persiste en la baja Andalucía, de poca alzada, y muy veloces. No obstante, el correo árabe fue creado en exclusividad para atender a las necesidades del Estado, y es precisamente un jinete y su cabalgadura los que se reproducen en el sello número 2.787, emitido en 1984, y tomado de un códice de la época.

Posteriormente, cuando Abderramán III es nombrado califa, su primera decisión como gobernante es nombrar primer ministro a su correo mayor, Badr Ben Ahmad, motivo este por el que se emite en 1991 el sello número 3.150, en el que figura la imagen de este califa, y que reproducimos a la derecha.

No hay muchas referencias de la organización de correos en la Edad Media en los distintos reinos cristianos españoles. Las primeras referencias escritas aparecen en la segunda partida del *Código de las Siete Partidas* de Alfonso X El Sabio (siglo

Núm. Fesofi: 3.150. **Motivo**: Abd Al Rahman III. **Valor facial**: 25 pesetas. Multicolor. **Serie**: Centenarios, 4 valores. **Fecha de emisión**: 6 de junio de 1991. **Impresión**: Offset. **Imprenta**: FNMT. **Tamaño**: 28,8 x 40,9 mm. **Dentado**: 13 3/4. **Tirada**: 4.000.000.

XIII), donde queda descrito este oficio con gran lujo de detalles y se especifican las cualidades personales que debían reunir estos «mandaderos» y la estima y protección con que el rey los distinguía. Años más tarde, Fernando IV, rey de Castilla y León, envía un correo a Tarifa con una carta dirigida a Alfonso Pérez de Guzmán (El Bueno) para felicitarle por su victoria. Ya, a finales del XIV, Juan II de Castilla en una cédula se refiere a los correos como «los mis troteros e mensajeros de a caballo e de a pie», persistiendo en muchos documentos de la época el término «trotero» para designar a los mensajeros.

En el sello número 2.624, editado en 1981 con motivo del Día del Sello, se representa la figura de uno de estos correos a pie, ataviado según el uso de la época y con un fondo de paisaje castellano. Fuera de Castilla, en el Reino de Aragón, así como en Cataluña, Valencia o Mallorca, consta que en el siglo XII existían correos a sueldo del monarca. En el siglo XIV, en los documentos que se conservan en

Núm. Fesofi: 2.624. Motivo: Correo a pie, siglo XIV. Valor facial: 12 pesetas. Multicolor. Serie: Correos de Castilla. Día del Sello, 1 valor. Fecha de emisión: 19 de junio de 1981. Impresión: Calcografía y offset. Imprenta: FNMT. Tamaño: 33,2 x 49,8 mm. Dentado: 12 3/4. Tirada: 15.000.000.

el Archivo de la Corona de Aragón, se deduce que aún continuaba viva la tradición romana del «cursus publicus», cuya administración es ahora privilegio de la Corona, pero donde los municipios comienzan a tener algunas atribuciones, apareciendo la figura del «hoste de correus» y del «mestre de postes», figuras de similar cometido, que habían obtenido del rey la facultad de dirigir y suministrar caballerías a un grupo de mensajeros, conocidos como «correus de cavall» o «trotiers», que cabalgaban largas jornadas por caminos semidesiertos y sometidos a cualquier contratiempo.

En Cataluña estos esforzados hombres se agruparon en un gremio que se llamó Cofradía de los Correos de Barcelona, que pasó por distintas vicisitudes, y estableció su sede en la capilla del hospital que el rico comerciante Bernardo Marcus había hecho edificar en el siglo XII a las afueras de la ciudad, poniéndose bajo la advocación de Nuestra Señora de la Guía.

El motivo del sello número 2.578 que se reproduce a continuación es una talla en madera del respaldo de un banco de dicha capilla, que representa un correo a caballo de dicha cofradía, y que se emitió en 1986, conmemorando el Día del Sello.

Núm. Fesofi: 2.578. Motivo: Correo a caballo, siglo XIV. Valor facial: 8 pesetas. Multicolor. Serie: Día del Sello, 1 valor. Fecha de emisión: 28 de junio de 1980. Impresión: Calcografía y offset. Imprenta: FNMT. Tamaño: 49,8 x 33,2 mm. Dentado: 12 3/4. Tirada: 15.000.000.

Junto con estos correos áulicos, funcionaba en esta época un correo religioso que comunicaba las comunidades de monjes de todo el país. Los cenobios participaban las noticias que sucedían en su comunidad a sus hermanos de otros monasterios. Lo hacían a través de una «rótula», que era una carta escrita sobre un pergamino, en la que, después de un preámbulo piadoso a modo de meditación trascendente, daban la noticia que originaba el correo, y que la mayoría de las veces era el fallecimiento de alguno de sus miembros, del que exaltaban sus méritos, solicitaban oraciones a los demás hermanos de la orden y pedían para el monje cartero o «porta rótulas» comida, albergue y protección. Esta carta circular que recorría todos los cenobios y que era conocida, en caso de comunicar un deceso, como «ucheda lacrimabilis» (carta de lágrimas), iba engrosándose con cartas añadidas, en las que cada convento incluía la noticia de sus propios muertos, de tal forma que el mensaje podía alcanzar varios metros. Por otro lado, la llegada del porta-rótulas siempre era un acontecimiento

Núm. Fesofi: 2.824. Motivo: Correo de rótulas, siglo XII. Valor facial: 17 pesetas. Multicolor. Serie: Día del Sello, 1 valor. Fecha de emisión: 27 de septiembre de 1985. Impresión: Calcografía y offset. Imprenta: FNMT. Tamaño: 33,2 x 49,8 mm. Dentado: 12 3/4. Tirada: 4.000.000.

en la monótona vida claustral, cuya comunidad se reunía en la iglesia conventual para dar lectura a la rótula y a continuación rezar por los muertos.

El motivo del sello número 2.824, emitido en 1985, que aparece en la página anterior, reproduce a un monje porta-rótulas de regreso, después de un año de recorrido, a su abadía de Savigni en el año 1122, llevando bajo el brazo una rótula, que ya ha alcanzado una gran longitud.

En el segundo tercio del siglo XIV el rey Jaime II de Mallorca promulga sus *Leyes Palatinas*, donde reconoce la utilidad de mensajeros eficaces que hagan llegar sus disposiciones a cualquier súbdito de su reino, y establece ocho correos para cubrir las necesidades postales de su jurisdicción. En el sello número 2.930, emitido en 1987, que se transcribe a continuación, se muestra una parte del manuscrito de estas leyes mallorquinas donde se representan a los correos. El original de dicho manuscrito se conserva en la Biblioteca Real de Bruselas.

NÚM. FESOFI: 2.930. MOTIVO: Correos reales, siglo XV. VALOR FACIAL: 20 pesetas. Multicolor. SERIE: Día del Sello, 1 valor. FECHA DE EMISIÓN: 16 de septiembre de 1987. IMPRESIÓN: Calcografía y offset. Papel fosforescente. IMPRENTA: FNMT. TAMAÑO: 49,8 x 33,2 mm. DENTADO: 13 1/4. TIRADA: 4.000.000.

Podemos concluir que en la España medieval cada uno de los reinos organizaba la mensajería de forma similar, pero con peculiaridades propias de su idiosincrasia: los mandaderos del Rey Sabio, los hostes valencianos, los correos de la Curia Regia de Aragón, el correo real de Jaime II de Mallorca, los troters catalanes, etc.

Esta diversidad postal culmina, al igual que la diversidad de reinos, con los Reyes Católicos, concretamente con su hija, la reina Juana y su esposo Felipe, quienes encargan la organización general del correo en sus posesiones a una familia de origen lombardo, los Tassis.

Francisco de Tassis, que aparece en el sello número 2.968 que reproducimos a continuación, emitido en 1988, provenía de una noble familia que estaba al servicio del emperador Maximiliano, que le había encargado establecer un sistema de correos eficaz en los Países Bajos y Borgoña. Y que este no solo se ocupara de la correspondencia oficial, sino también de la privada, que iba aumentando paulatinamente. Felipe el Hermoso, hijo de Maximiliano, que regentaba estos territorios, lo nombra en 1501 correo mayor de los mismos. Gracias a su matrimonio con la reina Juana, hija de los Reyes Católicos, gobierna juntamente con ella en Castilla, e introduce a los Tassis en sus nuevos dominios, nombrando también a Francisco correo mayor de España. Y definitivamente, al llegar al trono Carlos I, hijo de Juana y Felipe, y heredero además de todos los territorios de su abuelo Fernando el Católico, entran estos a formar parte de las rutas postales de los Tassis, consiguiendo unir postalmente en régimen de monopolio: España, Francia, Alemania, los Países Bajos e Italia. Es la primera muestra de la unión efectiva de los pueblos de Europa, que unas centurias más tarde conseguiría el Tratado de Europa.

La obra internacional de Francisco es continuada por sus sobrinos, a quienes los reyes hacen ciudadanos de sus reinos y señoríos, siéndoles concedido por Felipe III en 1603 el título de Condes de Villamediana.

El sello número 3.025 que aparece a la derecha, emitido en 1989, reproduce, junto al escudo de los Tassis, parte del texto del primer Convenio Postal Internacional,

Núm. Fesofi: 2.968. Motivo: Francisco de Tassis. Valor facial: 20 pesetas. Violeta y castaño. Serie: Día del Sello, 1 valor. Fecha de emisión: 29 de abril de 1988. Impresión: Calcografía. Imprenta: FNMT. Tamaño: 33,2 x 49,8 mm. Dentado: 13 1/4. Tirada: 4.000.000.

Núm. Fesofi: 3.025. Motivo: Primer Convenio Internacional del Correo y escudo de Tassis. Valor facial: 20 pesetas. Negro. Serie: Día del Sello, 1 valor. Fecha de emisión: 4 de abril de 1989. Impresión: Calcografía. Imprenta: FNMT. Tamaño: 33,2 x 49,8 mm. Dentado: 13 1/4. Tirada: 3.000.000.

firmado en 1601 entre el general de Postas de Francia y un representante del Correo Mayor de España, que se conserva en el Archivo de Simancas. Mediante este convenio se permitía el paso de la correspondencia española a Italia a través de territorio francés, desde Burdeos a Lyon, así como la dirigida a Flandes a través de París. Con este concierto Juan de Tassis Acuña deja reglamentado el correo entre España, Italia y Flandes. Más tarde, en 1610, su hijo Juan de Tassis Peralta, segundo conde de Villamediana, cultivado humanista y poeta, establece las primeras estafetas entre Madrid y Lisboa, que posteriormente amplía a Valencia y Barcelona. Su repentina muerte, asesinado en 1622 en la calle Mayor de Madrid, lo dejó sin descendencia, pasando el título de Correo Mayor a su primo Íñigo Vélez de Guevara y Tassis, conde de Oñate, cuya descendencia lo mantuvo hasta la llegada de los Borbones a España en 1706, cuando es abolido el cargo.

Núm. Fesofi: 3.140. Motivo: Juan de Tassis y Peralta. Valor facial: 25 pesetas. Negro. Serie: Día del Sello, 1 valor. Fecha de emisión: 26 de abril de 1991. Impresión: Calcografía. Imprenta: FNMT. Tamaño: 33,2 x 49,8 mm. Dentado: 13 3/4. Tirada: 10.000.000.

El sello número 3.140 que está a la derecha, emitido en 1991, tiene como base un retrato anónimo de don Juan de Tassis y Peralta, de la Escuela Española del XVII, quizá recuerdo de su paso por Nápoles, donde ejerció de mecenas de artistas españoles. Muestra a don Juan en la treintena larga, pelo y bigote al uso y el detalle del cuello napolitano, moda que llegará a España algunos años después de su muerte. Es uno de los personajes más controvertidos del Siglo de Oro, poeta lírico y satírico, del que dice Luis Rosales que es el creador de la sátira política, a la que era muy aficionado en aquella época el pueblo de Madrid, y que en ocasiones era distribuida por medio de la posta, lo que podría representar la primera experiencia de difusión de propaganda a través del correo. Aunque los historiadores han encontrado numerosos motivos para que fuera asesinado, seria algún escrito satírico sobre un alto personaje de la Corte el más probable. De ahí que su amigo Luis de Góngora le dedicara este epíteto póstumo:

> «Aquí yace, aunque a su costa
> un monstruo en decir y hacer:
> por la Posta vino a ser
> y perdió el ser por la Posta».

Cortesano, buen caballista y primera espada de la Corte en duelos y en amoríos, jugador y mujeriego impenitente, noble de condición y de ejercicio, dadivoso hasta pecar de pródigo, desmesurado en todo. Además de otros autores[10], Tirso de Molina y Zorrilla usaron su leyenda para plasmar en sus obras la figura de don Juan, hoy mito universal.

Como ya hemos comentado, al acceder al trono Felipe V, la distribución postal deja de ser un monopolio privado. Su necesidad de recursos para afrontar la Guerra de Sucesión contra los Habsburgos le impulsa a recuperar el mayor número de rentas posibles adscritas a la Corona, y suprimir un gran número de privilegios, entre ellos el servicio postal, que había estado en manos privadas más de dos siglos. Sin embargo, la indemnización que había que pagar a la familia Tassis, 870.000 reales, y lo mermado de las arcas públicas, hicieron de momento inviable la asunción directa por el Estado de este servicio. Por ello se decidió arrendarlo en 1707 a Diego de Muga por cuatro años, y en 1711 a Juan Francisco de Goyeneche por otros cinco[11]. Esta conversión en renta del Estado es el comienzo de una serie de reformas de la Administración que acometen los Borbones y que culmina con Carlos III y sus ministros ilustrados.

El 8 de julio de 1716 el arrendador del servicio, Juan Tomás de Goyeneche, es nombrado juez superintendente y administrador general de las Estafetas, dependiente de la Secretaría de Estado con lo que el Servicio de Correos se convierte en responsabilidad del Estado.

Es en el siglo XVIII cuando se llevan a cabo las grandes transformaciones en el servicio postal español. Juan de Aspiazu sustituye a Goyeneche y se encarga de organizar las primeras administraciones de correos, distribuidas por toda España, además de una ambulante que se establecía donde estuviera la Corte. A él se deben también las primeras ordenanzas, donde se especifican

NÚM. FESOFI: 3.186. MOTIVO: Conde de Campomanes. VALOR FACIAL: 27 pesetas. Multicolor. SERIE: Día del Sello, 1 valor. FECHA DE EMISIÓN: 21 de febrero de 1992. IMPRESIÓN: Huecograbado. IMPRENTA: FNMT. TAMAÑO: 40,9 x 28,8 mm. DENTADO: 13 1/4. TIRADA: 10.000.000.

las funciones de todos los empleados. Le sucedieron en el puesto José de Palacios en 1727 y José de Carvajal en 1747.

Pero el verdadero artífice de la modernización del sistema postal español fue Pedro Rodríguez Pérez, conde de Campomanes, cuyo retrato se muestra en el sello número 3.158 que mostramos en la página anterior, emitido en 1992. A él se debe también una de las más notables publicaciones de la época en materia postal, *Itinerarios de las carreras de Postas de dentro y fuera del Reyno*.

Durante su mandato se dictan nuevas ordenanzas, se organiza la correspondencia, se crea el oficio de cartero repartidor a domicilio y se acuerda la instalación de los primeros buzones. Se construye la Real Casa de Correos de la Puerta del Sol de Madrid, obra del arquitecto Jaime Marquet. Y termina el pleito secular que mantenía la Corona desde la llegada de los Borbones con la Casa de Oñate, concediéndole a la hija del cartero mayor, el título honorífico de académica de la Real Academia Española de la Lengua.

En el sello número 5.527, emitido en 2016, se muestra un grabado con la imagen de la Real Casa de Correos de la Puerta del Sol en 1768. El proyecto primitivo lo realizó el arquitecto Ventura Rodríguez, que se encargó de los derribos de las manzanas 205 y 207, cuyo solar iba a ser utilizado para la construcción de este edificio, pero al llegar al poder Carlos III opto por encargar la construcción al arquitecto francés Jaime Marquet, que vino a Madrid acompañando al duque de Alba de su embajada de París, para encargarse del empedrado de las calles de la ciudad. El destino quiso que Marquet construyera la real casa y que Ventura Rodríguez se encargara de los empedrados[12]. El edificio es de planta rectangular, con cuatro fachadas de estilo clásico francés, compuestas por un zócalo, piso bajo, entresuelo y piso principal, destacando

Núm. Fesofi: 5.527. Motivo: Grabado de la Casa de Correos de la Puerta del Sol de Madrid. Valor facial: 3 euros. Multicolor. Serie: 300 años de Correos en España (1716-2016). Puerta del Sol. Primera centuria, 1716-1816, 1 valor. Fecha de emisión: 29 de febrero de 2016. Impresión: Calcografía+offset+foil+relieve. Papel estucado, engomado, fosforescente, mate. Imprenta: FNMT. Tamaño: 40 x 40 mm. Dentado: 19 (cuadrado). Tirada: 200.000.

los tres vanos, la balconada y el portal de acceso del cuerpo central, así como el frontón que lo remata con esculturas de Antonio Primo.

Hemos dicho que con Campomanes en 1762 se instalan los primeros buzones que consisten en «agujero o reja en todas las Hijuelas o Veredas sin que se puedan recibir en mano...»[13]. Su finalidad era aumentar la confidencialidad de la misiva, evitando entregarla en mano al conductor del correo, además de facilitar su depósito a cualquier hora del día o la noche. Desde su aparición, los buzones han sido de muy diversas formas y materiales, siendo los más populares las «bocas-buzón», fabricadas normalmente en bronce. En la actualidad el servicio postal español cuenta con cerca de 40.000 buzones, y también han sido motivo de algunos sellos que se muestran a continuación:

Núm. Fesofi: 3.868. Motivo: Buzón de Mayorga (Valladolid). Valor facial: 0,93 euros. Negro. Serie: Día del Sello, 1 valor. Fecha de emisión: 2 de marzo de 2001. Impresión: Calcografía. Papel estucado, engomado, mate, fosforescente. Imprenta: FNMT. Tamaño: 40,9 x 28,8 mm. Dentado: 13 3/4. Tirada: 1.200.000.

El sello número 3.868, emitido en 2001, muestra el buzón más antiguo de España que se conoce; se encuentra en una casa particular de la localidad de Mayorga de Campos, provincia de Valladolid, y lleva grabada la inscripción «Coreo- Ano de- MDCCXCIII».

El sello número 3.274, emitido en 1993, reproduce un buzón realizado en Cádiz en 1908 por la Fundición San Rafael, propiedad de Rafael Manzano. Lleva por cimera la corona real y bajo ella un sobre alado que se apoya en el globo terráqueo, con una banda al centro que da acceso al buzón, y bajo ella la leyenda «Correos». Actualmente la pieza se conserva en el Museo Postal.

El sello número 3.322, emitido en 1994, representa otro buzón instalado en un edifico de Barcelona, situado junto a la antigua muralla romana, conocido como Casa del Arcediano, ya que desde el siglo XII fue la residencia

Núm. Fesofi: 3.274. Motivo: Buzón de Correos. Valor facial: 28 pesetas. Multicolor. Serie: Día del Sello, 1 valor. Fecha de emisión: 12 de marzo de 1993. Impresión: Calcografía y offset. Imprenta: FNMT. Tamaño: 40,9 x 28,8 mm. Dentado: 13 1/4. Tirada: 30.000.000.

Núm. Fesofi: 3.322. Motivo: Buzón (Casa del Arcediano). Valor facial: 29 pesetas. Castaño sobre crema. Serie: Día del Sello, 1 valor. Fecha de emisión: 9 de marzo de 1994. Impresión: Calcografía y offset. Imprenta: FNMT. Tamaño: 40,9 x 28,8 mm. Dentado: 13 3/4. Tirada: 3.500.000.

eclesiástica de los arcedianos. Después de varias modificaciones y vicisitudes, en 1895 pasa a ser sede del Colegio de Abogados de Barcelona, que encarga su restauración al arquitecto Lluis Domènech i Montaner, que incluye, dentro de su decoración modernista, este buzón lleno de simbolismo, donde figuran tres golondrinas que aseguran la libertad de la justicia, y una tortuga que representa

NÚM. FESOFI: 3.384. MOTIVO: Boca-buzón de Correos, siglo XIX. VALOR FACIAL: 30 pesetas. Castaño y verde. SERIE: Día del Sello, 1 valor. FECHA DE EMISIÓN: 9 de marzo de 1995. IMPRESIÓN: Calcografía. DENTADO: 13 3/4. mm.: IMPRENTA: FNMT. TAMAÑO: 40,9 x 28,8.

las dificultades de los procesos burocráticos que lo retrasan todo. Desde 1921 el edificio es la sede del Archivo Histórico Municipal de la ciudad de Barcelona.

El sello número 3.384, emitido en 1995, muestra una boca-buzón de bronce de finales del XIX, con la tradicional cabeza de león. Estaba instalado en la estafeta de Correos de la calle Quintana de Madrid, hoy en el Museo Postal. El diseño del sello está realizado por J. C. Heras.

Es también en el reinado de Carlos III cuando se promulga la Real Ordenanza del Correo Marítimo. La necesidad de comunicación entre todas las colonias españolas y la metrópoli y la coordinación entre todos los organismos y personas que intervenían en ella llevan en 1777 a uno de sus ministros ilustrados, Jerónimo Grimaldi, entonces secretario de Estado y superintendente de Correos y Postas, a redactar una extensa normativa que regulará las funciones de todos los factores implicados: administradores y empleados del Servicio de Correos Marítimo, puertos de embarque

NÚM. FESOFI: 4.675. MOTIVO: Portada de la Real Ordenanza del Correo Marítimo (1777). VALOR FACIAL: 0,39 euros. Multicolor. SERIE: Día del Sello, 1 valor. FECHA DE EMISIÓN: 5 de mayo de 2008. IMPRESIÓN: Offset. Papel autoadhesivo fosforescente. IMPRENTA: FNMT. TAMAÑO: 28,8 x 40,9 mm. DENTADO: 13. TIRADA: Ilimitada.

de la correspondencia, embarcaciones útiles para el transporte de los envíos, privilegios y exenciones que tenían los dependientes del servicio, así como las penas por delitos cometidos en estas tareas. En la portada del documento figura el escudo real, realizado por Tomás Francisco Prieto[14], como figura en dicha impresión, y es el motivo del sello número 4.675, que, emitido en 2008, conmemora esta efeméride.

Pero no debemos olvidar que uno de los pilares del correo, además de la confidencialidad, era la rapidez, y en España la red de caminos a principios del siglo XVIII era escasa y poco transitable, por lo que el transporte de la correspondencia en la mayoría de los casos solo podía hacerse a lomos de caballería, como se muestra en el sello número 2.787, emitido en 1976.

Núm. Fesofi: 2.331. Motivo: Correo rural. Valor facial: 6 pesetas. Multicolor. Serie: Servicios de Correos, 4 valores. Fecha de emisión: 16 de junio de 1976. Impresión: Huecograbado. Imprenta: FNMT. Tamaño: 40,9 x 28,8 mm. Dentado: 13 1/4. Tirada: 8.000.000.

Tanto es así, que en 1720 solo existían 25 carreras con 267 postas, fundamentalmente en sentido radial: partiendo de Madrid se dirigían hacia La Coruña, Irún, La Junquera, Valencia, Cádiz y Badajoz, además de los Reales Sitios, dejando fuera amplias zonas de España como Galicia, gran parte de la cornisa cantábrica, norte y noroeste de Castilla la Vieja, Andalucía, Extremadura y el Mediterráneo. Es también en el reinado de Carlos III cuando se da un gran impulso a mejorar la infraestructura de las comunicaciones, tanto es así, que en 1777 Floridablanca incorpora el ramo de Caminos a la Superintendencia de Correos, como ya se hace constar en las ordenanzas de este organismo de 1794[15], de forma que parte de sus beneficios se inviertan en la construcción y mejora de las vías de comunicación, consiguiéndose que, a finales de siglo, casi se hubieran duplicado el número de postas y los kilómetros de caminos de red postal. Sin embargo, seguían adoleciendo de un problema que ahora se intenta solucionar: su sentido radial.

NÚM. FESOFI: 5.526. MOTIVO: Casa de Correos de la Puerta del Sol y ocho viñetas. VALOR FACIAL: 3 euros. Multicolor. SERIE: 300 años de Correos en España (1716-2016). Puerta del Sol. Primera Centuria, 1716-1816, 1 valor. FECHA DE EMISIÓN: 29 de febrero de 2016. IMPRESIÓN: Calcografía+offset+foil+relieve. Papel estucado, engomado, fosforescente, mate. IMPRENTA: FNMT. TAMAÑO: 120 x 120 mm. DENTADO: 19 vertical, 19 horizontal. TIRADA: 200.000.

El sello número 5.526, emitido en 2016 en formato de hoja-bloque, muestra un mapa de España donde se puede apreciar el sentido radial de las comunicaciones españolas hace trescientos años, con los seis caminos de postas que salían de Madrid.

Se puede decir por tanto que el correo moderno nace en el reinado de Carlos III y alcanza su mayoría de edad durante el siglo XIX, cuando se producen dos hechos decisivos para el desarrollo del correo, que suceden con pocos años de diferencia. En primer lugar, en el año 1848 la inauguración del primer ferrocarril en la España peninsular, la línea Barcelona Mataró, con lo que se daba un gran salto en el transporte de la correspondencia, cuya efeméride conmemora el sello número 2.173, emitido en 1974, donde aparece el retrato de Miguel Biada, promotor del proyecto, junto a un dibujo de una locomotora de vapor Rocket diseñada por George Stephenson, que fue el modelo que utilizaron en la inauguración de la línea. El otro hecho decisivo tuvo lugar en el año 1850, la aparición del primer sello postal, del que hablaremos en otro apartado.

Núm. Fesofi: 2.173. Motivo: Miguel Biada y locomotora. Valor facial: 2 pesetas. Multicolor. Serie: 125 Aniversario del ferrocarril Barcelona-Mataró, 1 valor. Fecha de emisión: 2 de abril de 1974. Impresión: Huecograbado. Imprenta: FNMT. Tamaño: 40,9 x 24,9 mm. Dentado: 13 1/4 x 12 3/4. Tirada: 10.000.000.

La revolución que supuso el ferrocarril para el transporte está íntimamente ligada con el desarrollo del servicio postal. Solo siete años después del establecimiento de la línea Barcelona Mataró se crea la primera estafeta ambulante, concretamente el 27 de julio de 1855, entre las estaciones de Madrid y Albacete. Estos trenes correo, conocidos en la terminología postal como ambulantes, se implantaron desde el principio en todas las líneas ferroviarias, pues con ello se daba cumplimiento a una ley que obligaba a las compañías a transportar la correspondencia a la mayor velocidad posible. Se estableció una simbiosis entre el ferrocarril y el servicio postal, de tal forma que el éxito de ambas empresas iba parejo. El tren correo, conocido popularmente como «correo o correíllo», constituía la base de este servicio obligado en cada línea de ferrocarril y, aunque solía llevar coches de viajeros, su composición principal la formaban uno o varios vagones almacén para las sacas de correspondencia

Núm. Fesofi: 2.330. Motivo: Ambulantes de Correos. Valor facial: 3 pesetas. Multicolor. Serie: Servicios de Correos, 4 valores. Fecha de emisión: 16 de junio de 1976. Impresión: Huecograbado. Imprenta: FNMT. Tamaño: 28,8 x 40,9 mm. Dentado: 13 1/4. Tirada: 8.000.000.

y un vagón oficina postal, que funcionaba como estafeta ambulante con su propio buzón, conocido como «buzón de alcance». Además, estaba obligado a parar en todas las estaciones, con lo cual, las 613 poblaciones que tenían correo diario a mediados del XIX aumentaron hasta 7.864 a finales de ese siglo, lo que equivalía a un 84% de todos los municipios. Y en los años cincuenta del pasado siglo XX el servicio postal español presumía que una carta depositada en cualquier municipio de la España peninsular estaba en su destino en la mañana del día siguiente, lo cual suponía una organización perfecta del sistema de transporte y distribución postal en un país como España, de gran superficie y con una accidentada orografía, que requería de una numerosa plantilla de trabajadores (llegaron casi a los 1.300), capaces de coordinar trenes, horarios y otros medios de transporte que permitiera cumplir el compromiso de puntualidad adquirido.

En el sello número 2.330 que aparece en la página anterior, emitido en 1976, aparece el interior de un vagón correo donde los funcionarios realizan las faenas propias de su oficio. Ya desde la creación del sello, propugnado por el conde de San Luis en tiempos del reinado de Isabel II, se estableció el Servicio de «Ambulantes de Correos», una forma regular de transportar la correspondencia, con empleados fijos de la administración de Correos, que se distribuían en casi 350 expediciones diarias[16]. Su misión era recoger y repartir la correspondencia a bordo de los trenes, en los vagones postales o en los departamentos habilitados para ello. Circulaban generalmente por la noche. En el matasellos que se muestra a continuación figura un vagón postal, donde se puede apreciar el buzón de alcance.

TIPO DE MATASELLOS: Ambulante ferroviario, turístico. DESCRIPCIÓN: Tren postal histórico. Zaragoza. LOCALIDAD: Zaragoza. FECHA DE PRIMER DÍA: 18 de julio de 2015. MOTIVO: Vagón de tren. PETICIONES: AZATF. Avda. de La Constitución, 16. 50620 Casetas (Zaragoza).

Pero igual que el ferrocarril relegó al caballo y a las diligencias postales, el propio ferrocarril fue sustituido por otros medios más rápidos y versátiles de comunicación. El 30 de junio de 1993 partía de la estación Chamartín de Madrid la última oficina ambulante de Correos que iba a recorrer territorio español. Quedaban aún 74 vagones correo, aparcados en vías muertas, como muerto quedaba su servicio; la mayoría han sido vendidos como chatarra, y solamente unos cuantos mantienen el testimonio de su trabajo en museos postales y de ferrocarriles.

Podemos presumir sin chauvinismo que el servicio postal español ha estado siempre a la vanguardia de los servicios postales europeos y, después de un ligero bache a finales del siglo XX, en el actual XXI es uno de los mejores proveedores de servicio de comunicaciones físicas, digitales y de paquetería del país.

Página anterior: En febrero de 2021 el SFC emitió un sello que reproducía la acuarela ganadora del VII Concurso Nacional de Diseño de Sellos, cuya temática tenía el lema "Un sello por el clima", poniendo en el centro del discurso artístico el tema ambiental, el cambio climático y la participación de las personas en el mundo que nos rodea. La propia autora de la acuarela, Bárbara Llinares Mira, de Valencia, describe cómo un cambio en la conciencia social es el cambio hacia un futuro positivo, sostenible y posible. Un soplo a la esperanza, a la vida, que convierte lo que toca con su aliento en cambio, en un futuro sin contaminación, respetuoso con el medio ambiente.

«El diseño no es solo lo que se ve y se siente.
El diseño es cómo funciona».
STEVE JOBS

2.1. HISTORIA DEL SELLO

Hasta mediados del siglo XIX el coste del envío de la correspondencia era sufragado por el destinatario una vez que llegaba a él la carta o mensaje; lo cual tenía numerosos inconvenientes, porque podía ocurrir que al destinatario no le interesara el mensaje o que no dispusiera de recursos económicos para pagar la tasa estipulada, que se calculaba en función de los kilómetros recorridos y no por su peso, con lo que la carta era devuelta al remitente. Dichos inconvenientes pretendieron resolverse en Inglaterra con una profunda reforma del servicio de correos británico emprendida por James Chalmers (1834) y Rowland Hill (1837). Este último[1] propuso que el envío lo pagara el remitente según una tarifa uniforme en función del peso y no por el kilometraje. Esta propuesta, conocida como Post Office Reform, tuvo como resultado la designación de un comité de la Cámara de los Comunes (22 de noviembre de 1837) encargado de «estudiar los tipos y sistemas del franqueo postal». Dicho comité informó favorablemente la proposición de Rowland Hill y en 1839 se dictó una providencia que autorizaba al Tesoro para fijar los tipos de franqueo postal y regular el modo de percibir su importe previo. Se barajaron dos posibilidades: crear unos envoltorios o sobres impresos y prepagados o emitir unas pequeñas etiquetas adhesivas para pegar en los sobres. En ambos casos esta correspondencia se echaría en los buzones preparados a tal efecto, que podrían utilizarse a cualquier hora del día o de la noche. Parece ser que la segunda opción fue la más aceptada.

Es así como aparece el sello postal, estampilla o timbre, un comprobante del pago previo de los envíos efectuados por correo en forma de etiqueta, generalmente engomada, que se pega en el anverso del sobre o se imprime directamente sobre él. Estos documentos timbrados o sellos los emitiría el Gobierno, que encargó la impresión de estos a la casa Perkins, Bacon and Petch, utilizando como diseño base un medallón de William Wyon realizado en 1837, pintado por Henry Corboull, poniéndose en circulación el día 6 de mayo del año 1840. Así nace el primer sello postal del mundo: el famoso Penny Black de la reina Victoria, en el que aparece su perfil sobre fondo negro, la palabra Postage en la parte superior y en la inferior One Penny (un penique), omitiéndose el nombre del país por entender que la efigie de la reina bastaba para identificarlo. Además, cada sello mostraba en las esquinas, las coordenadas del

Motivo: Reina Victoria. **Valor facial:** 1 penique. Negro. **Fecha de emisión:** 1 de mayo de 1840. **Impresión:** Calcografía. **Imprenta:** Perkins, Bacon and Petch. **Grabador:** Frederick y Charles Health. **Tamaño:** 19 x 23 mm. **Dentado:** Sin dentar. **Tirada:** Una primera de 65.000, en total 68.000.000.

lugar que ocupaba inicialmente en la hoja de impresión. Esas coordenadas se formaban con dos letras, una para la línea y otra para la columna.

El día 8 de mayo del mismo año se puso a la venta el de 2 peniques, en color azul. Ambas emisiones tuvieron un éxito asombroso, pues solo el primer día se vendieron 60.000 ejemplares, triplicándose el número de cartas enviadas en una semana. Como consecuencia de ello, Rowland Hill fue nombrado director de Correos, mejorando considerablemente los servicios postales del Reino Unido.

Esta reforma postal fue adoptada rápidamente por todos los demás países, así como su principio fundamental de que «la tasa total corresponde a la administración de origen del envío», lo que representaba en parte una abolición de las fronteras por medio de la comunicación postal. El origen inglés del sello eximió a Inglaterra, tal como establece la Unión Postal Universal, de incluir en los sellos que circulen internacionalmente el nombre del país emisor en alfabeto latino, precepto obligatorio para todos los demás países.

Este sistema de prepago con tarifa única solo dependiente del peso de la misiva debía de reunir unas características para que fueran útiles. Por un lado, que fueran fáciles de manejar y de fabricar, al mismo tiempo que difíciles de falsificar. Además, debían mostrar claramente su propósito, así como la autoridad que los emitía.

El formato del sello, su impresión calcográfica, así como el retrato de la reina cumplían perfectamente con estos requisitos. Solo bastaba con añadir la leyenda «Postage» y «One Penny» para que quedara perfectamente definida su utilidad.

2.1.1. El primer sello postal en España

El éxito de la reforma postal de Rowland Hill con la emisión del penique negro repercutió en la mayoría de los países de su entorno, pues simplificaba y reducía las tarifas postales del correo. Con el sello, se eliminó de un plumazo el impago de toda la correspondencia no recogida por los destinatarios, suponiendo una extraordinaria simplificación contable además de un aumento considerable de los ingresos por franqueo que se cobraban por adelantado. En el año 1839 en Gran Bretaña habían circulado setenta y cinco millones de cartas y al año siguiente (pese a que el sello no se puso en circulación hasta el mes de mayo) la correspondencia aumentó a más del doble (168 millones de cartas). Y ya en 1853 superaba los 400 millones.

España fue consciente de la importancia de esta reforma y se propuso incorporarla lo más rápidamente posible a su servicio postal. Pero todo cambio que suponga cierto riesgo y cuyas ventajas no sean inmediatas, o al menos puedan ser visibles antes del final de la legislatura, son decisiones muy difíciles de tomar para un político, que solo busca los éxitos a corto plazo, sin importarle la trascendencia de sus hechos a largo plazo. Pasaron siete años desde la reforma postal inglesa hasta que se aprobó en España una reforma similar con unas nuevas tarifas (Real Decreto de 12 de agosto de 1845), unificando los costes en función del peso y no de la distancia, estableciendo en seis cuartos el coste por carta sencilla, cuyo peso no excediera de 6 adarmes[2].

Sin embargo, las reformas seguían sin llevarse a la práctica. Se discutía la conveniencia de establecer sobres timbrados, o por el contrario los sellos engomados. Era por entonces director general de Correos Javier de Quinto[3] que desarrolló una excelente labor al frente de los servicios postales e introdujo importantes medidas de modernización, como la intervención recíproca de todas las administraciones de Correos, pero con una actuación muy política, pendiente siempre de unos gobernantes para los cuales el correo era una renta del Estado antes que un servicio público. A pesar de los buenos resultados de su gestión, fue obligado a dimitir y su renuncia al cargo aceptada el 30 de junio de 1847. El 7 de julio, solo una semana después, el Ministerio de la Gobernación asumía la dirección y administración de la Renta de Correos y suprimía la antigua Dirección General.

Se aproximaba 1850, e iba a hacer 10 años desde que se emitiera el primer sello inglés, cinco años de la publicación del Real Decreto de reforma de las tarifas españolas y aún no se había hecho nada al respecto, y surgen las prisas.

Una década mareando la perdiz con dudas y dilaciones, y de repente todo eran urgencias. Se descarta la idea de los sobres timbrados y se decide implantar la de sellos engomados, pidiendo presupuesto para su ejecución a la casa inglesa Perkins, Bacon and Petch, que había fabricado el penique negro y también algunos billetes para el Estado español. Desconocemos por qué se desechó este presupuesto, pero inmediatamente después se encarga a Bartolomé Coromina, grabador jefe de la Fábrica Nacional de Papel Sellado[4] un presupuesto urgente sobre el coste de poner en circulación un sello similar al inglés y, a partir de su respuesta, el 19 de septiembre de 1849, sobre las posibles alternativas para fabricar sellos de franqueo[5], se desencadena una serie de acontecimientos: el 24 de octubre se aprueba una Real Orden que establece el franqueo obligatorio por medio de sellos adhesivos a partir del 1 de enero de 1850. El 14 de diciembre

Presupuesto presentado por Bartolomé Coromina (obtenido de *Monografías filatélicas 17* de José María Samper).

se promulga otra Real Orden con las instrucciones a seguir en el uso de los sellos de franqueo y certificado, y su contabilidad. Y sorprendentemente el 1 de enero de 1850 estaban a la venta en todas las provincias los valores de 6 cuartos[6] para franquear las cartas y los de 5 y 6 reales para los certificados.

El primer sello español fue por tanto el de 6 cuartos, utilizado para franquear las cartas sencillas de menos de 14,3 gramos de peso, perteneciente a una serie de 5, emitidos el 1 de enero de 1950, con un valor facial de 6 y 12 cuartos, y de 5, 6 y 10 reales de vellón respectivamente. Fue realizado a imagen y semejanza del Penny Black británico. Imitación que se extendió a casi todas las primeras emisiones postales en el mundo entero. Desde entonces, se estableció en los sellos postales –como ya lo era en las monedas– la representación de la cabeza del monarca como icono representativo de la máxima autoridad del estado emisor. El Real Decreto aludido de 1849, y firmado por Isabel II, establecía que los sellos serían de papel, llevarían estampado el busto de Su Majestad la Reina y su reverso estaría engomado con el fin de pegarlos humedeciéndolos. Así mismo, especificaba que los sellos fueran vendidos por unidades en estancos y otros puntos que se designaran para dicho fin, condiciones estas que siguen vigentes.

Núm. Fesofi: 001. Motivo: Reina Isabel II. Serie: Isabel II, 5 valores. Valor facial: 6 cuartos. Negro. Fecha de emisión: 1 de enero de 1850. Impresión: Litografía. Imprenta: Fábrica Nacional del Sello. Grabador: Bartolomé Coromina. Tamaño: 19 x 23 mm. Dentado: Sin dentar. Tirada: 6.226.727.

El sistema utilizado para su impresión fue el litográfico, dada la urgencia con la que se pretendía emitir estos sellos, pues, aunque lo adecuado hubiera sido la tipografía, este sistema hubiera requerido varios meses más de ejecución, que la Administración no estaba dispuesta a esperar. No obstante, distintos «expertos filatélicos» tienen criterios muy dispares sobre el sistema de impresión que se utilizó para este primer sello. Nosotros consideramos que fue la litografía, basándonos en el testimonio de José Luis Sánchez Toda, uno de los más célebres grabadores de la Fábrica Nacional de Moneda y Timbre, que comenta:

> «En España, el primer sello es litográfico, proyectado y grabado por Bartolomé Coromina, no sabiéndose con certeza si fue grabado sobre piedra o metal, por la técnica de sus trazos, sobre todo en los trazados por puntos, cuando son hechos con el buril empleado para la piedra, son diferentes a los conseguidos en el corte del metal, confirma haber sido grabado sobre piedra. Por medio del papel de reportar fue transportado este original a otra piedra de mayores dimensiones, en la que se compusieron los 255 sellos que entraban en la hoja, e impresos directamente de esta piedra»[7].

Estas aseveraciones de Sánchez-Toda están en concordancia con el documento que Coromina presenta en el presupuesto, que propone la litografía,

Núm. Fesofi: 008. Motivo: Reina Isabel II. Serie: Isabel II, 6 valores. Valor facial: 2 reales. Naranja. Fecha de emisión: 1 de enero de 1851. Impresión: Tipografía. Imprenta: Fábrica Nacional del Sello. Grabador: Bartolomé Coromina. Tamaño: 19 x 23 mm. Dentado: Sin dentar. Tirada: 1.432.

dada la urgencia del proyecto, aunque aconsejaba como más adecuada la tipografía, de haberse dispuesto de tiempo necesario; de hecho, así se haría en emisiones posteriores. Explica también cómo el original se grabaría en una plancha de acero, para transportarlo y fijarlo a continuación sobre piedra, y con esta efectuar la impresión utilizando prensas litográficas. La imagen que aparece en este primer sello de seis cuartos es el busto de la reina Isabel II visto de perfil, concretamente su lado izquierdo, mientras que los otros cuatro sellos de la serie presentan el lado derecho de ese perfil.

Las leyendas que aparecen en el sello además de su valor facial y año de emisión, se refieren al departamento gubernamental que lo emite «Correos» y al concepto de franqueo pagado por el remitente: «Franco».

Estas series con la efigie del monarca reinante se han venido emitiendo hasta nuestros días y son las denominadas «básicas». Concretamente de Isabel II se emitieron durante casi todos los años de su reinado, y precisamente uno de estos sellos, emitido en 1851, ha alcanzado una de las cotizaciones más altas en el mercado filatélico entre los sellos españoles. En la actualidad 16.000 euros[8].

Precio posiblemente conseguido por la pequeña tirada que hicieron de este sello y los pocos ejemplares que quedan actualmente en el mercado.

En estos más de 170 años en los que el servicio de correos de los distintos países nos ha permitido una comunicación escrita de una forma rápida y fiable, el sello, como documento de pago previo al servicio, ha sido un elemento imprescindible del mismo. Sin embargo, con la llegada del siglo XXI y las nuevas tecnologías de comunicación, así como de distribución de paquetería, es muy posible que la función del sello cambie radicalmente.

2.2. EL SELLO POSTAL COMO EXPRESIÓN ARTÍSTICA

En su comienzo, el sello era un simple papel de pago oficial que acreditaba que el remitente había satisfecho el importe del servicio, es decir que había pagado por llevar la carta al destinatario, y aunque en dicho documento se debían de recoger una serie de datos identificativos, como la nacionalidad, el importe del pago y poco más, su diseño era sencillo y similar en todos los países, habiéndose optado por seguir los criterios que se utilizaban con las monedas, de tamaño muy similar; es decir: incluir la esfinge del monarca si era un reino, o una alegoría de la república si era esta la forma de gobierno, y un texto donde se expresara claramente la nacionalidad y el valor facial. Así lo vemos en el sello emitido en 1901, que a continuación se muestra, donde aparece el retrato del monarca reinante, Alfonso XIII, enmarcado en un texto con la identificación del país, «España», y el valor facial, «20 céntimos», así como la consideración del documento, «sello postal». Este sello es un grabado de Bartolomé Maura uno de los más famosos grabadores de la FNMT.

Núm. Fesofi: 247. Motivo: Rey Alfonso XIII. Serie: Alfonso XIII, 15 valores. Valor facial: 20 céntimos. Negro. Fecha de emisión: 1 de enero de 1901. Impresión: Calcografía. Imprenta: Fábrica Nacional del Sello. Grabador: Bartolomé Maura Montaner. Tamaño: 21 x 24,5 mm. Dentado: 14 de peine. Tirada: 67.500.

Sin embargo, con el tiempo y el avance de las tecnologías de impresión, los estados se dieron cuenta que este simple trozo de papel podía significar un sistema de comunicación con los ciudadanos de gran impacto, que dependería fundamentalmente de las imágenes y simbologías que en ellos se utilizaran, pues su distribución masiva garantizaba un extenso alcance del mensaje, que debía ser claro, atractivo y convincente.

Pero qué es el arte sino la expresión de una idea, la transmisión de un mensaje, la comunicación del artista con los espectadores de su obra, de tal forma que produzca en ellos emoción y comprensión. En una obra pictórica hay narración, simbología, colores, textura, contrastes, todo ello para conseguir captar la atención del espectador y ponerle en la situación de comprender, de entender al artista o simplemente de emocionarse con la obra. En este sentido coincidimos con el aserto de April Greiman[9]:

«El diseño debe seducir, educar y, quizás lo más importante, provocar una respuesta emocional».

En la filatelia ocurre lo mismo, solo que todo eso hay que conseguirlo en un espacio de unos 8 cm² En ese pequeño espacio hay que transmitir un mensaje, una idea, un testimonio, con un lenguaje claro, con unos símbolos entendibles por todos. De ahí que hoy en día la elaboración de un sello requiera la colaboración de numerosos profesionales del arte: diseñadores, creativos, fotógrafos, dibujantes, documentalistas, grabadores, etcétera. Todos ellos han de colaborar para conseguir esta pequeña obra de arte: el sello postal.

En el arte filatélico hay un solo patrono o mecenas: En España hoy es la Sociedad Estatal de Correos y Telégrafos, una sociedad anónima propiedad en su totalidad de la Sociedad Estatal de Participaciones Industriales (SEPI), adscrita a su vez al Ministerio de Hacienda y Función Pública. Por tanto, es el Estado en última instancia el que encarga la obra. Exactamente igual que ha sucedido durante siglos: los grandes mecenas eran los monarcas, la Iglesia, la alta nobleza, lo mismo que ahora son las grandes corporaciones que, junto a las grandes galerías y marchantes, deciden el arte que debemos «consumir».

Pues bien, el patrono en este caso Correos, a través de la Subdirección de Filatelia desde hace ya unos años, decide el motivo o efemérides que quiere conmemorar con una determinada serie postal; encarga a sus documentalistas una investigación sobre esa temática y, con esa documentación, solicita varios diseños a un «pool» de siete de las mejores agencias de diseño gráfico español. Cada agencia presenta tres propuestas, que son estudiadas por la «dirección de arte» de dicha Subdirección, quien, después de su estudio y consulta con las distintas organizaciones, asociaciones o personas que tienen una relación con la emisión, selecciona, juntamente con estas, cuál de ellas es la propuesta más idónea, estableciendo el diseño definitivo del sello[10]. Posteriormente son los especialistas, grabadores y tipógrafos de la FNMT los que se encargan de la fabricación del valor postal. A veces son los propios diseñadores y artistas de la casa (FNMT) los que se encargan del diseño.

Pero además de ser el sello una obra de arte en sí mismo, es testigo y difusor del arte. No exageramos si afirmamos que gran número de sellos tienen como motivo nuestro patrimonio artístico. Son innumerables las series dedicadas a nuestros más insignes pintores, así como a las obras maestras de los mismos, con unas reproducciones que «se salen del marco», es decir del sello, como el que precede a este párrafo, donde se reproduce un cartón para tapiz de Goya, en el cual el sello es solo una parte de la obra, delimitado por su dentado.

El tapiz que se realiza a partir de este cartón, titulado *El columpio*, fue elaborado por la Real Fábrica de Madrid y confeccionado bajo la dirección de Cornelio Vandergoten, descendiente de una familia de maestros tapiceros naturales de Amberes, quien en 1774 quedó al mando de los talleres. Está elaborado en seda y lana y forma parte de una serie de trece piezas destinadas a decorar las antesalas del dormitorio de Carlos de Borbón y María Luisa de Parma, en el palacio de El Pardo. En la composición aparecen un grupo de cuatro infantes acompañados por tres miembros de la servidumbre. Una de las criadas se columpia, mientras que otra sujeta los andadores del más pequeño. Al fondo aparecen pastores, un cochero y el resto de los criados. Goya nos brinda aquí una peculiar interpretación y visión del estilo rococó.

Núm. Fesofi: 4.704. Motivo: Hoja bloque. *El columpio* (Goya). Serie: Patrimonio Nacional. Tapices, 2 valores. Valor facial: 0,60 euros. Multicolor. Fecha de emisión: 29 de julio de 2008. Impresión: Huecograbado. Imprenta: FNMT. Papel estucado, engomado, fosforescente. Tamaño: 79,2 x 105,6 mm la hoja bloque y 33,2 x 49,8 mm el sello. Dentado: 13 1/4. Tirada: 500.000.

De igual forma la escultura y la arquitectura tienen bellas muestras de sus monumentos, con interpretaciones originales, como es el caso del sello del Acueducto de Segovia, que se reproduce a continuación, emitido recientemente (2016) en una hoja bloque plisada, creo que la primera con esta presentación, y el sello de forma circular. Esta espectacular obra de ingeniería romana de principios del siglo II d. C., durante la época del emperador Trajano, fue declarada Patrimonio Mundial de la Humanidad, efeméride que conmemora este sello, donde se reproduce su parte más famosa y reconocida, la arquería que atraviesa la plaza del Azoguejo en el centro de la ciudad. En el diseño se juega con fotos reales e interpretaciones geométricas del mismo, destacando el trabajo de las piezas de piedra que componen el acueducto, dibujando el contorno de cada una de ellas, e incluyendo unos trazos azules que recuerdan que el agua es el protagonista del acueducto, ya que su misión es la canalización y el traslado de la misma. El sello que se emite tiene forma redonda y representa el anverso de la moneda de dos euros que se puso en circulación con este motivo ese mismo año.

Núm. Fesofi: 5.591. Motivo: Acueducto de Segovia. Serie: Patrimonio Mundial. Acueducto de Segovia, 1 valor. Valor facial: 5 euros. Multicolor. Fecha de emisión: 6 de octubre de 2016. Impresión: Calcografía+offset. Imprenta: FNMT. Papel engomado, desplegable. Tamaño: Hoja bloque 150 x 104.5 mm y 268 x 104.5 mm desplegada, y sello circular 32 mm de diámetro. Dentado: 13 1/2. Tirada: 200.000.

También en los sellos se ha llegado a reproducir la textura del soporte de la pintura, como es el caso del sello emitido en 2015 como hoja bloque, cuyo motivo es la Cueva de Altamira, declarada Patrimonio Mundial por la Unesco en 1985, uno de los yacimientos de pintura rupestre más importante de la historia de la Humanidad en el Paleolítico Superior. Hallazgo debido al estudioso Marcelino Sanz de Sautuola, quien visitó la cueva por primera vez en 1875, época en que la ciencia oficial no admitía la existencia del arte en el periodo paleolítico. En su techo hay pintados figuras de grandes caballos de color rojo, bisontes, ciervos, toros, manos en positivo y en negativo, signos, puntos y otras representaciones. Nuestros antepasados utilizaron pigmentos naturales: los rojos o pardos eran obtenidos del óxido de hierro y el negro, del carbón, aplicados bien directamente o disueltos en agua. Y para dar mayor volumen y sensación de relieve a las figuras, los artistas primitivos aprovecharon los salientes del techo y de las grietas. El sello alusivo que comentamos reproduce precisamente uno de los bisontes de esta cueva con un ligero relieve que simula el que nuestros ancestros consiguieron dar a su pintura. El sello de esta hoja bloque, también circular, reproduce la moneda de 2 euros que se puso en circulación ese mismo año por este motivo.

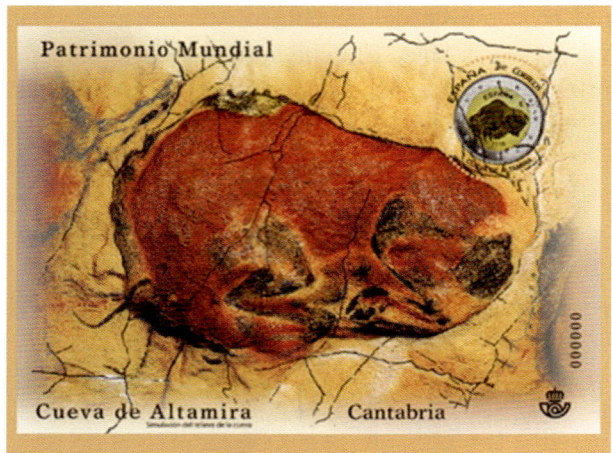

Núm. Fesofi: 5.443. Motivo: Cueva de Altamira. Serie: Patrimonio Mundial. Cueva de Altamira, 1 valor. Valor facial: 3 euros. Multicolor. Fecha de emisión: 27 de abril de 2015. Impresión: Calcografía+offset+barniz+ microrelieve. Imprenta: FNMT. Papel engomado. Tamaño: Hoja bloque 150 x 104.5 mm y sello circular 32 mm de diámetro. Dentado: 13 1/2. Tirada: 280.000.

Sería prolijo enumerar las muestras de reproducciones artísticas que se dan en los sellos postales, pero es justo dejar constancia del gran esfuerzo que se ha hecho para divulgar un patrimonio artístico tan rico como el español, y si en un principio pudo haber unas intenciones chauvinistas, es evidente que en la actualidad prima la intención de utilizar el sello como divulgador de nuestra cultura, de nuestras tradiciones y costumbres, que definen nuestra identidad nacional y todo ello presentado con la corrección, el gusto y el estilo de un verdadero artista.

Pero, además, con los sellos y todo el material filatélico se está creando arte: el «Mail Art» o arte postal. La revista *Sellos y Mucho Más* lo describe como una forma de expresión artística, que consiste en:

> «la total libertad de intercambio de cualquier documento u objeto artístico que pueda ser puesto en circulación a través de los servicios postales y cuyo único objetivo es la comunicación».

Tuvo sus primeras manifestaciones en el grupo Fluxus o en los neo-dadaistas, así como en las postales de Kurt Schwitters que, siguiendo la senda de Marcel Duchamp, proponían una vía alternativa, lejos del arte oficial, apartado de jurados y de los mercados del arte. Son composiciones y collage, con los más variados materiales y soportes, integrados por sellos, sobres, matasellos, objetos variados…, todo aquello que entra en un buzón y es recibido por un destinatario de forma gratuita. En España no es un arte muy extendido, el

Ayuntamiento de Avilés realiza certámenes anuales a nivel internacional desde el año 2016, donde acuden artistas de más de cuarenta países a exponer sus obras. El SFC emitió un sello en 2021 donde figure una obra de este certamen.

2.3. ELABORACIÓN DE LOS EFECTOS POSTALES

Como es lógico pensar, la elaboración de los sellos postales ha tenido mucho que ver con la época en la que se han realizado y con la tecnología y conocimientos gráficos que los encargados de su fabricación poseían, e incluso con los recursos económicos que disponía la Administración para dedicarlo a este menester. La fabricación del primer sello español, «el 6 cuartos» de Isabel II de 1850, no tiene nada que ver con los sofisticados procedimientos que se utilizan hoy en día. No obstante, durante 150 años el procedimiento de elaboración ha variado muy poco, ha sido en los últimos 15 o 20 años cuando la infografía, las nuevas técnicas de impresión y el diseño han cambiado radicalmente el aspecto del sello postal y su elaboración.

Dos son los procesos que se puede considerar en la elaboración de un sello: en primer lugar, el diseño de este y, en segundo lugar, el grabado e impresión. Durante muchos años el diseño pasó desapercibido puesto que la imagen que se utilizaba era la de una pintura, una escultura o incluso una fotografía preexistente, por lo que el grabador se limitaba a copiarla sobre una plancha. Sin embargo, hoy en día, comprendida la importancia del mensaje que se puede transmitir con un sello, el diseño de este es quizás la fase más importante y a la que se dedica más tiempo y preparación.

El diseño del primer sello español no supuso ningún trabajo, ya Inglaterra había marcado el camino, solo bastaba escoger un busto de la reina y reproducirlo. Lo que si exigía un estudio laborioso y unos profesionales competentes era el grabado e impresión de ese sello. Si nos atenemos a la información que nos proporciona Coromina en el proyecto que presenta para la elaboración de este:

> «Dos son los sistemas conocidos y que en mi concepto pueden aplicarse para poner en práctica el método de franquear y certificar las cartas con sellos sueltos que se peguen en el sobre de ellas. El uno que consiste en un tipo matriz de acero, grabado en altorrelieve, que se reproduce en cobre por el sistema galvánico y su impresión se verifica por medio de las prensas tipográficas de yerro y el otro cuyo tipo original es grabado en lámina también de acero, se transporta y fija en la piedra y su impresión se verifica en prensas litográficas…»[11].

Como hemos comentado, hoy el diseño de un sello es tan importante o más que su grabado e impresión. Podemos decir que una vez transmitido al diseñador el tema o motivo de la serie postal que se va a emitir, este ha de recorrer una serie de fases para obtener el diseño final:

1. ANÁLISIS. Investigación y estudio de la temática a fin de obtener conocimientos certeros y objetivos.
2. SÍNTESIS. Extracción de los rasgos de identidad y cualidades diferenciales que se puedan interpretar universalmente.
3. CREATIVIDAD. Generación de ideas y prefiguración de escenarios que expresen objetivamente los rasgos y cualidades de la fase anterior.
4. REPRESENTACIÓN. Creación de bocetos, alternativas, modificaciones y depurado de los mismos, contrastando opiniones de expertos en la materia.
5. EJECUCIÓN. Diseño final del sello, con las indicaciones precisas para su correcta interpretación por los sistemas de producción (grabado e impresión).

Esta labor que se realizaba en un principio en la propia FNMT, dado la proliferación de agencias españolas de diseño y la calidad de las mismas, se decidió en el año 2013 externalizarla, y se estableció que el diseño de los sellos que se emitieran a partir de esa fecha se encargarían a un «pool» de siete de las mejores agencias de diseño gráfico español, a las cuales previamente el equipo de diseño de la Subdirección de Filatelia, actuando como una «dirección de arte», les marcaría desde cuestiones técnicas como formato, orientación y tamaño del mismo, hasta cuestiones conceptuales sobre el estilo y resultado deseado para cada motivo, pudiendo incluso realizar parte importante de los diseños de forma propia.

Cada agencia presenta tres propuestas para cada sello encargado por Correos, quien selecciona, juntamente con estas, cuál de ellas es la propuesta más idónea y sobre ella se trabaja, tanto documental como gráficamente, siendo en esta fase donde se interactúa con las distintas organizaciones, asociaciones o personas que tienen una relación con la emisión para que aporten documentación o puntos de vista con el fin de obtener la propuesta definitiva del sello.

A partir de 2014 Correos convoca anualmente un concurso nacional de diseño de sellos, Disello, que contempla una categoría general y otra juvenil. En esta última pueden participar jóvenes de 12 a 17 años. Entre los cuarenta finalistas de ambas categorías, por votación en Internet y de un jurado de especialistas, se elige a los ganadores y, además de un premio, que varía cada año, su diseño se emite como sello oficial de Correos.

En cuanto al grabado e impresión de los sellos, normalmente es la Fábrica Nacional de Moneda y Timbre la encargada de ello. La calidad de sus trabajos y la seguridad que ofrecen sus métodos para impedir falsificaciones y controlar la cantidad de sellos emitidos, le otorgan la idoneidad para realizar esta labor. No obstante, en algunas ocasiones, fundamentalmente durante la década de 1930 fueron impresos algunos sellos en Inglaterra, por los impresores Waterlow and Sons Ltd. y Bradbuny Wilkndon & Co., de Londres, y en Suiza, la imprenta Orell Fussli, de Zurich. Incluso durante la Guerra Civil española se realizaron emisiones en los Talleres de M. Portabella de Zaragoza.

Núm. Fesofi: 4.950. **Motivo**: Hoja bloque Distintos sistemas de impresión. **Serie**: Exfilna 2010, 1 valor. **Valor facial**: 2,49 euros. Multicolor. **Fecha de emisión**: 20 de octubre de 2010. **Impresión**: Offset. **Imprenta**: FNMT. Papel estucado, engomado y fosforescente. **Tamaño**: 105,6 x 79,2 mm la hoja bloque y 28,8 x 40,9 mm el sello. **Dentado**: 13 3/4. **Tirada**: 300.000.

Con motivo de la Exposición Filatélica Nacional Exfilna 2010, celebrada en Madrid, se emite una hoja bloque de Exfilna 2010, que está dedicada a los distintos sistemas de impresión, conmemorando al mismo tiempo las efeméri-des de cuatro emblemáticas emisiones estampadas mediante cuatro sistemas de impresión distintos: los 140 años de la Matrona en tipografía; los 80 años de *La maja desnuda* de Goya en calcografía; los 70 años del sello de El Cid en litografía; y, por último, los 35 años del rey Juan Carlos I en huecograbado.

Hay que dejar constancia que la FNMT y sus antecesoras, la Fábrica Nacional del Sello y la Fábrica de la Moneda, han sido excelentes canteras de grabadores, donde se han formado los mejores artistas de esta especia-lidad, la mayor parte de ellos con premios en certámenes internacionales y trabajos expuestos en numerosos museos. De ellos, muchos han intervenido en la realización de las planchas con las que se han imprimido nuestros se-llos, empezando por Bartolomé Coromina, grabador del primer sello español; Bartolomé Maura (1844-1926); Camilo Delhom (1894-1970); Germán Martín Orbe; Carlos Velamazán; el prolífico Sánchez-Toda, profesor en la Escuela Nacional de Artes Gráficas, que en los 47 años que trabajó en la FNMT grabó y diseñó más de 100 sellos y casi la totalidad de los billetes de banco emitidos desde 1937; y su discípulo Antonio Manso, considerado uno de los mejores grabadores de sellos del mundo; y muy prolífico también en cuanto a grabados de sellos de Correos, billetes de banco y estampas, realizando su primer trabajo a los 17 años, con el sello dedicado al Monasterio de Poblet.

Actualmente la impresión de los sellos se realiza con sofisticadas máquinas, donde cada vez más los trabajos manuales están desapareciendo. Los más habituales son:

- TIPOGRAFÍA: es conocida como «impresión en relieve» y es el método utilizado en la imprenta de Gutembeg (1450). En una matriz se marca en relieve la parte a imprimir del sello, luego se carga esta matriz con tinta y se presiona contra la hoja de papel, quedando impreso el dibujo. La invención de la tipografía fue uno de los grandes saltos en la universalización del conocimiento, comparable a la invención del papel, del alfabeto o de Internet. Las máquinas tipográficas dominaron el mundo de la impresión hasta la aparición de la litografía offset a comienzos del siglo XX. Incluso entonces, la tipografía mantuvo su predominio en los pequeños trabajos, de tiradas reducidas o poco volumen de papel. Su ocaso definitivo comenzó hacia los años sesenta del siglo XX, con los avances en los procesos fotoquímicos de preimpresión.

NÚM. FESOFI: 0107. MOTIVO: Efigie alegórica de España. SERIE: Efigie alegórica de España, 13 valores. VALOR FACIAL: 50 milésimas de escudo. Ultramar. FECHA DE EMISIÓN: 1 de enero de 1870. IMPRESIÓN: Tipografía. IMPRENTA: Fábrica Nacional del Sello. GRABADOR: Eugenio Juliá Jover. TAMAÑO: 20 x 25 mm. DENTADO: 14 de peine. TIRADA: 250.000.

Tras el derrocamiento de Isabel II, y durante la regencia del duque de Torre, en 1870 se emite una serie de trece sellos con la cara de una matrona que intenta ser una efigie alegórica de España. La impresión de estos sellos se realizó en tipografía.

- CALCOGRAFÍA: es un sistema de impresión directo, imprimiéndose con una plancha grabada en bajorrelieve y colocada sobre un cilindro. La profundidad del grabado puede llegar hasta 100 micras, cuanto más profundo es este, más cantidad de tinta se dejará sobre el papel. Se utilizan tintas muy espesas, y se imprime con calor y presión. Este sistema es el antagonista de la tipografía, donde se transfiere la tinta depositada en la superficie, y no en los huecos, de los relieves.

NÚM. FESOFI: 0514. MOTIVO: *La maja desnuda*. SERIE: Quinta de Goya en la Exposición de Sevilla, 18 valores. VALOR FACIAL: 4 pesetas. Pizarra. FECHA DE EMISIÓN: 15 de junio de 1930. IMPRESIÓN: Calcografía. IMPRENTA: Waterlow and Sons Ltd., Londres. GRABADOR: José López Sánchez-Toda. TAMAÑO: 47 x 34 mm. DENTADO: 12 1/2 de línea. TIRADA: 297.000.

En 1930 con motivo de la Exposición de Sevilla se emitió una serie dedicada a Goya donde algunos de sus sellos se realizaron con sistema calcográfico en la imprenta Waterlow and Sons Ltd., de Londres, eso sí con planchas grabadas por el español Sánchez-Toda.

- OFFSET: es un sistema de impresión indirecto y en plano-relieve. Su funcionamiento es similar al de la litografía. Se utiliza una plancha de aluminio donde está grabada la imagen, bien por métodos manuales o por foto-grabación, que se impregna con una emulsión hidrófoba. Esta plancha, colocada en un rodillo, se moja con agua, que solo se adhiere al aluminio que es hidrófilo. Posteriormente se le aporta tinta, generalmente oleosa, que, rechazada por el aluminio, se adhiere solo a la zona de la imagen que ha sido previamente emulsionada. Con este rodillo entintado se imprime sobre otro rodillo de caucho o silicona, que la transfiere por presión al papel. Es precisamente la utilización del caucho en la impresión lo que hace a este procedimiento idóneo para imprimir sobre superficies con texturas irregulares o rugosas.

Núm. Fesofi: 0918. Motivo: Castillo y El Cid. Serie: Cifras y Cid, 5 valores. Valor facial: 15 céntimos. Verde. Fecha de emisión: Enero de 1940. Impresión: Litografía. Imprenta: FNMT. Grabador: Blas Pérez Irujo. Tamaño: 26 x 22mm. Dentado: 11 1/4 de peine.

Este sello que representa la figura de El Cid en el exterior de un castillo fue grabado por Blas Pérez de Irujo y se imprimió por primera vez en 1937, mediante procedimiento litográfico, en la imprenta de Teresa Fournier[12] en Burgos. Posteriormente, ya en 1940, volvió a imprimirse en offset, pero ya en la FNMT, donde se imprimirían a partir de ese año todas las emisiones filatélicas.

- Huecograbado: es un sistema similar a la calcografía, donde el grabado se realiza sobre un cilindro de cobre en el que, mediante una herramienta con punta de diamante, se perforan puntos o pequeños alveolos, con unas profundidades diferentes, dependiendo de la cantidad de tinta que sea necesaria aportar. A estos cilindros de cobre, posteriormente a su perforación, se les da un recubrimiento de cromo, mediante unos baños galvánicos, con el fin de que la superficie sea más dura y resista sin deteriorarse toda la impresión. Una vez entintado este rodillo, se imprime directamente sobre el papel con el mismo sistema que la calcografía. Este es el primer sello que se emite de Juan Carlos I a los pocos días de ser proclamado rey de España, el 22 de noviembre de 1975, después

NÚM. FESOFI: 2.302. MOTIVO: S.M. D. Juan Carlos I.
SERIE: Proclamación de D Juan Carlos I, 4 valores.
VALOR FACIAL: 3 pesetas. Multicolor. FECHA DE EMISIÓN:
29 de diciembre de 1975. IMPRESIÓN: Huecograbado.
IMPRENTA: FNMT. TAMAÑO: 28,8 x 33,2 mm. DENTADO:
13 1/4. TIRADA: 15.000.000.

de prestar juramento ante las Cortes Españolas y el Consejo del Reino, convocados conjuntamente por el Consejo de Regencia. Se reproduce mediante huecograbado una imagen del rey que según *Philatélicos* está tomada de un lienzo realizado por Manuel Marín[13].

- SELLOS CON DIFERENTES SISTEMAS DE IMPRESIÓN: La impresión de sellos puede requerir la combinación de distintos sistemas, y las máquinas de la FNMT están preparadas para hacerlo: hueco + calco, calco + offset, hueco + offset, o cualquier otra interrelación de sistemas que se nos ocurra, únicamente dependerá del diseño del sello y la decisión de Correos.

En este caso se trata de un sello que reproduce el tapiz de *La muerte de Dido*, una serie dedicada al Patrimonio Nacional que difunde las obras de arte que conserva ese organismo público responsable de los bienes de la Corona española. El tapiz fue realizado en Bruselas, hacia 1660, en los talleres de Markus de Vos y describe el trágico final de esta reina. Elaborado en lana y seda, en él se aprecia cómo se desvanece, después de haberse herido con la espada de Eneas, su gran amor, siendo sostenida por dos doncellas. Sobre las nubes destaca la diosa Juno, figura de la mitología romana a la que se consideraba protectora de las mujeres, el matrimonio y los nacimientos Todo el conjunto, el paño y su ornamentación, se reproduce en una hoja bloque y,

NÚM. FESOFI: 5.372. MOTIVO: *La muerte de Dido*. SERIE: Patrimonio Nacional. Tapices, 1 valor. VALOR FACIAL: 3,15 euros. Multicolor. FECHA DE EMISIÓN: 18 de septiembre de 2014. IMPRESIÓN: Calcografía y huecograbado. IMPRENTA: FNMT. Papel estucado, engomado, mate y fosforescente. GRABADOR: Juan A. González (Filatelia). TAMAÑO: 57,6 x 40,9 mm. DENTADO: 13 3/4. TIRADA: 250.000.

para conseguir que su creación sea lo más fidedigna posible, se ha utilizado una impresión en calcografía y huecograbado.

Resumiendo, en cuanto a la forma de imprimir los sellos españoles, podemos decir que, en el siglo XIX, se utilizó principalmente la tipografía, excepto en la primera emisión de la que ya hemos hablado, en las emisiones litográficas carlistas de 1873 a 1875 y en las calcográficas de la primera emisión de Alfonso XII, escudos y corona real de 1875 y1876.

Al iniciarse el siguiente siglo se utilizó entre 1901 y 1905, exclusivamente la calcografía. Esta técnica se alternará con la tipografía durante los 25 años siguientes. De 1930 a 1950 se ampliará el número de métodos de grabación con el huecograbado. Entre 1950 y 1977 los sellos se fabricarán casi exclusivamente con la técnica calcográfica y la del huecograbado. A partir de esta fecha y hasta la actualidad se les une el grabado en offset y la llamada técnica mixta, con la combinación de dos o más de las técnicas referidas.

Es de destacar el éxito que han alcanzado los sellos españoles en los concursos internacionales, fundamentalmente en la utilización de las técnicas calcográfica y mixta, donde se han obtenido y se obtienen importantes premios.

2.4. EL MATASELLOS

Se llama matasellos a la marca que sobre el sello postal coloca el empleado de Correos para invalidarlo, de tal forma que no se pueda volver a utilizar. Si en su origen respondió a la cancelación u obliteración de la tasa de franqueo, a lo largo de los años ha adquirido otro valor por su relevante impacto en el coleccionismo filatélico, complementando al sello en su labor de difusión de acontecimientos o efemérides, reforzando su imagen y presencia, así como la del propio Servicio de Correos.

Cuando nació el sello de correos en 1840 y se establecían las normas para su uso, se decretaba también que debían ser invalidados en el momento de entregarse en las administraciones de correos para impedir su reutilización. El primer matasellos utilizado en España fue el conocido como «Araña», realizado por don Tomás de Miguel el 22 de febrero de 1850, llamado así por sus cuatro arcos de círculo unidos y cuatro flechas o patas. Ya en 1852 se sustituyó el matasellos araña por otro conocido como «Parrilla», marca formada por gruesas líneas encerradas en un ovalo; el formato de estos matasellos variaba según las localidades con modelos y formatos completamente diferentes los unos de los otros. Cuando por cualquier circunstancia había que invalidar el sello fuera de la ciudad de procedencia, se utilizaban distintas marcas que se conocían como matasellos «Mudos», por carecer de cualquier tipo de información gráfica.

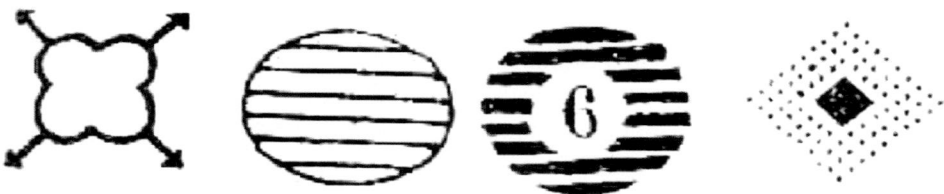

Matasellos "Araña" de 1850, dos matasellos "Parrilla" de 1852, y un matasellos "Mudo".

A partir del 7 de octubre de 1858 empezaron a utilizarse en España los conocidos como «Rueda de carreta». Se empleaban dos modelos y ambos eran de forma redonda, uno de los cuales está compuesto por un doble círculo concéntrico dividido en cuartos. En cada uno figura un número igual y este mismo se repite en tamaño algo mayor en el círculo interior. El otro matasellos era más sencillo y en él figura un número colocado en el centro y una circunferencia formada por ocho gruesas líneas.

En ambas improntas el número del matasellos correspondía a la Administración[14]. En 1878 la rueda se sustituyó por el «Trébol». Esta nueva impronta seguía con los círculos concéntricos, pero enmarcando en el centro la fecha dentro de un dibujo de cuatro semicircunferencias unidas entre sí, idéntico al matasellos de «Araña», pero sin las flechas, asemejándose así a un trébol de cuatro hojas. Con este matasellos se estrenó una nueva numeración para las administraciones principales y las estafetas de cambio, en vigor hasta 1985, cuando se implantó el código postal. Ya en 1882 aparece el fechador más longevo, «Puente», que aún se usa en pequeñas localidades. En este, la fecha figura en un solo renglón enmarcado entre dos líneas paralelas.

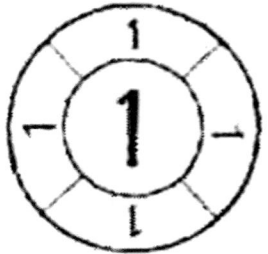  

Matasellos "Rueda de carreta", "Trébol" y "Puente".

En 1978 se estableció una instrucción con una serie de normas sobre esta materia adaptándola a la realidad actual y derogando las disposiciones que habían quedado obsoletas, además de clasificar los matasellos de acuerdo con una nueva estructura que se segmenta en dos tipos: matasellos conmemorativos externos y matasellos postales.

Los «matasellos conmemorativos externos» son aquellos que responden a un evento, efeméride o acontecimiento solicitado a Correos por un externo, tanto de forma particular, como corporativa por cualquier institución u organismo. En él se representa mediante imagen o texto una referencia conmemorativa, la cual es avalada con el logo y símbolo de Correos y una numeración correlativa anual. Este matasellos es aprobado y autorizado por Correos y sirve para la obliteración manual en oficinas postales temporales o permanentes.

TIPO DE MATASELLOS: Conmemorativo. DESCRIPCIÓN: XXVI Feria Regional del Campo y de Muestras. FECHA DEL PRIMER DÍA: 16 de julio de 1986. MOTIVO: Logotipo. LOCALIDAD: Manzanares (Ciudad Real).

Los «matasellos postales» son aquellos que responden a un concepto global o particular en su temática generada emitida por Correos, y pueden o no tener fechador. Su impronta, mediante imagen/texto, referencia el concepto seleccionado juntamente con el logo y símbolo de Correos. Estos se clasifican en:

- ESPECIALES: aquellos autorizados y operados por personal ajeno a Correos. (ejemplo: bases de investigación, militares, etc.)..

TIPO DE MATASELLOS: Especial militar. DESCRIPCIÓN: Matasellos para obliterar la correspondencia recogida por la estafeta del barco Juan Sebastián Elcano. FECHA DE CREACIÓN DEL MATASELLOS: 12 de diciembre de 2014. MOTIVO: Buque Juan Sebastián Elcano. DÍAS DE UTILIZACIÓN: Indefinido.

- OPERATIVOS: matasellos que se utilizan para obliterar en las oficinas postales, (ejemplo: OP, turísticos, etc.).

TIPO DE MATASELLOS: Oficinas postales, turístico. FECHA DEL PRIMER DÍA: 1 de diciembre de 2015. MOTIVO: Puerta de Toledo. DÍAS DE UTILIZACIÓN: Indefinido. NÚMERO PROVINCIAL: 29. NÚMERO AUTONÓMICO: 0176. LOCALIDAD: Ciudad Real. PETICIONES: Oficina Postal de Ciudad Real. Plaza de la Constitución, 4. 13001 Ciudad Real.

- PRIMER DÍA DE CIRCULACIÓN: los matasellos que conmemoran el primer día de circulación de los sellos y tarjetas enteropostales.

TIPO DE MATASELLOS: Primer día de circulación. FECHA DEL PRIMER DÍA: 15 de junio de 2009. MOTIVO: Boceto de traje de señora. DESCRIPCIÓN: Moda española. Museo Manuel Piña. DÍAS DE UTILIZACIÓN: 1. LOCALIDAD: Manzanares (Ciudad Real).

- Matasellos de presentación: matasellos correspondientes al día en el que se produce el acto de presentación del sello.

Tipo de matasellos: Presentación. **Descripción**: Presentación del IV Centenario del fallecimiento de El Greco. Toledo. **Fecha del primer día**: 19 de junio de 2014. **Motivo**: Paleta de pintor y leyenda alusiva. **Días de utilización**: 1. **Número provincial**: 29. **Número autonómico**: 0169. **Localidad**: Toledo.

Todas las instrucciones, así como la actualización de estas, son dadas a conocer con el máximo detalle en la web de Correos para conocimiento externo, y de esta forma poder realizar una correcta utilización de la obliteración de los sellos postales y facilitar además a los coleccionistas de dichas marcas su clasificación y estudio[15].

CIUDAD REAL COMO MOTIVO POSTAL

Página anterior: La lámina que ilustra este capítulo corresponde al anverso del sobre primer día, que se imprimió para la puesta en circulación del sello 5.992 de la serie "12 meses, 12 sellos, 12 provincias", correspondiente a la provincia de Ciudad Real, donde, además de dicho sello impreso, figura el matasellos especial correspondiente al primer día de circulación, junto a unos dibujos representativos de esta provincia: los molinos, las siluetas de don Quijote y Sancho, y un campo de cereal, cultivo típico de la misma, cuyo contorno con fondo blanco figura entre las espigas, y el escudo provincial.

3. 1. SELLOS ALUSIVOS A LA PROVINCIA

En el año 2017 se comienza a emitir la serie «12 meses, 12 sellos, 12 provincias», siendo Guadalajara la primera en protagonizar esta emisión; apareciendo el 2 de enero de ese año el sello con las siglas GU, ya que dicha emisión tenía por objeto recordar las antiguas matrículas automovilísticas en las que aparecían las letras distintivas de cada provincia, junto a motivos característicos de la misma. No es hasta mayo de 2020 cuando aparece el sello dedicado a la provincia de Ciudad Real.

NÚM. FESOFI: 5.992. MOTIVO: Letras CR y motivos de la provincia. SERIE: 12 meses 12 sellos. 2020. Ciudad Real. VALOR FACIAL: Tarifa A. Multicolor. FECHA DE EMISIÓN: 29 de mayo de 2020. IMPRESIÓN: Offset. Papel autoadhesivo fosforescente. IMPRENTA: FNMT. TAMAÑO: 35 x 24,5 mm. TIRADA: Ilimitada.

Dentro de las letras CR, se pueden apreciar elementos relevantes de la provincia, como la cúpula de la catedral de Santa María del Prado de Ciudad Real, un molino de viento de Campo de Criptana, el queso manchego, al que se dedica una emisión específica que veremos a continuación, una copa de vino, y la galería acristalada de la Plaza Mayor de Almagro. Como fondo: el

Parque Nacional de las Tablas de Daimiel, el famoso yelmo de don Quijote de la Mancha y una banda inferior encarnada que reproduce el color de la bandera de la provincia.

Son muchos los productos con denominación protegida de origen Castilla-La Mancha: aceite, vino, melón, arroz, mazapán, etc. El vino, el producto más abundante de la región, tiene varias, dentro de Ciudad Real. Y otros dos productos tienen esa consideración, con una importante industria dentro de la provincia: el azafrán y el queso, a los que se les dedicó en 2016 una emisión dentro de la serie «Gastronomía. DO Protegidas de Castilla-La Mancha», constituida por una hoja-bloque en la que se incluyen dos sellos que celebran estos dos prestigiosos productos.

El azafrán es una especia muy apreciada, constituida por los estigmas de la flor del *Crocus sativus,* planta originaria de Asia, y conocida desde hace más de 3.000 años. Se ha utilizado además de cómo condimento, como remedio farmacéutico, fragancia o tintura, alcanzando su precio cifras muy sustanciosas[1]. El alto precio que alcanza el azafrán español en los mercados internacionales, debido a su mayor calidad, origina un tremendo fraude, ya que se venden como tal azafranes de otras procedencias, principalmente de Irán, que se envasan en España. Según datos proporcionados por Pedro Pérez[2], entre 1997 y 2013 se produjeron 2.813 kilos de azafrán en tierras españolas, y las exportaciones llegaron a 35.978 kilos; por tanto, desde España han salido 33.165 kilos de azafrán que no se ha producido aquí, y que se han puesto en el mercado de forma fraudulenta.

El noventa por ciento de su cultivo se concentra en Castilla-La Mancha, considerándose como el de mayor calidad y rendimiento por hectárea de secano, motivo este por el que está protegido por una denominación de origen. Su recolección y proceso de elaboración ha dado lugar a numerosas manifestaciones culturales en distintos pueblos de la región como Consuegra o La Solana, donde existe un concurso de «monda»[3] y toda una tradición, tanto del cultivo, como de la economía popular que ello generaba, y que explica muy bien el solanero Juan-Alfonso López de la Osa en su libro *Cultivo del azafrán, hornos de poya, gañanes.*

Posiblemente el origen del queso se remonte hasta hace seis u ocho mil años, cuando se consiguió domesticar el ganado productor de leche. En murales del antiguo Egipto (2300 a. C.) hay grabados explicando la manufactura del queso. En la mitología del mundo clásico, se cuenta que las ninfas enseñaron a Aristeo cómo cuajar la leche para obtener queso, cómo domesticar las abejas y mantenerlas en las colmenas, y cómo domesticar los olivos salvajes y hacer que dieran aceitunas. También Homero nos cuenta en su *Odisea* cómo el Cíclope hacía quesos de oveja y cabra. Lo cierto es que el queso es uno de los productos ganaderos con más consumo del mundo, llegando, como es el caso de Grecia a consumirse más de 37 kg de queso por habitante y año. Tal consumo implica una gran variedad y tipos de queso. Solamente en España hay más de cien variedades, de ellas 26 con denominación de origen protegida.

NÚM. FESOFI: 5.562. MOTIVO: Queso y azafrán. VALOR FACIAL: 1,30 euros x 2. Multicolor. SERIE: Gastronomía. Denominaciones de origen protegidas de Castilla-La Mancha, 2 valores. FECHA DE EMISIÓN: 9 de junio de 2016. IMPRESIÓN: Hoja bloque de 2 sellos en offset, con papel estucado, engomado y fosforescente. IMPRENTA: FNMT. TAMAÑO: 133 x 99 mm. la hoja bloque y 40,9 x 28,8 mm. los sellos. DENTADO: 13 3/4 y 13 1/4. TIRADA: 200.000.

Según el reglamento de la CE sobre higiene de los productos de origen animal:

«el queso es el producto fresco o maduro, sólido o semisólido, que resulta de la coagulación de la leche natural (entera), de la desnatada total o parcialmente, de la nata, del suero de mantequilla, o de una mezcla de algunos de todos estos productos, por la acción del cuajo u otros coagulantes apropiados, seguida del desuerado del coágulo obtenido».

Teniendo en cuenta que la producción de queso de oveja en España representa aproximadamente un 35% del total de la Unión Europea, el manchego posiblemente sea uno de los más afamados con esta leche, y de mayor volumen de venta en exportación Desgraciadamente se vende mucho queso manchego que no es tal, a pesar de estar producido en la región, pues, para que lo sea, debe ser de leche de oveja de raza manchega, con una maduración mínima de 30 días para los elaborados con leche pasteurizada con peso igual o inferior a 1,5 kg, y de 60 días para el resto de formatos. Una maduración máxima de dos años y además estar elaborados en una de las explotaciones que controla la DO con sede en Valdepeñas, que vigila las características analíticas de la leche.

Desgraciadamente los ciudadrealeños no somos conscientes de los excelentes productos certificados de gastronomía que tenemos en nuestra tierra; y somos los primeros que alentamos y difundimos, consumiéndolos, los elaborados que falsean sus etiquetas y utilizan publicidad engañosa.

3.2. ALMADÉN

Esta ciudad, situada en el extremo sudoccidental de Ciudad Real, ha estado durante dos mil años íntimamente ligada a la explotación de la mina de cinabrio. Ya su nombre árabe, Al-Ma'din, equivale a «La Mina», traducido al castellano, incluso hay quien habla de «un pueblo sobre una mina».

Aunque no se sabe cuándo comenzó su explotación, es posible que se remonte a la época de los fenicios y cartagineses. Durante la dominación romana la mayor parte del bermellón[4] que se utilizaba en el Imperio procedía de la región sisaponense[5]. Sin embargo, fue escasa la utilización del cinabrio por los romanos para la obtención de mercurio, que, según Plinio[6], se utilizaba para limpiar el oro.

Durante el periodo visigodo, fue escasa la producción de estas minas, aunque tanto san Agustín como san Isidoro de Sevilla hablan de su explotación. La importancia de Almadén surge con la llegada de los musulmanes, que, dependiendo administrativamente de Qalat al-Rabat (Calatrava la Vieja), empiezan a comercializar su mercurio (azogue para ellos) utilizándolo en medicina, como amalgama del oro y la plata, y para el sobredorado de las piezas de cobre. Es en este momento cuando «La Mina» comienza a ser importante, tanto que Ubu Fadi Allak´Omari nos dice que:

> «…al norte de Córdoba hay una mina, de la que se extrae azogue y cinabrio que son exportados al mundo entero»[7].

Tras la conquista castellana de la zona, las minas fueron donadas por Alfonso VIII a la Orden de Calatrava, quien siguió explotándolas y produciendo azogue, bermellón y solimán[8], que se distribuía por Europa, el Mediterráneo, e incluso en Asia. A partir de 1512, los beneficios de la mina pasan a la Corona, como parte del Maestrazgo de la Orden de Calatrava. Y con el descubrimiento de América, y los importantes yacimientos de oro y plata de esos territorios, el mercurio pasa a ser de capital importancia en el proceso de obtención de estos materiales.

La explotación en arrendamiento de dichas minas corrió a cargo de diferentes personas durante el siglo XVI, entre ellas la familia de los Fugger, banqueros con quien la Corona estaba permanentemente endeudada. Dicho arriendo terminó en 1645, cuando la Hacienda Real se hace cargo de la mina. En 1870 la explotación vuelve a ser arrendada a la familia Rostchild. Y a principios del siglo XX el Estado se plantea la posibilidad de vender el establecimiento minero, creándose en 1918 como organismo autónomo el Consejo de Administración de las Minas de Almadén y Arrayanes, con sede en Madrid, siendo Pablo Garnica y Echevarría[9] su primer presidente. Durante este siglo sus instalaciones se modernizan y en la época de la Segunda Guerra Mundial, dada la importancia del mercurio en la industria armamentística, se consigue la mayor producción de mercurio de la historia, con 2.200 obreros, la mayor parte presos políticos, llegando a ser Almadén líder mundial en la producción y venta de mercurio virgen. En 1982 el antiguo organismo autónomo se transforma en Sociedad Limitada que, posteriormente, pasa a integrarse en la SEPI[10]. Pero debido a la toxicidad de este mineral, y a las directrices de Europa, se fue reduciendo su producción hasta que cesó definitivamente en el año 2003.

Actualmente la actividad de MAYASA está centrada en el fomento de proyectos industriales, implantación de iniciativas para el desarrollo de planes de investigación y de nuevas tecnologías relacionadas con el mercurio; explotación agrícola y ganadera de sus fincas rústicas; rehabilitación medioambiental de su entorno; y la puesta en marcha y explotación de un parque minero: un espacio de transmisión cultural, educativo y turístico de calidad, donde se puede disfrutar del magnífico patrimonio científico, industrial y tecnológico de una de las minas más antiguas del mundo, adaptada a los tiempos modernos.

Por toda esta tradición minera de Almadén durante tantos siglos, en junio de 2012 la UNESCO le concede, junto a la ciudad eslovena de Idrija,

NÚM. FESOFI: 6.267. MOTIVO: Detalle del castillete de las minas de Almadén. VALOR FACIAL: 5,10 euros. Multicolor. SERIE: Patrimonio Mundial. Patrimonio del Mercurio. Almadén, 1 valor. FECHA DE EMISIÓN: 18 de octubre de 2022. IMPRESIÓN: Offset. Papel estucado, engomado y fosforescente. IMPRENTA: FNMT. TAMAÑO: 150,6 x 86,4 mm. TIRADA: 110.000 hojas bloque.

el título de Patrimonio de la Humanidad, la tercera ciudad de Castilla-La Mancha que consigue este galardón. Su Parque Minero, la Cárcel de Forzados, el Hospital y la Academia de Minas son realmente un legado histórico para la Humanidad, que han sabido musealizar y conservar[11].

Sin embargo, paradójicamente, hasta octubre de 2022 el SFC no ha sido consciente de la importancia de este hecho y no ha dedicado al mercurio de Almadén ningún sello. Solo en 1994, en una serie referida a minerales de España, se emitió un sello relativo al cinabrio, sin ninguna referencia a Almadén.

Es precisamente por su calificación de Patrimonio de la Humanidad por lo que esta mina es filatelizada junto con la de Idrija.

El sello de la página anterior recoge un detalle del castillete de las minas de Almadén, estructura situada sobre un pozo vertical cuya función es soportar las poleas a suficiente altura. Al fondo se observa la Iglesia Parroquial de San Sebastián, que presenta la curiosidad, quizás por su relación con la mina, de tener la cabecera en dirección oeste, en vez de este, como marca la norma canónica.

Además de esta singular construcción minera, en 2007 se filateliza otra singular también construcción almadenense, que erróneamente el SFC adjudica al pueblo vecino de Almadenejos, pero está en el término de este pueblo minero donde se lleva a cabo esta moderna construcción, que se aprecia en el sello de la derecha.

En el año 2007, dentro de la serie «Arquitectura», se emiten seis sellos que tienen como motivo construcciones singulares españolas: el Capricho de Gaudí en Comillas, el Mercado de Santa Caterina de Miralles y Tagliabue en Barcelona, el Puente Bizkaia de Alberto de Palacio en Portugalete, la Terminal 4 de Lamela y Rogers en el aeropuerto Adolfo Suarez de Madrid, la Casa Lis de J. Vargas en Salamanca, y la que nos ocupa, la capilla Valleacerón, situada en el término municipal de Almadén, no de Almadenejos como figura en el título inferior del valor postal. Se trata de una pequeña iglesia minimalista, más parecida a un trabajo de papiroflexia que a una

NÚM. FESOFI: 4.564. MOTIVO: Capilla de Valleacerón (Almadenejos). VALOR FACIAL: 0,30 euros. Multicolor. SERIE: Arquitectura, 6 valores. FECHA DE EMISIÓN: 26 de abril de 2007. IMPRESIÓN: Huecograbado. IMPRENTA: FNMT. TAMAÑO: 28,8 x 40,9 mm. DENTADO: 14 x 13 3/4. TIRADA: 1.000.000.

capilla convencional, construida sobre el cerro de Valleacerón, a poco más de 2 kilómetros de Almadén. Esta iglesia, encargada en 1997 por Manolo

Sanchís, el que fuera futbolista del Real Madrid con la famosa «Quinta del Buitre» (década de los 80 y 90), forma parte de un proyecto global de cuatro piezas: una vivienda particular, un pabellón de caza, la casa del guarda y la propia capilla. Los autores de estas construcciones fueron los arquitectos Juan Carlos Sancho y Sol Madridejos, del estudio madrileño SMAO, que, con una clara influencia de Le Corbusier, realizaron todo un ejercicio arquitectónico con el material y la luz, para conseguir un ejemplo perfecto de convivencia de la arquitectura al aire libre, sobriedad y simbología en toda su forma[12].

Su originalidad, además, le llevó a formar parte de la exposición On-Site: *New Architecture in Spain,* comisariada en el MOMA de Nueva York en el año 2006 y, aunque poco conocida, es considerada uno de los iconos de la nueva arquitectura española de comienzos del siglo XXI.

3.3. ALMAGRO

Como muchas ciudades de nuestra región, Almagro tiene un origen poco claro e incluso una toponimia controvertida. El arabista Asín Palacios[13] plantea que este nombre proviene del árabe المغـرة (al-magra), o «arcilla roja» en castellano, aludiendo a la abundancia de este material por la zona, y al mismo tiempo a este color almagre que está presente en la Plaza Mayor y muchos edificios del municipio. Desde nuestro punto de vista, puesto que el bautismo de la villa fue anterior a la Plaza Mayor y a los edificios que ostentan este color, nos parece un poco inverosímil que se bautizara con este apelativo por el color de la tierra circundante, si tenemos en cuenta que esta arcilla es muy común por esta comarca. Creemos más verosímil, siguiendo la tradición vecinal que este nombre, así como la propia ciudad, tuviera su origen en un castillo árabe denominado المغرب (al-magrib) o «el oeste» en castellano, levantado a poniente del camino que unía Toledo con Córdoba, pasando por Qalat al-Rabat, solar que ocuparían actualmente los Palacios Maestrales, y en cuyo lugar es posible se asentaran los primeros pobladores, por los indicios de la Edad del Bronce encontrados en sus alrededores[14].

En las respuestas que los propios almagreños dan al interrogatorio del cardenal Lorenzana en 1782 sobre su origen[15] explican que no saben ni cuándo ni por quién se fundó esta villa, pero que está acreditada su existencia en tiempo de los reyes godos por variados restos encontrados de dicha época, entre ellos monedas de plata acuñadas en el 711 pertenecientes al rey Witiza. La proximidad de la propia Qalat al-Rabat y de la capital oretana hacen que pase desapercibida esta villa hasta el siglo XIII cuando los maestres de la Orden de Calatrava la eligen como lugar de residencia e instalan su centro gubernativo en las Casas Maestrales que sustituyen al viejo castillo. Fernando III confirma en 1222 el Fuero de la Villa y Alfonso X convoca Cortes en Almagro en 1273. El maestre Ruy Pérez Ponce establece escritura de conveniencia con los almagreños sobre los hornos, el zocodover y los portazgos. Con el transcurso de los años, la importancia del lugar se acrecienta, construyéndose numerosos edificios públicos: carnicerías, el pósito, la cárcel y las casas del Concejo. Así mismo, se le conceden dos ferias anuales por el rey Enrique II y se celebran en sus iglesias los capítulos generales de la Orden[16].

Cuando las órdenes militares se incorporan a la Corona en 1487, el poder pasa a un gobernador real que ocupará las Casas Maestrales, y a partir del siglo XVI Almagro sigue creciendo y embelleciéndose. Con el arrendamiento de las minas de Almadén a los Fugger, su administración se centraliza en Almagro, donde instalan su residencia los encargados de ella: los Wessel, Xedler... El recinto amurallado se queda pequeño y aparecen en extramuros los arrabales de San Pedro, Santiago, San Ildefonso, San Juan, San Sebastián y San Lázaro. Al ya existente monasterio de franciscanos de Santa María de los Llanos, fundado por Cisneros en 1493, se unen el Hospital de la Misericordia y el monasterio de la Asunción de Calatrava, promovidos por el comendador mayor Gutiérrez de Padilla. Se construyen la iglesia parroquial de Madre de Dios y el convento de la Encarnación.

En 1536 el emperador Carlos aprueba la creación del monasterio y universidad de Nuestra Señora del Rosario promovido por uno de los grandes mecenas del Renacimiento español, el clavero de la orden de Calatrava Frey Fernando Fernández de Córdoba y Mendoza, presidente del Consejo de las Órdenes y gran humanista, que no pudo ver terminada su obra, puesto que murió antes de que comenzaran las clases en 1574. En este Colegio-Universidad, dotado en el testamento de su fundador y dirigido por la Orden de Predicadores, a la que él pertenecía, se impartían clases de Teología, Arte, Filosofía, Lengua Latina, Sagradas Escrituras y Cánones. También acuden a la villa otras órdenes religiosas: los franciscanos levantan el convento de Santa Catalina, se instalan los agustinos, los jesuitas, y los hermanos de San Juan de Dios. La actividad universitaria de Almagro duró tres siglos. Lástima que en la configuración de los campus de la Universidad de Castilla-La Mancha no tuvieran en cuenta la secular tradición universitaria de Almagro, instalando allí algunas de sus facultades, que hubieran reverdecido antiguos laureles[17].

Durante el siglo XVIII, Almagro llegó a ser capital de La Mancha[18], por el apoyo del conde de Valdeparaíso, ministro de Hacienda, y con morada en la ciudad gracias a un palacio que hicieron construir en ella sus antepasados. Pero el siglo XIX es el inicio de su decadencia, Ni la llegada del ferrocarril en 1860, ni el traslado del Sacro Convento Calatravo a Almagro pueden paliar el deterioro que ha sufrido la ciudad, primero con la invasión francesa, después con las guerras carlistas y como remate las dos desamortizaciones, que dejan vacías iglesias y conventos.

A mediados del siglo XX se inicia una lenta recuperación con modestas industrias que ponen en valor el nombre de Almagro, algunas ya tradicionales como los encajes y blondas y otras más modernas como la fabricación de muebles y las conservas de berenjenas. Al mismo tiempo los almagreños son conscientes de su importante pasado histórico y su no menos importante patrimonio arquitectónico, que, aunque muy dañado por el terremoto de Lisboa, puede reparase en gran parte y con ello ser un polo de atracción turística que traiga riqueza al municipio. Se restaura el Corral de Comedias y se reforma el Ayuntamiento y el conjunto de la Plaza Mayor. Se rehabilitan iglesias, ermitas y palacios, y se incita a la vecindad a mejorar el aspecto de sus modestas viviendas, Se crea el Museo Nacional del Teatro, actualmente en un edificio moderno contiguo a la Plaza Mayor. Con todo ello consigue que en 1972 sea declarada Conjunto Histórico-Artístico[19]. Y su espaldarazo definitivo como destino turístico es el Festival Internacional de Teatro Clásico, que ha conseguido que durante el mes de julio Almagro sea la capital europea del teatro, presentando su candidatura a Ciudad Patrimonio de la Humanidad, por su calificación de «Ciudad de la Cultura y el Teatro»

Indudablemente por todo lo aquí referido, Almagro tiene suficientes razones para ocupar varias emisiones filatélicas: su Universidad, el Museo o Festival de Teatro, el Corral de Comedias, la Plaza Mayor, sus numerosos conventos y monasterios, etc. Sin embargo, en las dos ocasiones que lo hace, prácticamente no hay referencia a la ciudad.

Este sello fue emitido en 1964, época en la que era importante reivindicar nuestras pasadas glorias, y pertenece a una de las numerosas series que en esos años se dedican a españoles que en los siglos XVI y XVII hicieron las Américas, agrupados con el título de «Forjadores de América». En nuestro caso se trata de Diego de Almagro, nacido en esta ciudad en 1475. Era hijo ilegítimo de Juan de Montenegro y de Elvira Gutiérrez, motivo por el cual lleva el apellido de su ciudad natal. Después de una infancia difícil, marchó a América donde colaboró con Pizarro en la conquista de Perú, considerándole oficialmente como el descubridor de Chile. En 1535 el emperador Carlos I recompensó a Diego con la gobernación de Nueva Toledo, al sur de Perú, y el título de Adelantado de las tierras más allá del lago Titicaca, en los territorios del actual Chile. Murió ajusticiado en la ciudad de Cuzco en el año 1538, por orden de Pizarro, con el que se disputaba esta ciudad[20].

NÚM. FESOFI: 1.622 y 1.626. MOTIVO: Diego de Almagro. VALOR FACIAL: 25 céntimos. Violeta y azul pálido; y 2 pesetas. Verde oscuro y azul. SERIE: Forjadores de América, 8 valores. FECHA DE EMISIÓN: 12 de octubre de 1964. IMPRESIÓN: Huecograbado. IMPRENTA: FNMT. TAMAÑO: 24,9 x 40,9 mm. DENTADO: 12 3/4. TIRADA: 4.000.000.

El otro sello con motivo almagreño que emite el SFC hace referencia al encaje de bolillos, que consiste en un tejido ornamental y transparente que se hace a mano, denominándose encaje porque al principio, se solía hacer entre los bordes de dos tiras paralelas de lienzo, como si fuera una labor encajada entre ellas, conociéndose también como randa, del alemán rand (borde u orilla) porque suele bordear a otra pieza.

Núm. Fesofi: 3.041. Motivo: Hoja bloque. Encajes. 6 sellos con tres viñetas centrales. Valor facial: 6 x 20 pesetas. Multicolor. Serie: Artesanía española. Encajes, 6 valores. Fecha de emisión: 20 de junio de 1989. Impresión: Calcografía y offset. Imprenta: FNMT. Tamaño: 149,4 x 99,6 mm. Dentado: 12 3/4. Tirada: 3.000.000.

El encaje de bolillos ha estado presente en toda la cultura occidental. Pero poco se sabe a ciencia cierta sobre su procedencia, difusión y comercialización. Frente a opiniones de que los encajes vienen a Almagro en el siglo XVI con la llegada a la ciudad de los Fugger y su sequito de funcionarios flamencos; podemos argumentar que el encaje como labor remunerada existía ya en ese siglo en La Mancha, pues Cervantes, en *El Quijote* nos ofrece dos citas que así lo confirman:

«cómo es posible que una rapaza que apenas sabe menear doce bolillos de randas...»[21].

«...Sanchica Panza gana haciendo puntas ocho maravedíes, ahorros que va poniendo en una alcancía para ayuda de su ajuar»[22].

Y hoy en día se puede constatar cómo esta labor se sigue realizando en casi todos los pueblos del Campo de Calatrava con una técnica artesanal que se traspasa de madres a hijas[23].

Lo cierto es que la difusión de esta artesanía se intensifica dada la tradicional vinculación lanera de Castilla con aquella región de Europa. Y más tarde, ya en el siglo XVIII, con el establecimiento de varias fábricas de blonda en la ciudad, se popularizan los encajes de Almagro, sobre todo sus famosas mantillas de seda, que aún hoy persisten como verdaderas obras de arte, algunas de ellas expuestas en el Museo Municipal de Encaje y Blonda.

En la hoja bloque de encajes que se emite en 1989 se conmemora esta actividad encajera de nuestras autonomías, con muestras de Extremadura, Canarias, Andalucía, Cataluña, Galicia y Castilla-La Mancha. El sello situado en el extremo inferior izquierdo de la hoja bloque corresponde a un encaje de guipur de Almagro.

Como decíamos anteriormente, son muchos los motivos que tiene Almagro para figurar en los catálogos filatélicos, Y precisamente a punto de entrar en imprenta esta publicación se emite un sello que reivindica el Festival Internacional de Teatro Clásico que anualmente, durante el mes de julio, convierte a la ciudad en un lugar de encuentro para todos los amantes de las artes escénicas y de la música. Durante 25 días se organizan diferentes actividades: representaciones escénicas, exposiciones, talleres, laboratorios, coloquios y todo tipo de experiencias creativas, que ponen en valor la gastronomía, la arquitectura y la artesanía del Campo de Calatrava, trascendiendo su eco más allá de nuestras fronteras nacionales.

Núm. Fesofi: 6.454. Motivo: Corral de Comedias de Almagro. Valor facial: Tarifa A. Multicolor. Serie: Teatro. Festival Internacioinal de Teatro Clásico de Almagro. Fecha de emisión: 4 de julio de 2024. Impresión: Offset. Imprenta: FNMT. Tamaño: 40,9 x 28,8 mm. Dentado: 13 3/4 (H) y 13 1/4 (V). Tirada: 115.000.

El sello emitido en julio de 2024 muestra una fotografía del Corral de Comedias, cuya construcción se inició en 1628, en el patio del Mesón del

Toro, donde Leonardo de Oviedo, presbítero de la iglesia de San Bartolomé el Viejo de Almagro, invirtió más de 5.000 ducados en esta obra. Lástima no haber aprovechado esta emisión para, en una hoja bloque, reivindicar este espacio escénico con casi cuatrocientos años de historia.

3.4. ALMODÓVAR DEL CAMPO

En las *Relaciones Topográficas* de Felipe II se dice de este municipio, como de otros muchos:

«que de su principio y fundación no se tiene cierta noticia, ni de quien le haya fundado».

Parece ser que su castillo, germen de la población, fue mandado construir por Balch Ibn Bishr Al-Qushayr, decimosegundo gobernador de Al-Andalus, en la época del emirato de Córdoba, alrededor del 741, y su nombre, Almodóvar, proviene claramente del árabe, con un significado de agua o sitio «redondo»[24], con clara alusión a la laguna próxima de forma redonda, creada en el antiguo cráter de un volcán, de los muchos que existen en el Campo de Calatrava, por lo que posteriormente se le añadió el apellido del Campo para distinguirlo del Almodóvar cordobés. Este castillo, junto con el de Caracuel y Calatrava defendían de los cristianos la frontera musulmana durante el emirato omeya. Estuvo sometido, como sus vecinos, a las conquistas y reconquistas de árabes y tropas cristianas, llegando a cambiar de manos 22 veces[25], hasta su definitiva toma en 1212, unos días antes de la batalla de Las Navas. Sería el VII maestre de Calatrava, don Rodrigo Garcés, el que recibiría del rey Alfonso la fortaleza, para incluirla dentro de la encomienda de Caracuel, y el que la reformaría, adaptándola a las necesidades de los caballeros calatravos[26].

A partir de 1264, que se independiza de Caracuel, la villa comienza a desarrollarse. Por un lado, los ganados propios y los que, procedentes de otras regiones, venían a pastar al Valle de Alcudia, la transforman en un importante centro ganadero. Y al mismo tiempo, su situación estratégica dentro del camino que unía Toledo con Córdoba, la hacen también un importante centro comercial.

Una vez que la frontera con los moros se alejó hacia el sur y se desarrolló el núcleo urbano, el uso del castillo se fue perdiendo; la propia Orden construyó una casa en la villa[27], donde se trasladaron el comendador y el alférez y más tarde todo el personal, ya que resultaba más cómoda y funcional que el castillo. Así, en poco tiempo la fortaleza fue abandonada, terminó en ruinas, y sus piedras utilizadas para nuevas construcciones. Es muy posible que algunas de estas piedras fueran utilizadas en la construcción en el siglo XVI de la iglesia de Nuestra Señora de la Asunción, que se levantó sobre una antigua mezquita, con una estructura formada por tres naves y arcos ligeramente apuntados. Conserva una magnífica techumbre mudéjar del siglo XIV, cubriéndose el ábside y el crucero con bóvedas de crucería. Posee también un retablo barroco de grandes proporciones. Y todo ello le ha valido ser declarada Bien de Interés Cultural en 1992.

Son precisamente dos almodovareños y santos los que han dado fama a esta ciudad: san Juan Bautista de la Concepción y san Juan de Ávila. El primero de ellos nacido en 1561, hijo de labradores bien asentados, fue el reformador de la Orden Trinitaria y fundador de la Orden de los Trinitarios Descalzos; sin embargo, no ha merecido la atención del SFC. Por el contrario, san Juan de Ávila, emparentado con el anterior por parte de madre, nació un poco antes, en 1500, en el seno de una familia acomodada, pues su padre, de ascendencia judía, poseía una mina de plata. Estudio Artes y Teología en Alcalá de Henares, ordenándose sacerdote en 1526. A la muerte de sus padres, vendió todos los bienes que le habían correspondido en herencia y se entregó a la evangelización. Fue un gran escritor ascético, destacando entre todas sus obras el célebre comentario al salmo XLIV *Audi filia, et vide*. Su erudición, y sentido evangélico le valió que fuera considerado desde 1946 patrón del clero español, y doctor de la Iglesia desde 2012. Como todo erudito religioso, tuvo sus encontronazos con la Inquisición, que lo acusó de erasmismo y lo mantuvo en prisión en el castillo de San Jorge de Sevilla durante tres años[28].

En 1970, dentro de la serie «Personajes españoles», se emite un sello conmemorativo de este santo, en el que se reproduce una pintura de este, atribuida a El Greco, y cuya autoría ha generado un gran debate. Uno de los grandes defensores de esta atribución es Manuel Cossío, que así lo atestigua en su libro dedicado a El Greco de 1908. Tesis que comparte en gran medida Luis Alberto Pérez Velarde[29], conservador de la Casa-Museo de El Greco de Toledo, dado que el cuadro tiene muchas de las características de este pintor en la composición de retratos, sobre todo en la mirada del personaje retratado, de rasgos tristes y melancólicos, aunque también aduce razones que indican lo contrario, como la mano derecha del personaje, cuya técnica compositiva no es propia de El Greco y que además, como han demostrado las radiografías, posiblemente es un añadido del siglo XVIII, aunque también se sabe que el pintor dejaba algunas obras sin terminar.

Núm. Fesofi: 1.961. Motivo: Juan de Ávila. Valor facial: 25 pesetas. Violeta y negro. Serie: Personajes españoles, 2 valores. Fecha de emisión: 25 de febrero de 1970. Impresión: Calcografía. Imprenta: FNMT. Tamaño: 24,9 x 40,9 mm. Dentado: 12 3/4. Tirada: 10.000.000.

Otros estudiosos, apunta Pérez Velarde, atribuyen su autoría a Luis Tristán, dadas las semejanzas que comparte el supuesto retrato de Juan de Ávila con su retrato de san Antonio Abad.

3.5. ARGAMASILLA DE ALBA

En 1964, dentro de la serie «Paisajes y monumentos», se emite un sello que tiene como motivo la cueva-prisión de Medrano, situada en Argamasilla de Alba, y que por su vinculación con *El Quijote* lo mostramos en el capítulo 4. No obstante nos gustaria destacar las visicitudes por las que pasó hasta encontrar su emplazamiento definitivo esta villa, conocida en sus orígenes como «Lugar Nuevo». Nombre muy apropiado por las continuas mudanzas de su emplazamiento. Los lugares donde se asentaron sus primeros pobladores estaban situados próximos al curso del Alto Guadiana. En 1515 estaban cerca de Ruidera dentro de la Dehesa de la Moraleja. En 1531 ya habían cambiado de lugar por la insalubridad del anterior, y por las mismas causas tuvieron que mudarse a las inmediaciones de los molinos de Santa María de Alba, que volvieron a abandonar para instalarse definitivamente en su ubicación actual, paraje denominado Argamasilla, con el distintivo Alba por ser prior de San Juan en el momento de su fundación Diego de Toledo de la Casa de Alba[30]. Y es que las remansadas aguas del Guadiana, que por estos lugares transcurren, provocaban numerosos casos de fiebres palúdicas en su contorno.

Por otro lado, sería conveniente destacar sobre este municipio que su economia ha estado siempre ligada a la agricultura de regadio. Fundamentalmente porque su término estaba regado por el canal del Gran Prior, cuyas trazas, realizadas en el siglo XVI, son atribuidas a fray Fernando Rodriguez, lo que de ser cierto implicaría que sería sin duda la obra de canalización más antigua ejecutada en el río Guadiana. Lo que sí está probado es que el 17 de junio de 1783 el rey Carlos III sanciona una Real Cédula por la que se aprueban las ordenanzas para la construcción y gobierno del canal del Gran Priorato de San Juan, con el fin de extender el riego en los terrenos situados entre Ruidera y Arenas de San Juan, y así favorecer el desarrollo de estas tierras.

> «...Por cuanto por el Infante D. Gabriel, mi amado hijo, Gran Prior de Castilla en la Orden de San Juan, se me pidió permiso para abrir a su costa en el Gran Priorato una Acequia de riego con las aguas que salen de Ruidera, y otras que se pierden, empantanando, y haciendo mal sanos aquellos paises, pudiéndose recoger y hacer sumamente útiles; complacido del celo patriótico, con que se promueve la Agricultura y la Industria en los pueblos de su dignidad, le respondí estaba conforme en que pusiese en práctica el expresado proyecto...»[31].

Esto prueba de qué forma los ilustrados se preocupaban por la distribución del agua, y cómo buscaban soluciones imaginativas, que por un lado paliaban la sempiterna sequedad del campo manchego, proporcionando tambien energia a sus molinos, y evitando, por otro lado, los problemas de salubridad provocados por el encharcamiento que causaban las avenidas ocasionales del río[32].

Sin embargo, el Estado de las Autonomías no ha sido muy amigo de las obras hidráulicas, particularmente de los canales y trasvases, en cuanto que provocan recelos entre comunidades vecinas sobre la propiedad de las aguas, que se contabilizan en votos electorales y por tanto en pérdida de poder. Con la construcción del embalse de Peñarroya, el canal cayó en desuso, y en la década de los ochenta del siglo XX fue desmantelado por la Confederación Hidrográfica del Guadiana. Hoy solo quedan algunos testigos de su existencia, entre los que se encuentra un tramo rehabilitado que surca la población.

Tambien habría que constatar que esta tradición regante de la comarca argamasillera es debida a los moriscos, pues, cuando en el siglo XVI se produce la rebelión de las Alpujarras, se ordena su expulsión del reino de Granada[33] y muchas familias de esta etnia emigran a esta comarca, aportando todo su saber en técnicas de cultivo, riego y construcciónes agrícolas[34].

3.6. CABAÑEROS

Este parque nacional está ligado a la historia de la comarca donde se encuentra: los Montes de Toledo, que reciben este nombre por haber sido, desde su compra a la Corona de Castilla en 1284, propiedad del concejo de la ciudad de Toledo hasta el siglo XIX, que impuso, durante todo este largo periodo, la forma de gestionarlo y el uso de sus recursos, así como la integración en el mismo de los habitantes del entorno. En el siglo XVI se redactaron unas *Ordenanzas de uso* donde se regulaba toda la actividad agrícola y ganadera, que además estaba gravada con un sistema impositivo importante, lo que conllevó un abandono paulatino de la población implicada, desapareciendo muchos de los núcleos de población de la zona. Estas circunstancias, más lo accidentado del terreno, permitió conservar una naturaleza prácticamente virgen hasta bien entrado el siglo XVIII. La conservación de las masas forestales y la escasez de interacción humana dieron lugar a una reserva de fauna autóctona de gran importancia[35]. Pero en el siglo XIX, con la desamortización de Madoz, los Montes de Toledo cayeron en manos de aristócratas y financieros que acapararon grandes extensiones de terreno. Concretamente, la finca de Cabañeros, denominada así por las chozas o cabañas donde vivían sus habitantes, pasó a ser propiedad del duque de Medinaceli, más tarde del conde de Gavia, la familia de navieros Aznar y el marqués de Villabragima. Hasta que a finales del siglo XX el Ministerio de Defensa se interesa por la finca, pues debido a su despoblamiento era ideal para construir en ella un campo de tiro. Tal disparate es abortado por la presión popular, que consigue que se declare en 1988 Parque Natural por la Junta de Comunidades de Castilla-La Mancha, y más tarde en 1995 el Estado, retractándose de su primera decisión, lo declare Parque Nacional, con 41.000 hectáreas de extensión, aglutinando los veinte montes y dehesas que fueron un día propiedad del Concejo toledano[36].

En Cabañeros se dan dos ecosistemas complementarios: la raña y la sierra, donde se reparte una fauna muy variada que hace de este hábitat su paraíso: hay una de las mayores colonias de buitre negro del mundo[37], que conviven con águilas reales, imperiales, calzadas y culebreras, así como milanos negros y reales. No podían faltar la perdiz roja, el ciervo y el jabalí, tan unidos a esta región, y que representan una importantísima fuente de riqueza, junto con el conejo, presa que se disputan en el parque algunos de los carnívoros que lo habitan, como el gato montés, la gineta, la garduña, el meloncillo o el tejón, que compiten con el lince ibérico, el único animal que ha merecido figurar en un sello, haciendo referencia al parque[38].

En 1971 se emite una serie dedicada a la fauna hispánica, en la que se celebran cinco especies representativas de nuestra tierra. El oso pardo que habita en los Pirineos y la cordillera Cantábrica; la cabra montés o hispánica, con una población numerosa distribuida principalmente por la Sierra de Gredos (Ávila), Sierra Nevada (Granada) y sierras de Cazorla y Segura (Jaén); la avutarda[39], que abunda en la comarca de Tierra de Campos y la Reserva Natural de Lagunas de Villafáfila, la perdiz roja, muy abundante en gran parte de la geografía española y principalmente en Castilla-La Mancha, de cuya ubicación no se hace referencia en esta emisión, y por último el lince, un félido caracterizado por sus orejas terminadas en un pincel de pelos de

Núm. Fesofi: 2.037. Motivo: Lince. Valor facial: 2 pesetas. Multicolor. Serie: Fauna hispánica, 5 valores. Fecha de emisión: 24 de mayo de 1971. Impresión: Huecograbado. Imprenta: FNMT. Tamaño: 40,9 x 28,8 mm. Dentado: 13 1/4. Tirada: 7.000.000.

más de 2 centímetros de longitud; además de un penacho de pelos en cada mejilla, y al que el SFC sitúa en los parques nacionales de Doñana (Huelva), Cabañeros (Ciudad Real) y el parque natural de Monfragüe (Cáceres).

Tristemente, las excelencias de este parque, tanto por su flora como por su fauna, han pasado desapercibidas filatélicamente hablando, el eco mediático que se produjo ante la posibilidad de su conversión en un campo de tiro ya pasó, y actualmente es el parque nacional menos visitado de toda España[40]. El aislamiento de la zona, que en un principio contribuyó a la conservación de este espacio natural, dificulta en la actualidad el acceso de visitantes y amantes de la naturaleza. Aislamiento fomentado por los propietarios de los grandes cotos que participan del parque o son colindantes[41], que en cierto modo se aprovechan de la riqueza cinegética del mismo, pero que no desean visitantes molestos o explotaciones agrícolas que dificulten el gran negocio de la caza, que mueve al año en Castilla-La Mancha alrededor de 600 millones de euros.

Este parque de Cabañeros, junto con el de las Tablas de Daimiel, los dos únicos parques nacionales que tenemos en Castilla-La Mancha, merecen individual o conjuntamente una emisión filatélica que ponga en valor unos ecosistemas que han estado a punto de desaparecer por la desidia de las distintas administraciones y las malas prácticas agrícola-ganaderas de sus vecinos.

3.7. CAMPO DE CRIPTANA

La toponimia de Criptana ha sido muy discutida, desde la etimología popular que la remonta al episodio del labrador y de su mujer, llamada Ana, hasta el hallazgo de la Virgen en una gruta o cripta desde la que se divisaba el valle del río Guadiana[42], como comenta el *Catálogo Monumental Artístico-Histórico de España de la provincia de Ciudad Real*:

> «Acerca del nombre de esta población varían las hipótesis, desde la acostumbrada leyenda del descubrimiento de la Virgen por un labrador en una cueva o cripta al pie del antiguo castillo, enlazando el hecho con el nombre de su mujer suponiendo se llamase Ana; pasando por la más culta conjetura de que su nombre se derivase del hallazgo de la Virgen en la cripta y, por mirar ésta hacia la llanura que riega el antiguo «Anas» de los romanos, se compusiera el nombre Criptana; hasta la consideración a nuestro juicio más natural de la situación que ocupa la villa en la región de la provincia donde, según la opinión entonces indiscutida, se ocultaba el río mismo Anas para continuar bajo tierra su curso hasta salir por los ojos del Guadiana, de cuyo antiguo nombre romano y condición subterránea del supuesto curso del río en el país, representada a la imaginación en la naturaleza propia de las criptas, se pudo derivar la denominación del lugar en sus primeros tiempos»[43].

Consideramos por tanto que la toponimia del lugar tenga más que ver con el río Guadiana y su capacidad por esa zona de ocultar su curso a través de grutas o criptas.

Por el escritor griego Polibio[44] conocemos que estas tierras fueron habitadas por los carpetanos, pero son los romanos[45], cuando derrotan al rey Thurro en el 178 a. C., los que crean las bases necesarias para el desarrollo comercial de la zona con la construcción de calzadas, puentes y villas. Durante el dominio visigodo la población estaba concentrada en Villajos, en torno al castillo situado en el Cerro de la Virgen, donde continuó en la época musulmana; estando sus moradores bajo la autoridad de Toledo, tanto en la época califal como de Taifas. A finales del siglo XI, y fundamentalmente en el XII, su situación dentro de la marca cristiano-musulmana hizo que esta población, como toda la zona, pasara alternativamente de la media luna a la cruz varias veces. Situación que termina con la tan referida batalla de Las Navas de Tolosa, que otorga definitivamente estos territorios a manos cristianas, quedando integradas dentro del reino de Toledo.

La consecución de esta victoria fue durante muchos años precedida de numerosos ataques almohades, que infringieron a las tropas cristianas serios reveses, como la derrota de la batalla de Alarcos en 1195, motivo por el que el rey Alfonso VIII pidió, entre otros, apoyo a las órdenes militares, cediéndoles a partir de 1174 algunos territorios hasta entonces de realengo. Concretamente a la Orden de Santiago le donó la villa de Uclés, que es desde entonces la casa principal de la misma y desde la que se inicia una ofensiva contra los musulmanes, que culmina con la reconquista de Cuenca en 1177. En sucesivas donaciones, el rey añadió los territorios de Moya, Ossa de Montiel, Campo de Criptana, Pedro Muñoz, Montiel y Alhambra, encargándose la Orden de la repoblación de todos estos territorios, consiguiendo durante las siguientes décadas otorgarles cartas puebla, fueros y privilegios para fomentar dicha repoblación. En 1237 se constituye la Encomienda de Criptana, formada por las tres poblaciones existentes entonces dentro del término municipal: Criptana, Villajos y Posadas Viejas[46] más otras villas adyacentes como Pedro Muñoz, Palomares y San Martín. Posteriormente se funda alrededor de 1300 en el mismo término municipal la villa de «El Campo» que sería la que más prosperaría, acabando por absorber a los vecinos de los restantes núcleos poblacionales, siendo denominada Campo de Criptana. Su población era principalmente cristiana, aunque mantenía cierta presencia de esclavos de origen musulmán, y su economía se basaba en el cereal que cultivaban de forma extensiva, ayudados por la ganadería.

El crecimiento de la villa tiene lugar en el siglo XVI, cuando la construcción de numerosos molinos de viento[47] en su sierra hacen destacar a la villa en la elaboración de harina. Molinos de viento que inmortaliza Cervantes en su novela y que pasan a ser un distintivo de La Mancha.

Los molinos de viento, son un motivo muy recurrente en la filatelia de todo el mundo, siendo España el primer país en emitir uno de ellos que, en 1905, con motivo de la celebración del III centenario de la publicación de *El Quijote*, lo incluye en los grabados de Bartolomé Maura, como más adelante veremos. Posteriormente se han emitido para la Mutualidad Postal (1947), las antiguas provincias españolas del Sahara (1958) y Fernando Poo (1960), y ya concretamente, haciendo referencia los molinos de Campo de Criptana, se emite en junio de 1973, dentro de una serie turística, el sello que a continuación se expone donde se pueden apreciar varios molinos de la sierra criptanense.

Núm. Fesofi: 2.133. Motivo: Molinos de La Mancha (Ciudad Real). Valor facial: 8 pesetas. Carmín y gris. Serie: Paisajes y monumentos, 5 valores. Fecha de emisión: 11 de junio de 1973. Impresión: Calcografía. Imprenta: FNMT. Tamaño: 33,2 x 28,8 mm. Dentado: 13. Tirada: 8.000.000.

Posteriormente, en 2014, vuelve a aparecer la Sierra de los Molinos en un sello de la serie «Arquitectura rural», junto con otros dos, que muestran el hórreo gallego y la barraca valenciana.

Núm. Fesofi: 5.310. Motivo: Molino manchego. Valor facial: 0,54 euros. Multicolor. Serie: Arquitectura rural, 3 valores. Fecha de emisión: 6 de febrero de 2014. Impresión: Offset. Imprenta: FNMT. Grabador: Sendin & Asociados. Tamaño: 76,6 x 28,8 mm. Dentado: 13 3/4 (H) y 13 1/4 (V). Tirada: 300.000.

El diseño fue realizado por la empresa madrileña Sendín & Asociados, una empresa especialista en estos menesteres, con más de treinta años de experiencia en mercados internacionales, que colabora frecuentemente con el servicio filatélico de Correos.

El origen de los molinos de viento es muy controvertido y son varias las teorías sobre su procedencia[48]; unos opinan que son originales del mundo greco-romano, otros defienden su invención en la Europa Occidental en torno al siglo XII y, por último, existe una teoría que sostiene que los molinos de viento son de invención oriental, fruto de las culturas arábiga y china, y que fueron llevados al Mediterráneo por la cultura islámica, y a Europa en la Edad Media por los cruzados, teoría esta que defendemos por parecernos más verosímil. Parece ser que en Persia ya se utilizaba el molino de eje vertical en el siglo IX según se constata en algunos documentos históricos[49] en el que se mencionan los usos de estos artefactos como algo habitual. Según Cádiz-Deleito[50], serian también los sirios los que transformarían el eje vertical en horizontal, dado el mayor rendimiento que se podía obtener variando la dirección del rotor al que estaban aplicadas unas velas similares a las que se empleaban en navegación. En un principio estos molinos se utilizaron para sacar agua de los pozos y posteriormente y conforme evolucionó la tecnología se utilizó esta energía para la molienda de granos.

Estimamos, por tanto, que la difusión del molino de viento como productor de energía mecánica se realiza por dos caminos distintos a partir de los siglos XI y XII[51]. Uno de ellos, el que extendió la civilización islámica por el Mediterráneo. Y otro, difundido por los cruzados al volver de Palestina, siguiendo las rutas comerciales, que lo llevarían hasta el norte de Europa. Por tanto, en España, a través del califato de Córdoba, se impuso el uso del molino mediterráneo, muy utilizado por los musulmanes peninsulares, y posteriormente de uso muy común por todos los reinos cristianos, aunque en cada región adoptó unas características propias. El molino manchego, de estructura similar al andaluz, está formado por una torre, con una altura que puede llegar a los 8 metros, realizada en mampostería, con las juntas de unión a base de mortero de cal y arena, el interior enlucido con yeso, y con un diámetro total en torno a los 6 metros. Sobre ella se sitúa una caperuza troncocónica con una altura media de 3 metros, giratoria, en cuyo interior se aloja toda la maquinaria, ejes y engranajes de transmisión. En el rotor se sustituyen las velas del molino andaluz por cuatro palas fabricadas con un entramado de madera, recubiertas de lienzo. La torre de un molino manchego alberga tres estancias dispuestas en tres plantas: el silo o cuadra, a la que se accede por una única puerta, orientada casi siempre al sur, y de donde parte una pequeña escalera adosada al muro que da acceso a las otras plantas, es el recinto donde se produce el ensacado de la harina, y en algunos casos posee también un pequeño pesebre para la bestia del molinero; la camareta o planta principal, en la que se hace la limpieza de la harina y se guardan los lienzos y utensilios de la molienda, con una pequeña ventana, situada justo encima de la puerta de la planta baja; y el moledero, con un suelo de madera colocado sobre los «marranos», dos vigas de madera que lo sustentan[52]. En esta estancia, en la que se encuentra toda la maquinaria y las piedras de moler, se abren ocho ventanillos de aproximadamente 22 x 24 centímetros, que ayudaban al molinero a orientar el rotor, indicándole la procedencia del viento, ya que cada uno de ellos estaba situado en una dirección: ábrego, hondo, cierzo, norte, solano, matacabras, villacañero y toledano[53].

Los molinos de La Mancha se introdujeron hacia finales del siglo XV y se generalizaron ampliamente en el siglo XVI, cuando el interior de la Península fue azotado por una sequía, y se buscaron fuentes alternativas a la energía hidráulica. Es en esta época cuando aparecen en Campo de Criptana, aprovechando la altura de la sierra anexa a la villa. Se constata su existencia en 1575, en las *Relaciones Topográficas* de Felipe II, donde se mencionan «muchos molinos» en el municipio de Campo de Criptana[54]. Igualmente, en el estudio catastral del marqués de la Ensenada de 1752, se censan treinta y cuatro molinos de viento en esta localidad, tan elevado número, que no es frecuente en La Mancha, es lo que da motivo a situar aquí el lance de don Quijote con los molimos de viento: «En esto descubrieron treinta o cuarenta molinos de viento que hay en aquel campo»[55]. Y también en 1846 el *Diccionario geográfico-estadístico-histórico de España y sus posesiones de ultramar,* volumen 5, de Pascual Madoz, habla de «27 molinos harineros, y uno de agua en el Záncara que sólo muele dos veces al año». De esos 34 molinos que comenta Ensenada, en la actualidad solo quedan diez, tres de ellos originales: el «Burleta», el «Infanto» y el «Sardinero», y otros siente de reciente construcción: el «Poyatos», sede de la Oficina de Turismo; el «Inca Garcilaso», que guarda el Museo de Labranza; el «Cariari», con el Museo de Enrique Alarcón; el «Pilón», donde se encuentra el Museo del Vino; el «Lagarto», Museo de la Poesía; el «Culebro», dedicado a Sara Montiel, y el «Quimera», dedicado al poeta chileno Vicente Huidobro.

La producción harinera decayó significativamente a finales del siglo XIX, y con ello la actividad de los molinos. Con el desarrollo de la vid y de la producción vinícola, fenómeno favorecido por la extensión de la filoxera en Francia y en el este de España, se propició la llegada de bodegueros y exportadores de vinos a esta tierra, con unos suelos y condiciones climatológicas ideales para este cultivo.

Además de los molinos de viento, entre este siglo XVI y el siguiente, se construyen también otros monumentos interesantes en este municipio: la iglesia de la Asunción de Nuestra Señora, el Pósito Real, la Tercia, el convento de Carmelitas Descalzos, o las ermitas de la Virgen de la Paz, de la Veracruz o de Santa Ana, la ermita del Cristo de Villajos y el Pozo de Nieve. Pero realmente, aparte de los molinos, lo que está dando fama nacional a Campo de Criptana son sus actividades culturales, fundamentalmente en el ámbito musical. La Banda de Música «Filarmónica Beethoven», fundada en 1850, cuenta con numerosas distinciones nacionales e internacionales, tiene su propia Escuela de Música desde 1940, de la que han salido numerosos músicos profesionales: Manuel

Angulo López-Casero, Ángel Arteaga, Luis Cobos, Manuel Angulo Sepúlveda y Bernardo Gómez. Afición musical que ha reivindicado recientemente Carmen Guaita[56] en una maravillosa novela, que trasciende en sentimientos y emociones.

Esta afición musical de los vecinos de Campo de Criptana ha tenido suficiente trascendencia nacional e internacional para que una de las hijas de esta tierra, aparezca como motivo en un sello de Correos. La cantante y actriz cinematográfica Sara Montiel, nacida en esta villa en 1928 como María Antonia Abad Fernández, ha sido sin lugar a duda la mejor intérprete del cuplé y la que mejor supo expresar su mensaje en el cine. Su voz, con una tesitura grave, similar a la de contralto, bien entonada y muy sugerente, resultaba de una personalidad que la hacía reconocible instantáneamente.

En julio de 2014, un año después de su muerte, dentro de la serie «Cine español», se emitió este sello junto a los de Alfredo Landa y Manolo Escobar. Su rostro «demasiado bello para el cine», como dijera León Felipe, del que fue su musa y mayor inspiración, ha sido magistralmente captado por Jesús Sánchez. Quizás en España no hemos sido conscientes de los éxitos artísticos que esta manchega llegó a conseguir a nivel mundial. En Hollywood, gracias a su trabajo y a su matrimonio con Anthony Mann, se relacionó con la élite de las estrellas de su época. Interpretó más de cincuenta películas entre España, México y Estados Unidos, donde se dijo que, después del éxito de *La violetera*, llegó a exigir un millón de dólares por película, una cifra disparatada en 1958 para una artista hispana. Grabó también 35 discos, y con todo ello consiguió numerosos reconocimientos, nacionales e internacionales: Dos medallas del Círculo de Escritores Cinematográficos a la mejor actriz principal. En 1959 el Premio del Sindicato Nacional del Espectáculo, máximo galardón de la época para recompensar el trabajo de los actores. En 1972 fue nombrada Ciudadana de Honor de Los Ángeles, recibiendo la llave de la ciudad de mano del alcalde Samuel W. Yorty e igualmente recibió las llaves de Nueva York, Miami y Chicago. En 1981 recibió la medalla Ben Gurion de Israel y en 1982 fue reconocida por el gobierno francés con la Orden de las Artes y las Letras. También en Estados Unidos, recibió en 1989 un Premio ACE por su

Núm. Fesofi: 5.361. Motivo: Sara Montiel. Valor facial: 0,76 euros. Multicolor. Serie: Cine español, 3 valores. Fecha de emisión: 11 de julio de 2014. Impresión: Offset. Papel estucado, engomado, fosforescente. Imprenta: FNMT. Grabador: Jesús Sánchez. Tamaño: 33,2 x 49,8 mm. Dentado: 12 3/4. Tirada: 300.000.

disco *Purísimo Sara* y en 1994 el actor Burt Lancaster le entregó el Golden Eagle, el premio más importante de la comunidad hispana de Hollywood. Y en 2013, en vísperas de su fallecimiento, se supo que el Festival de Cine de Berlín planeaba un homenaje en su honor. En su tierra tardamos más en reconocer su valía. En 1991 es nombrada Hija Predilecta de Campo de Criptana, en 2008 es galardonada con la Medalla de Oro de Castilla-La Mancha y en 2010 recibió la Medalla de Oro al Mérito en el Trabajo y de la Academia de las Artes y las Ciencias Cinematográficas de España. Pedro Almodóvar, otro manchego con prestigio cinematográfico internacional y gran admirador de Sara, no consiguió dirigirla en un filme. Decía Sara que su momento había pasado. No obstante, este le dedicó un evidente homenaje en su película *La mala educación*.

Posiblemente ambos artistas manchegos, Sara y Pedro, hayan alcanzado la cima del séptimo arte como ningún otro español, una ya ha conseguido aparecer en los sellos de correos; creemos que es justo que el otro tenga también su reconocido homenaje en este medio.

3.8. CIUDAD REAL

Estamos viendo como la mayoría de los pueblos de esta provincia son fruto de la repoblación llevada a cabo por las órdenes militares, una vez que la frontera con los musulmanes se trasladó mucho más al sur después de la batalla de Las Navas. No es este el caso de Ciudad Real que, aunque su nacimiento sea el de una pequeña villa ubicada junto a un pozo[57], que pasó a llamarse Pozo Seco de Don Gil, su desarrollo y posterior planificación se debió a un deseo real[58].

El traslado del centro económico del reino desde Toledo a Sevilla, que a partir de 1212 se lleva a cabo por la monarquía castellana, implica la necesidad del rey de tener un enclave propio en dicha ruta[59], que atravesaba de norte a sur los territorios de las órdenes militares, instituciones con un tremendo poder que, si bien podían ayudar al rey en muchas de sus conquistas, también podían representar un problema con la administración de sus territorios. De ahí esa urgencia del monarca de crear una población donde residieran sus funcionarios y administradores, lejos de la influencia de las órdenes. En un principio se eligió Alarcos, lugar que pronto se desestimó, más que por la insalubridad de su ubicación, por los tristes recuerdos que la todavía no lejana derrota de 1195 pudiera traer a sus habitantes. Lo «doliente» del emplazamiento[60], como dijera el profesor Villegas Díaz, aun pesaba como una losa en el reino castellano. Y así, la elección definitiva recayó en un lugar próximo, el Pozo o Pozuelo de Don Gil, aldea del territorio de Alarcos por donde transitaba el camino que se pretendía proteger.

Se puede decir que Ciudad Real es fruto del espíritu reformador de Alfonso X, como precursor del estado moderno que trajeron más tarde los

Reyes Católicos. Sus medidas económicas afectaron de manera muy especial en la fundación y posterior desarrollo de Villa Real. El fomento del comercio, la protección de la ganadería con la creación del Honrado Consejo de la Mesta y la implantación de un sistema común de pesas y medidas, junto con una importante reforma del sistema recaudatorio, propició un rápido incremento de los ingresos de la Corona, y con ello los fondos necesarios para extender su reino por casi toda Andalucía y el reino de Murcia, reformando al mismo tiempo la jurisdicción realenga en muchas zonas, donde los señoríos y órdenes militares imponían su autoridad.

Debemos estar de acuerdo con el SFC en el caso de este monarca, pues han sabido reconocer la importancia de su figura en la consolidación del posterior estado moderno, y lo han utilizado como motivo en varias series. Por su nacimiento en Toledo, se han emitido sellos en 1965, 1984, 1988 y 2021. En 1992 se emitió otro sello que tiene como motivo el libro del ajedrez, mandado hacer por el rey Alfonso, y por último en el año 2000 en la serie ilustrada por Gallego & Rey, denominada «Correspondencia epistolar escolar», le dedican el sello número 3.829, en el que, para dejar constancia de su sobrenombre «El Sabio», lo sientan sobre un trono construido por tres libros. Imagen que tiene mucho que ver con el escudo de Ciudad Real.

La exigua población de Pozuelo de don Gil pasa, por decisión real, a llamarse Villa Real. Desde un principio, Alfonso X pretendió crear un núcleo urbano y, aunque la dotó de murallas, estas no tenían carácter defensivo, sino que eran fundamentalmente un «elemento simbólico y diferenciador de la condición urbana del núcleo»[61]. Se fundaba así en 1255, mediante carta puebla

NÚM. FESOFI: 3.829. MOTIVO: Sello hoja bloque. Alfonso X el Sabio. VALOR FACIAL: 20 pesetas. Multicolor. SERIE: Correspondencia epistolar escolar, 24 valores. FECHA DE EMISIÓN: 22 de septiembre de 2000. IMPRESIÓN: Huecograbado. Papel estucado, engomado, fosforescente. IMPRENTA: FNMT. TAMAÑO: 40,9 x 28,8 mm. DENTADO: 13 3/4. TIRADA: 2.000.000.

otorgada por el Rey Sabio, una ciudad moderna en la que sus habitantes se dedicarían al sector secundario y terciario. El espacio urbano quedó dividido en tres parroquias: Santa María, San Pedro y Santiago, más una morería situada en torno a la calle del mismo nombre, que se extendía hacia la puerta de Alarcos, y un barrio judío ubicado en la zona opuesta cerca del Alcázar. Su estructura era radial, con grandes ejes viarios, que respetaban los caminos que atravesaban la ciudad y que convergían en el centro de esta: la Plaza Mayor, donde se llevaban a cabo todas las actividades económicas y de representación, que era el motivo por el que se había fundado la ciudad. El edificio de la iglesia deja de ser el que centraliza el espacio urbano, como sucede en toda ciudad medieval, Ciudad Real apunta ya las nuevas corrientes con un espíritu laico, en el cual se constata la finalidad para lo que la ciudad fue creada.

La condición funcionarial y comercial de la villa hace que no posea grandes edificios y estos no destaquen por su decoración. El Alcázar Real sería uno de los más sobresalientes junto a las tres iglesias antes apuntadas, además de los conventos de franciscanos, dominicos y mercedarios. La autoridad municipal no poseyó edificio propio hasta la época de los Reyes Católicos, que donan al concejo la casa-tienda que habían confiscado a Alvar García en la plaza, donde se construyó, no con mucha diligencia, el Ayuntamiento[62]. Los materiales, modestos, y la poca representatividad de sus edificios, ha impedido que podamos conocer hoy el aspecto de esta ciudad medieval. A pesar de su amplio alfoz, que comprendía las aldeas de Ciruela, Villar de Pozo, Higueruela Poblete y Albalá, su gran problema era la pequeñez de su término municipal pues, aunque el mayor porcentaje de su vecindad no tuviera ocupación rural, sí necesitaba de los recursos que ofrecía la tierra para su mantenimiento, lo que ya apuntaba Alfonso XI, indicando la imposibilidad de su sostenimiento si no se ampliaba el término[63], de ahí los numerosos pleitos con las órdenes militares para conseguir pastos para una creciente economía ganadera.

Se estima que la población de la ciudad rondaba los diez mil habitantes a finales del siglo XV, cifra que posiblemente no lograría superarse hasta la época contemporánea. Es en este siglo, concretamente en 1420, cuando el rey Juan II de Castilla concede a Villa Real el título de ciudad por su ayuda en su lucha contra

NÚM. FESOFI: 1.481. MOTIVO: Escudo de Ciudad Real. VALOR FACIAL: 5 pesetas. Multicolor. SERIE: Escudos, 12 valores. FECHA DE EMISIÓN: 16 de enero de 1963. IMPRESIÓN: Huecograbado. IMPRENTA: FNMT. GRABADOR: Carlos Velamazán. TAMAÑO: 24,9 x 40,9 mm. DENTADO: 12 3/4. TIRADA: 4.000.000.

el infante de Aragón don Enrique. Al mismo tiempo le otorgó escudo con la leyenda «Muy noble, muy leal», pasando a llamarse desde entonces Ciudad Real.

Precisamente en 1963, en la serie «Escudos», se emite este emblema, que vemos en la página anterior, en donde se puede apreciar cómo una cinta lo rodea con los títulos de Muy Noble y Muy Leal concedidos por Juan II. En el escudo aparece el rey Alfonso X entronizado, como fundador de la ciudad, al que rodea la muralla que él mandó construir, sobre un fondo de gules en el que aparecen en cada esquina el escudo de las cuatro órdenes militares. Parece ser que el propio rey diseñó el trazado de la nueva illa y, utilizando el antiguo caserío del Pozo de Don Gil como centro, lo rodeó de esta cerca o muralla, dejando una gran amplitud en su interior como prueba de la grandeza que de ella esperaba en un futuro[64]. Tenía forma ovalada y estaba construida con piedra y parte de tapial. Algunos autores hablan de que en ella se dispusieron 130 torres, que posiblemente no pasarían de ser meros contrafuertes[65]. Fueron varias las puertas de las que disponía, coincidentes con los principales ejes de comunicación de la ciudad; la de Calatrava; la de la Mata; la de Granada, próxima al Alcázar; la de Alarcos, defendida por cuatro torreones; y la de Toledo, construida en 1262, que se homenajea mediante el sello que se edita en 1977.

NÚM. FESOFI: 2.417. MOTIVO: Puerta de Toledo (Ciudad Real). VALOR FACIAL: 1 peseta. Castaño y naranja. SERIE: Serie Turística, 6 valores. FECHA DE EMISIÓN: 24 de junio de 1977. IMPRESIÓN: Calcografía. IMPRENTA: FNMT. TAMAÑO: 33,2 x 28,8 mm. DENTADO: 13 1/4. TIRADA: 8.000.000.

Esta puerta es la única que se conserva, habiendo sido rehabilitada en 2013. Fue declarada monumento nacional el 4 de febrero de 1915 por Alfonso XIII, mediante una Real Orden publicada el día 17 de ese mismo mes en la *Gaceta de Madrid* con la rúbrica de Saturnino Esteban Collantes, director general de Bellas Artes, y en el informe de la Real Academia de Bellas Artes de San Fernando que en ella se adjunta nos basamos para su descripción:

> «Esta puerta, …consta de un prolongado cuerpo central flanqueado por dos robustos torreones y perforado por la galería de paso, dividida en dos tramos cubiertos por toscas bóvedas de crucería que parecen de época posterior. Dicha galería termina en su frente al campo con un hueco de paso de arco túmido, y en el interior con otra de herradura, que desempeñan doble función. Por un lado, servían para recibir las correspondientes puertas de cerramiento, cuyos espigones entraban en las quicialeras que todavía subsisten tras los referidos arcos, y por otra parte constituyen los formeros extremos de los embovedamientos, y cuyos robustos formeros intermedios, poco espaciados entre sí, dan paso al rastrillo central. Ante los frentes interior y exterior del monumento, y á distancia conveniente de los paramentos, campean dos matacanes de arcos apuntados apeados por columnas con capiteles de hojas cardinas empotradas en los muros de los torreones de costado, y cuyos elementos, en unión de los almenados parapetos de coronación, hoy desaparecidos, y de las herradas puertas y rastrillo, completaban los sistemas de seguridad y defensa peculiares á la época á que el monumento corresponde, y que según la inscripción grabada sobré el arco del frente interior es de 1328»[66].

Como podemos comprobar por lo hasta aquí expuesto, existe una controversia sobre la fecha de construcción de esta puerta: 1262 o 1328, que también se resuelve en otro anexo de la propia declaración, esta vez del informe sobre el monumento que emite la Real Academia de la Historia.

> «Cuál fue el motivo y cuál la fecha de la construcción de este monumento hermoso, lo dicen al mismo tiempo el Arte y la Historia, marchando de perfecto acuerdo; y nos lo dicen, aquél, al observar un arco herradura mezclado en lo más antiguo de la obra con la ojiva túmida que hay en el interior, elemento que corresponde al primer período del denominado estilo ojival; y los documentos y crónicas, al contarnos que en el año 1255, Alfonso X fundaba una villa grande é bona en lo que antes era miserable aldea de Pozuelo de Don Gil, á la que varió el nombre, poniéndole el de Villa Real, favoreciéndola con la concesión de los privilegios de los caballeros de Toledo para los caballeros y de los del fuero de Cuenca para los vecinos, según consta de la carta puebla otorgada; y siete años después, al detenerse este Monarca á su paso para Andalucía, para esperar las Compañías que había mandado reunir, dice el cronista (contemporáneo y por tanto testigo de mayor excepción) que hizo facer el Rey una puerta labrada en piedra y es ésta la que está en el camino de Toledo: probando este aserto que el monumento estaba concluido en su tiempo, y, por tanto, en fecha muy anterior á la que, como veremos, se le ha querido atribuir; y señala al mismo tiempo una circunstancia notable, á saber: que la puerta en cuestión se realizó bajo las inmediatas órdenes del Monarca y á sus expensas, pues añade que dispuso también que la construcción de la muralla fuese hecha por los del lugar»[67].

La fundación de esta ciudad, una villa dependiente de la Corona y, por consiguiente, exenta e independiente, constituía un atentado a los privilegios de los calatravos, y una inevitable fuente de conflictos, ya que el reducido término que se le había asignado a la villa carecía de bosques de los cuales se pudiera extraer leña y hacer carbón, elementos ambos indispensables para la vida, motivo por el que el monarca concedió a sus moradores el derecho de aprovechamiento de los montes de la Orden. Ello ocasionó un largo periodo de luchas, que ensangrentaron los inmediatos campos y pusieron en peligro la existencia de la nueva población. A esto se unieron los intereses sucesorios de Sancho, cuando acaeció la muerte de su hermano el infante Fernando, que pretendía arrebatarle el trono a su hijo el futuro Alfonso XI, para lo cual se alió con los calatravos, cediéndoles en 1280 la nueva villa, con todas sus aldeas y términos. Durante toda la minoría de edad de Alfonso XI continuaron las luchas entre estos y la villa, que finalizaron con la rebeldía del clavero Juan Núñez de Prado frente al maestre López de Padilla que, debido a su ineptitud, había sufrido una espantosa derrota en Baena frente a los moros. El clavero se refugió en Villa Real y se enfrentó al maestre y a su Orden, venciéndoles en 1328 y saqueando Miguelturra, que había sido el reducto de los caballeros de la Orden frente a Villa Real.

> «Es esa fecha memorable (la de 1328), la que recuerda la lápida colocada en la Puerta de Toledo. Basta para convencerse de ello ver que se pide á Dios que rechace las asechanzas de los enemigos, aludiendo de modo indudable al Maestre y sus servidores; se pide que los ángeles custodien á los moradores, y añade la fecha citada de inscripción es propia de las azarosas circunstancias por que atravesaba la villa. Al poco tiempo, los deseos que la lápida consigna se vieron convertidos en realidades, pues la victoria de Miguelturra y la elevación del Clavero al Maestrazgo hicieron que terminaran las luchas que tanta sangre, tantos perjuicios y tanto luto habían producido en uno y otro bando»[68].

Por tanto, a nuestro entender la controversia de fechas queda resuelta, siendo la de 1262 la que corresponde a la fábrica de la puerta y la de 1328 la que corresponde a la lápida colocada en ella en conmemoración del fin de las luchas entre la Orden de Calatrava y la Villa Real. Lo que sí parece deducirse de este fragmento de historia es que Ciudad Real es una muestra de la lucha de los organismos municipales por conseguir su independencia de la autoridad de las órdenes, cuyo poder era semejante al del rey, monarca que por otro lado enajenaba la ciudad a distintos personajes en pago de favores, siendo el más llamativo la concesión del señorío sobre la misma, junto con Madrid y Andújar, a León V de Armenia, por parte del rey Juan I en 1383. Señorío que volvió otra vez a la corona castellana, recuperado por su hijo Enrique III.

Como diría el profesor Espadas Burgos, se puede decir que «la historia de Ciudad Real en la Edad Moderna es la historia de un aislamiento»[69], ya que su participación en la actividad política nacional fue prácticamente nula. En el comienzo de estas centurias ya tiene Ciudad Real muy definidas las fuentes económicas para subsistir. La agricultura tiene poco peso en ella, sin embargo, la ganadería representa una de sus mayores riquezas, tanto el ganado propiedad de sus moradores, de excelente calidad, como el que transitaba por su término en las rutas de la Mesta. Al mismo tiempo esta ganadería le proporcionaba la materia prima para una industria pujante en Castilla, la industria textil. Por los datos que aporta en su obra P. Iradiel[70], la producción de esta villa era posiblemente superior a la de Cuenca y algunos de sus paños llegaron a venderse más caros que los de Londres, de reputada fama. También, con origen en la ganadería, la industria del cuero alcanzó gran auge, con cifras de venta próximas a la de los paños, siendo muy populares y demandados los guantes y odres, muy utilizados estos últimos para el transporte de líquidos. Cuando en 1691 se crea la provincia de La Mancha, Ciudad Real fue nombrada capital de esta.

Esta tradición pañera ciudadrealeña, como es lógico, debió de influir en la forma de vestir de sus mujeres, que utilizaban las prendas de lana como base de su indumentaria. En la página web[71] que Turismo y Cultura en Ciudad Real-Tierra del Quijote tiene en la red, Nieves Ballester Fernández-Bravo y Rafael Cantero Muñoz describen dos trajes regionales estrechamente unidos a la cultura tradicional: uno de fiesta o vestir y otro de diario utilizado en las faenas de casa o del campo. Sin embargo, en el sello emitido en 1968, se nos habla del traje de paseo, un traje que no tiene la sencillez de los complementos del traje de faena, pero tampoco lleva la riqueza del traje de fiesta.

Consta de zapatos negros con lazo de raso negro, medias blancas de hilo, refajo de un color con rosetones pintados en negro, faltriquera de terciopelo bordada, mandil negro de raso, camisa blanca de manga larga con puntillas blancas en puños y cuello, corpiño de terciopelo negro, camafeo anudado al cuello y pendientes de oro. En la cabeza lleva un moño de picaporte[72] con dos horquillas doradas en la parte superior del mismo y un lazo negro bordado en colores. El traje lleva sus correspondientes pololos y enaguas.

El fin del Antiguo Régimen fue un momento crítico para Ciudad Real, como ha señalado Espadas Burgos[73]; las hambrunas ocasionadas por las malas cosechas, los desórdenes públicos, la prostitución y la inseguridad dieron lugar a una conflictividad social

Núm. Fesofi: 1.839. **Motivo**: Traje regional de Ciudad Real. **Valor facial**: 6 pesetas. Multicolor. **Serie**: Trajes regionales, 12 valores. **Fecha de emisión**: 16 de enero de 1968. **Impresión**: Huecograbado. **Imprenta**: FNMT. **Tamaño**: 24,9 x 40,9 mm. **Dentado**: 12 3/4. **Tirada**: 5.500.000.

difícil de manejar para las autoridades. El fracaso del proyecto de creación de una Sociedad Económica de Amigos del País, impulsado por los círculos ilustrados, fue un hito más del empecinamiento de un pueblo por anclarse en el tradicionalismo más cerril. Tampoco la edad contemporánea empieza bien para la ciudad, la derrota del ejército español y, con él, la Milicia de Ciudad Real en los puentes del Guadiana por las tropas napoleónicas termina con la ocupación de Ciudad Real, que dura hasta 1813. No es hasta el reinado de Isabel II cuando el progreso llega a la ciudad. Las desamortizaciones permiten la creación del primer Instituto Provincial de Educación[74] en el convento de la Merced y la Escuela Normal en el antiguo convento de San Juan de Dios; motivos ambos para haber celebrado sus centenarios con respectivas emisiones filatélicas. Desamortización que en esta provincia tuvo excepcional importancia, pues fueron nada menos que 615.837 hectáreas[75] las que se enajenaron. Lástima que gran parte de estas tierras fueran compradas por especuladores, testaferros de la nobleza y burguesía madrileña.

En 1863 llega el ferrocarril, desecándose las lagunas de Las Terreras. Se construye el casino y el nuevo ayuntamiento de Sebastián Rebollar, y se crea la diócesis de Ciudad Real con sede en la iglesia de Santa María. No obstante, en los felices años 20 la provincia de Ciudad Real ostentaba todavía un índice de analfabetismo superior al 70% y sus vecinos se caracterizaban por una pasividad y desmovilización política que hacían imposible el progreso. Durante los años del Directorio solo cabe destacar como hecho relevante la sublevación artillera, en la que estaban comprometidas 21 guarniciones de artillería, pero que después de varios aplazamientos solo fue llevada a efecto por la guarnición de Ciudad Real el 29 de enero de 1929 y que se resolvió sin ninguna trascendencia, salvo para los militares sublevados, que fueron castigados con duras penas, posteriormente levantadas, cuando se hizo cargo del Gobierno el general Berenguer.

Los años de la Guerra Civil y la posguerra fueron muy duros, como en el resto de las ciudades españolas, pues además de los muertos de uno y otro bando que cayeron fruto de la intransigencia, de la envidia y la incultura, gran parte del escaso patrimonio artístico de la ciudad fue destruido o expoliado, como algunos pasos de Semana Santa, procedentes de los talleres de Montañés y la Roldana, o el famoso portapaz de la Catedral[76]. Con el desarrollismo de los años sesenta y setenta, Ciudad Real comenzó una etapa de crecimiento y modernización ensombrecida por un desarrollo urbanístico que eliminó las señas de identidad de un pueblo manchego, construyendo especulativamente a imitación de las grandes capitales. Solo se conservan algunos vestigios que junto a la Puerta de Toledo constatan el devenir histórico de la ciudad: del siglo XIV, la iglesia de Santiago Apóstol, con un importante artesonado mudéjar; la casa de Hernán Pérez del Pulgar y la iglesia de San Pedro Apóstol, del siglo XV; la Real Casa de la Caridad[77] y la iglesia de la Merced del siglo XVIII; o el Palacio Provincial, sede de la Diputación Provincial, un edificio neoclásico de finales del siglo XIX[78].

No es hasta la época democrática, y la creación de las autonomías, cuando Ciudad Real adquiere los atributos de una ciudad moderna y desarrollada. Momento que viene definido por dos hechos coincidentes casi en el tiempo: la comunicación mediante el AVE con Madrid y Sevilla, y la instalación de uno de los Campus de la Universidad de Castilla-La Mancha. Ambos hechos merecedores por derecho propio de aparecer como motivos filatélicos, puesto que han sido los motores de crecimiento de la ciudad.

3.9. GRANÁTULA DE CALATRAVA

No hay consenso sobre la procedencia del nombre de este municipio, pues lo mismo que el historiador Hervás lo interpreta como derivado del vocablo latino «granata», en alusión a la fertilidad de su suelo y su gran producción de grano; otros autores buscan su procedencia en una referencia a la ciudad de Granada, como sucede en otros pueblos de la zona: Malagón (Málaga) o Valenzuela (Valencia). Parece ser esta última opción la más consensuada, puesto que en el escudo municipal, junto a la cruz de Calatrava, aparece el dibujo de una granada.

Pero la historia de este enclave no se limita a la villa de Granátula, sino que se remonta mucho más atrás, hasta el siglo VI a. C., cuando comienza la época dorada de los íberos y en este lugar se funda la ciudad de Oreto, capital de una vasta región de la Península conocida como Oretania, que ocupaba gran parte de las provincias actuales de Ciudad Real, Cuenca, Albacete y Jaén. Estos poblados ibéricos prerromanos eran los «*oppida*», en ocasiones auténticas ciudades-estado, que solían confederarse para protegerse. El «oppidum» de Oreto, situado sobre un cerro junto a la actual Granátula, fue uno de los más antiguos y mejor fortificados. Perviven en la memoria histórica los nombres de algunos de sus reyes, como por ejemplo Orissón, único guerrero que consiguió derrotar a los cartagineses, en la batalla de Heliké en el 230 a. C.

A partir de este pueblo oretano se suceden en estas tierras más de diecisiete siglos de civilizaciones y culturas: íberos, cartagineses, romanos, visigodos, árabes y cristianos. Restos de todos ellos se encuentran en este yacimiento arqueológico, que bien merece un recuerdo filatélico. Igual que el puente «Baebio» sobre el río Jabalón, llamado así en honor del preboste oretano que costeó su construcción, Publio Baebio Venusto, fechado entre finales del siglo I e inicios del siglo II de nuestra era, actualmente cubierto por las aguas del embalse. Un puente de dos mil años que solo se puede ver en época de sequía

El SFC no ha puesto en valor estos hechos y tantos testimonios culturales que podemos encontrar en los alrededores, como el importantísimo yacimiento arqueológico de la Edad del Bronce del Cerro de la Encantada, una necrópolis visigoda o un baptisterio paleocristiano, además de unos baños árabes, considerados como los más antiguos de la Península. Sin embargo, ha tenido en consideración a un hijo de este lugar: el general Espartero.

Baldomero Espartero era hijo de un carretero de Granátula de Calatrava, donde nació en 1793, Estudió en la Universidad de Nuestra Señora del Rosario de Almagro, preparándose para seguir la carrera eclesiástica, pero su reclutamiento militar ante la invasión francesa le llevó a encauzar su vida en el estamento de la milicia; luchó en la Guerra de la Independencia en España, en la guerra de la independencia del Perú en América y por último en las guerras carlistas, siendo uno de los protagonistas, junto al general carlista Maroto, del «Abrazo de Vergara» (1839), que puso fin a la primera guerra carlista en el norte de España.

En la política, Espartero fue presidente del Consejo de Ministros en 1840-1841, y posteriormente regente (1841-1843). El «espadón» progresista, como le llamaban, se enemistó con muchos de sus partidarios a causa de su modo de gobernar autoritario, personalista y militarista; viéndose obligado en 1843 a disolver unas Cortes que se le habían vuelto hostiles. Tras su retiro, primero en Inglaterra y después en Logroño, volvió a la presidencia del Gobierno durante el Bienio Progresista (1854-1856) y, otra vez expulsado del poder por O'Donnell, regresó a Logroño, donde, tras la expulsión de Isabel II, rechazó la oferta de Juan Prim de ser elegido por las Cortes como rey constitucional de España. Es, sin lugar a dudas, el manchego que, de humilde cuna, ha alcanzado mayor prestigio militar, social y político en nuestro país.

Este sello, emitido en julio de 2020 en forma de H troquelada, es el símbolo de la nueva serie con la que Correos pretende homenajear a algunos de los protagonistas de la Historia de España. El primero de ellos es Baldomero Espartero, príncipe de Vergara, duque de la Victoria, duque de Morella, conde de Luchana y vizconde

NÚM. FESOFI: 6.017. MOTIVO: General Espartero. VALOR FACIAL: 2 euros. Multicolor. SERIE: Protagonistas de la Historia. FECHA DE EMISIÓN: 15 de julio de 2020. IMPRESIÓN: Offset y troquel. IMPRENTA: FNMT. TAMAÑO: 40,9 x 57,6 mm. DENTADO: 13 3/4 (H) y 13 1/4 (V). TIRADA: 144.000.

de Banderas. En el sello aparece un primer plano del retrato pintado por José Casado del Alisal y una imagen de la estatua ecuestre del militar, situada en la confluencia de las madrileñas calles de Alcalá y de O'Donnell, frente a una de las puertas que da acceso al emblemático Parque del Retiro.

3.10. LA SOLANA

Aunque por todo el Campo de Montiel hay vestigios de la presencia romana, visigoda e islámica, no es el caso de esta villa, que fue producto de la repoblación llevada a cabo por las órdenes militares con posterioridad a la batalla de Las Navas. En este caso fueron los santiaguistas los encargados de esta tarea que, utilizando fortalezas ganadas a los musulmanes, procuraron aprovechar los recursos agrícolas y ganaderos del territorio, estableciendo aldeas, castillos e iglesias, dirigidas desde dos importantes encomiendas creadas en Montiel y en Alhambra, aprovechando sus castillos islámicos. Ambas se encargaban de administrar las rentas derivadas en gran medida del tránsito de ganados que, procedente de las tierras sorianas, llegaban hasta esta tierra o la cruzaban hacia la Sierra del Segura, así como de la explotación y desarrollo de la agricultura, que producía suculentos beneficios al maestrazgo.

Descartamos la teoría de la existencia de una fortaleza islámica como origen de La Solana que comentaba Inocente Hervás y Buendía en su *Diccionario*, siguiendo la opinión del historiador Antonio Blázquez sobre un documento de donación de dicho castillo por Pedro de Castro en 1185 a la Orden de Santiago. Como muy bien razona Escudero Buendía en su libro sobre la iglesia de Santa Catalina, La Solana a que se refiere este documento no es la que nos ocupa, sino un pueblo de la provincia de Cáceres, provincia donde nació la Orden y consiguió sus primeros bienes[79].

Por ello, es muy probable que en un altozano situado en el camino que unía el castillo del Tocón, de Membrilla, frontera ya con la Orden de Calatrava, y la encomienda de Alhambra, se construyera un torreón, con carácter de vigilancia más que defensivo, en cuyo entorno, atraídos por la fertilidad de las tierras de La Moheda y La Veguilla, se instalaron pastores y labradores, sentando las bases de lo que posteriormente sería la futura aldea de La Solana. También hay quien defiende que, para torreón de vigilancia, se utilizó el campanario de una iglesia preexistente, dedicada al culto de Santa Ana, ampliándose más tarde para poder realizar labores defensivas[80]. En las *Relaciones Topográficas* de Felipe II ya se indica como causa del progresivo asentamiento de vecinos la existencia de una torre fuerte de defensa ante posibles ataques de musulmanes. Y en las *Descripciones del cardenal Lorenzana* de 1788 ya refiere el prelado que fueron pastores sorianos los primeros pobladores de este lugar, donde se asentaban estacionalmente con su ganado. En cuanto a la existencia de la Torre, se hace referencia a ella en los libros de visita de la Orden de Santiago de los años 1468 y 1478[81]. En esta última referencia se habla de un cortijo torreado con cuatro cubos de madera, uno de ellos inconcluso[82].

En cuanto a la etimología de su nombre, según la creencia popular, proviene de un pozo situado en la parte meridional del altozano, que suministraba agua a una fuente que por su situación era llamado el Pozo de la Fuente de La Solana, conocido actualmente por Rasillo de Santa Ana, en cuyo entorno se extendió la población.

En el siglo XIX este pequeño pueblo de La Mancha adquirió una inusitada relevancia en toda España gracias a la fabricación de hoces para la siega. Industria que se prolongó hasta mediados del siglo XX. En los años 50 fabricaba más de 600.000 unidades[83], que se vendían por toda la Península, exportándose parte de su producción. Con la mecanización de las recolecciones agrícolas esta herramienta quedó en desuso, y fueron desapareciendo las herrerías, más de cuarenta, que a finales de siglo solo vendían para algunos países africanos[84].

Aunque la producción vitivinícola de La Solana es muy importante, y representa una parte muy sustancial de sus recursos económicos, es otro cultivo el que le ha dado fama y por el que es conocida la población, fundamentalmente dentro del mundo lírico: el azafrán; producto del que ya hemos hablado al referirnos a la hoja-bloque 5.562 sobre denominaciones de origen protegidas de Castilla-La Mancha.

El azafrán es precisamente el eje argumental de una zarzuela que ha dado a conocer mejor el costumbrismo y peculiaridades de esta tierra manchega. El 14 de marzo de 1930 se estrenó en el teatro Calderón de Madrid *La rosa del azafrán*, una zarzuela en dos actos, con música de Jacinto Guerrero y libreto de Federico Romero Sarachaga y Guillermo Fernández-Shaw Iturralde. Dado que en el texto de la obra se hacía referencia a esta comarca (Membrilla, Manzanares y La Solana), esta última población se hace eco del sentimiento popular que se encuentra reflejado en los personajes que en ella intervienen, y en 1984 deciden establecer una semana cultural dedicada a la zarzuela, teniendo como emblema esta popular obra de Federico Romero al que nombraron hijo adoptivo.

Coincidiendo casi en el tiempo con la creación de la Semana de la Zarzuela, en 1983 Correos pone en circulación una serie dedicada a los «Maestros de la

Núm. Fesofi: 2.708. Motivo: Díptico *La rosa del azafrán*. Valor facial: 12 pesetas. Multicolor. Serie: Maestros de la Zarzuela, 6 valores. Fecha de emisión: 22 de abril de 1983. Impresión: Calcografía y offset. Imprenta: FNMT. Tamaño: 74,4 x 33,2 mm. Dentado: 12 3/4. Tirada: 3.000.000.

Zarzuela», entre los que se incluye un sello homenajeando al músico Jacinto Guerrero y otro, el que se reproduce, dedicado a esta zarzuela en la que se hace referencia a uno de los cuadros y romanzas más representativos de la misma: «las espigadoras».

Estimamos que, además de la exaltación del azafrán como producto manchego, echamos en falta una referencia a la industria de las hoces, por su singularidad e importancia a nivel nacional, así como del importante monumento arquitectónico que es su parroquia de Santa Catalina, construida entre los siglos XV y XVI con una torre barroca, reedificada en varias ocasiones, pero con una indiscutible suntuosidad.

3.11. MANZANARES

El origen de Manzanares, como el de otros pueblos de la comarca, surge, por un lado, del afán colonizador de la Orden de Calatrava, y por otro de la actividad ganadera y el desarrollo de los caminos de la Mesta. Y aunque han sido muchas las especulaciones sobre el origen de esta villa, así como del topónimo de esta, creemos que los historiadores se han puesto de acuerdo en establecer la fundación de su Encomienda a partir de 1214, cuando, una vez derrotados los moros en la batalla de Las Navas, es ocupado por los cristianos todo el Campo de Montiel y se amojonan las tierras del entorno. Concretamente en septiembre de 1239 se reúnen en Membrilla[85] los maestres de Santiago y Calatrava, Rodrigo Heñiguiz y Martín Ruiz de Cevallos, para partir y deslindar las tierras que correspondían a cada orden y amojonar los respectivos territorios. En la escritura de partición de las tierras[86] no figura por ningún sitio ni Manzanares ni su castillo, lo cual no sería lógico si hubiera existido tal castillo, pues le reunión se celebraba a escasos cuatro kilómetros de ese lugar.

Es más lógico pensar que, una vez establecida la frontera entre las órdenes, Martín, el maestre de Calatrava, acometiera la tarea de construir una casa-castillo para garantizar el cumplimiento de lo firmado, asegurando la defensa de sus fronteras, no ya frente a los musulmanes, que definitivamente se habían alejado varios cientos de kilómetros al sur, sino de sus hermanas las órdenes de Santiago y San Juan que le disputaban las tierras de la zona. Se piensa por tanto que la villa nace en torno a esta casa-castillo, que comienza a construirse antes de 1240, fecha en que finaliza su mandato el maestre Martín Ruiz, y que se terminaría durante el mandato de su decimosegundo maestre, Fernando Ordoñez (1242-1254).

Por tanto, la villa no tiene origen musulmán, ni visigodo, ni mucho menos romano, aunque sus primeros pobladores pertenecieran a asentamientos próximos, como Moratalaz y Argamasilla de Pilas Bonas, que sí tenían esa ascendencia árabe. El lugar es consecuentemente elegido con un marcado sentido de vigilancia fronteriza y oposición al castillo del Tocón, último baluarte de la Orden de Santiago en el descenso de las aguas del Azuer, cuyo caudal en aquella época representaba una fuente de recursos, no ya por el abastecimiento de boca, que estaba asegurada por unos pozos de indudable calidad, sino por la importancia agrícola y molinera que sus aguas podían reportar. Existe también otra razón de peso, la que lleva a la Orden de Calatrava a crear el centro comendatario en Manzanares, y es precisamente el auge de la ganadería a finales del siglo XIII y la confluencia de la Cañada Real Soriana y la Cañada Real Conquense que se da en este lugar para dirigirse juntas al Valle de Alcudia, con lo que desde el castillo podrían controlar, administrar y beneficiarse no solo del tráfico ganadero, sino de la actividad comercial que acompañaba al movimiento de personas y bienes.

En cuanto al nombre de la villa, nos inclinamos más por la propuesta de José Antonio García-Noblejas[87] que, recogiendo la sugerencia de Guastavino Gallent, deduce que el topónimo Manzanares proviene por evolución del vocablo árabe «mansil-nahar», que significa caserío del río, pues la ausencia de manzanos por esta zona invalida su procedencia, a pesar de que tres de ellos figuren en el escudo de la villa[88], que es una creación del siglo XIX. El amurallamiento de Manzanares se llevará a cabo desde 1353 a 1358 bajo el mandato del décimo octavo maestre de Calatrava, Juan Núñez de Prado, que concede a los vecinos exenciones de variados tributos o pechos. Tanto la exención de impuestos, como las características de la cerca, figuran detalladas en un documento[89] suscrito por el propio maestre y los alcaldes, alguacil y procuradores de este «lugar de Calatrava», puesto que aún no tenía la consideración de villa.

A pesar de que le costó casi trescientos años a esta villa conseguir un término municipal adecuado, puesto que las villas y lugares circundantes siempre negaron a Manzanares adjudicarse un terreno propio[90], una vez conseguido este, sus vecinos se preocuparon de roturar la tierra baldía y el monte bajo, que rodeaban toda la población, a la vez que derivaban el rio Azuer en varios tramos, para fomentar el cultivo de regadío y la industria molinera[91]. Todo ello hizo que fuera una de las más prósperas encomiendas del Campo de Calatrava, que llegó a valorarse por la disparatada cantidad de 13.233.000 maravedíes[92] en 1809, lo que la hacía muy apetecible por la aristocracia militar y de servicio del reino de Castilla.

El importante crecimiento demográfico y desarrollo urbano que se lleva a cabo en el siglo XVI, decide al Concejo en 1563 a realizar la ampliación de la iglesia parroquial[93], que se había construido un siglo antes, cuyas trazas son encargadas a Enrique Egas el Mozo, que en compañía del vizcaíno Alonso Galdón llevan a efecto su construcción, realizando en su portada principal uno de los mayores conjuntos escultóricos del Campo de Calatrava y la mejor muestra de escultura monumental del Renacimiento, que se ha atribuido recientemente al citado Alonso Galdón[94]; conjunto escultórico que por su importancia y compleja iconografía bien merece un recuerdo como motivo filatélico. Además de esta iglesia parroquial se construyen conventos y ermitas, así como suficientes palacios para enseñorear su casco antiguo con numerosos blasones (calle del Carmen y Monjas principalmente).

Durante la Guerra de la Independencia, Manzanares juega un papel importante durante el desarrollo de la contienda, ya que en 1810 pasa a ser capital de la provincia de La Mancha y en su castillo, además de residencia del general-gobernador Darmagnac, los franceses mantienen un importante destacamento de apoyo a las tropas que marchan hacia Andalucía. Todo ello suscita una serie de acontecimientos en la ciudad, con gran repercusión en su historia posterior y que José Antonio García-Noblejas relata muy bien en su libro[95].

Con la llegada del ferrocarril y la eclosión vitivinícola, debido a la filoxera en Francia, Manzanares vuelve a tener otro impulso de crecimiento

Núm. Fesofi: 4.795. **Motivo:** Hoja bloque. Moda Manuel Piña. **Valor facial:** 4 x 0,32 euros. Multicolor. **Serie:** Moda española, 6 valores. **Fecha de emisión:** 15 de junio de 2009. **Impresión:** Huecograbado con micro relieve. Papel estucado, engomado y fosforescente. **Imprenta:** FNMT. **Tamaño:** 105,6 x 150 mm. la hoja bloque y 28,8 x 49,8 mm. los sellos. **Dentado:** 13 3/4. **Tirada:** 300.000.

en la segunda mitad del siglo XIX, que se refleja en su desarrollo urbanístico, que se estanca en 1930, no volviendo a recuperarse hasta la década de los 70 con el tercer Plan de Desarrollo de Laureano López Rodó, cuando se construye el Polígono Industrial de Descongestión de Madrid que, aún hoy, sigue siendo parte importante del tejido industrial de la zona.

Como hemos comentado, hay motivos suficientes para que Manzanares estuviera mucho más representado en las emisiones filatélicas: la Iglesia parroquial de la Asunción, su castillo, su Feria Internacional del Campo, para la que se diseñó un matasellos conmemorativo en julio de 1986, y otro acontecimiento acaecido en 1854, cuando Antonio Cánovas del Castillo redacta, en una casa de la calle Empedrada, el manifiesto que firmaría O'Donell y que daría lugar más tarde al llamado Bienio Progresista. Así mismo, también hay personajes ligados a la villa, de suficiente trascendencia nacional para figurar también filatelizados: Ignacio Sánchez Mejías, muerto en su plaza de toros el 11 de agosto de 1934 o el gobernador de Costa Rica, Juan Fernández de Salinas y de la Cerda, nacido en esta localidad el 29 de agosto de 1613, entre otros.

Es precisamente uno de estos personajes nacidos en la tierra, en 1944, el que se escoge como motivo filatélico: el modisto Manuel Piña, perteneciente a la nueva generación de diseñadores españoles que a partir de 1980 trabajaron duramente para poner en marcha la federación del prêt-à-porter español, logrando que la moda de este país fuera reconocida internacionalmente.

En 2009 se emite una hoja bloque diseñada por Francisco Paniagua, basándose en las fotografías de cuatro vestidos de Manuel Piña realizadas por Miguel Ángel Granados[96]. En dicha hoja bloque, que recogemos en la página anterior, se hace referencia al Museo Manuel Piña, deseo del propio modisto que no pudo llegar a ver realizado, pero que el Ayuntamiento estimó oportuno llevar a cabo, instalándolo en el Palacio de los Merino, hoy Centro Cultural Ciega de Manzanares, donde se exhiben colecciones donadas por la familia del creador, así como aportaciones de colaboradores y amigos.

3.12. RUIDERA

El 17 de junio de 1215 el rey Enrique I concedió a la Orden de San Juan del Hospital cuatro dehesas alrededor de los castillos de Peñarroya, Ruidera, Santa María y Villacentenos[97]. Actualmente conocemos el emplazamiento del castillo de Peñarroya, restaurado y con culto en su capilla a la Virgen del mismo nombre, también tenemos situado el castillo de Villacentenos, cerca de Herencia, del que se conservan restos del batán y la Iglesia. Sin embargo, es más difícil de ubicar el de Santa María y el de Ruedera o «Roidera de Guadiana», como aparece en los documentos de Enrique I, aunque este no puede ser otro, como asegura Marcial Morales[98], sino el que la tradición popular en el siglo XVI asociaba con el castillo de Rochafrida del famoso romance, de origen árabe al igual que el de Peñarroya. Parece entonces probable que la actual población de Ruidera se consolidase en la época cristiana al amparo de este castillo de Rochafrida.

Por consiguiente, Ruidera comenzó a poblarse en el siglo XIV como aldea dependiente de Alhambra y en 1773, constituido como Real Sitio de Ruidera y dependiendo de la Orden de San Juan, pasó al término de Argamasilla, hasta que en 1990 consiguió ser municipio independiente. Y es que, en el siglo XVIII, durante el reinado de Carlos III, los ilustrados promueven numerosos proyectos para impulsar el aprovechamiento de los cursos fluviales para regadíos e instalación de molinos y batanes. En este caso concreto, el arquitecto real Juan de Villanueva diseña dos importantes obras: el canal del Gran Prior, que ya hemos comentado (en Argamasilla de Alba); y una fábrica y varios molinos de pólvora en la barrera que cierra la laguna del Rey, prácticamente en el casco urbano de la población, que se aprovecha de esta industria para su desarrollo y crecimiento urbanístico.

Estas circunstancias demuestran que, desde hace varios siglos, el desarrollo y medio de vida de los habitantes de Ruidera está íntimamente ligado a sus lagunas, que son consideradas Parque Natural desde el 13 de julio de 1979, extendiéndose por una superficie de 3.772 hectáreas. Comprenden un pantano (el de Peñarroya) y quince lagunas: Blanca, Conceja, Tomilla, Tinaja, San Pedra, Redondilla, Lengua, Salvadora, Santo Morcillo, Batana, Colgada, del Rey, Cueva Morenilla, Coladilla y Cenagosa, comunicándose unas con otras a través de una compleja red fluvial con multitud de arroyos y cascadas, lo que constituye un paisaje muy atractivo y singular.

En 1995 el SFC emite un primer sello que tiene como motivo las lagunas manchegas, apostando por la prevención del sistema ecológico, y destacando

NÚM. FESOFI: 3.434. MOTIVO: Lagunas manchegas y patos colorado-ánade real. VALOR FACIAL: 60 pesetas. Multicolor. SERIE: América UPAEP, 1 valor. FECHA DE EMISIÓN: 11 de octubre de 1995. IMPRESIÓN: Huecograbado. IMPRENTA: FNMT. TAMAÑO: 40,9 x 28,8 mm. DENTADO: 13 3/4 x 14. TIRADA: 2.500.000.

dos especies muy comunes en los humedales de la región: el pato colorado y el ánade real, típicas aves migratorias que en la provincia de Ciudad Real se dejan ver en grandes cantidades, tanto en las Lagunas de Ruidera como en las Tablas de Daimiel. Indudablemente, estos dos espacios son los más conocidos, pero tenemos que desterrar la idea de que nuestra región es un secarral, en ella existen aproximadamente cuatrocientas mil hectáreas de humedales con cerca de quinientas lagunas, muchas de ellas declaradas de importancia internacional como reservas de la Biosfera, con una interesantísima avifauna, que las hacen lugares privilegiados para la observación ornitológica. La mayor parte de ellas son de origen kárstico, hay algunas de origen volcánico, como las de Mestanza y Abenójar, y otras de gran salinidad y con aguas de propiedades salutíferas. Muchas son lagunas de escasa profundidad, con volúmenes pequeños de agua, que pueden permanecer secas de manera natural durante largos períodos de tiempo en función de la climatología, otras como la de Tobar en la provincia de Cuenca, tiene una profundidad media de 19 metros y su entorno es de una gran belleza, al igual que las conocidas como Pozas de Marte de la Sierra de Ayllón en Guadalajara, que conforman un bellísimo paisaje natural.

Reivindicamos por tanto estos humedales de Castilla-La Mancha, que debían ser celebrados con una serie filatélica en la que se pusiera en valor todas las características de estos espacios que perfectamente se describen en el libro *Lagunas mesetarias de La Mancha: funcionamiento hidrológico, cultura y medio ambiente*, de Carlos Camuñas, Bruno Ballesteros y Miguel J. Mejías.

En 2007 y para la serie «Naturaleza» se emite otro sello cuyo motivo es concretamente el Parque Natural de las Lagunas de Ruidera, que no solo está

Núm. Fesofi: 4.596. **Motivo:** Parque Natural de las Lagunas de Ruidera. **Valor facial:** 0,30 euros. Multicolor. **Serie:** Naturaleza, 2 valores. **Fecha de emisión:** 19 de julio de 2007. **Impresión:** Huecograbado. Papel estucado, engomado y fosforescente. **Imprenta:** FNMT. **Tamaño:** 40,9 x 28,8 mm. **Dentado:** 13 3/4. **Tirada:** Ilimitada.

ubicado en el término municipal de Ruidera sino también en los de Alhambra, Argamasilla de Alba y Villahermosa, en la provincia de Ciudad Real; y Ossa de Montiel en la de Albacete. Situadas siguiendo el curso del Alto Guadiana, y cerradas todas ellas por una barrera natural de toba que las represa, saltando el agua de unas a otra en muchos casos, lo que origina un *ruido* característico de pequeña cascada, que debió llamar la atención a los primeros pobladores, por lo que los naturales del lugar deducen que de ahí proviene el topónimo de *Ruidera*. Ello a pesar de las opiniones de estudiosos como Álvar Sánchez[99], que apunta como posible origen el término «riadera», en referencia a las riadas o crecidas que el Guadiana ocasiona en los periodos de fuertes lluvias. O la de Marcial Morales[100], que apunta un topónimo de origen catalán compuesto por los vocablos «roí» y «-dera», que traducido al castellano vendría a significar, más o menos, como «una acción continuada de ruina», en referencia a las incursiones almohades y la destrucción que provocaban.

En cuanto a la aportación del agua que llena las lagunas, lógicamente en su gran mayoría proceden de los aportes superficiales del Alto Guadiana que rebasan las barreras o de algún tributario como el arroyo de las Hazadillas, pero también aportes subterráneos que siguen el valle y que son capaces de salvar kársticamente y en profundidad las barreras que le cierran.

3.13. TOMELLOSO

Siempre se le ha achacado a Tomelloso carecer de historia, pues no es hasta el siglo XVI cuando se tiene constancia de un poblamiento estable y definitivo, si bien es verdad que hay yacimientos por los alrededores de la Edad del Bronce[101], e incluso restos de villas romanas en los bordes de la calzada que unía Caesaraugusta con Laminio[102], a través de Alces[103]. Solo la retirada de los musulmanes más al sur permitió que en estas tierras se desarrollara una actividad agrícola y ganadera con cierta seguridad y por tanto que pudieran ser de algún modo habitadas. Teniendo en cuenta que en el actual emplazamiento de Tomelloso se cruza el Camino Real que unía Toledo con Murcia con la Cañada Real Soriana, por el que transitaban los ganados en busca de los pastos de invierno del Valle de Alcudia, es muy probable que en aquella encrucijada se estableciera alguna venta o posada, que fuera el inicio de su poblamiento. Es precisamente en este paraje donde a partir de 1530, y en el entorno de un viejo pozo conocido por «Tomilloso» comenzarán a establecerse quinterías de labor de vecinos de Socuéllamos que ponen en producción estas tierras baldías, dando lugar a la aldea de «*El Tomilloso*». En 1565 esos primeros pobladores, con nuevos propietarios y jornaleros atraídos por la oferta de trabajo, consiguen facultad para poder tener ayuntamiento, alcaldes y regidores, pero siempre bajo la autoridad de la villa de Socuéllamos. A partir de 1589 se establece un engorroso proceso judicial entre Socuéllamos y Tomelloso, que lucha por su autonomía. Después de una

independencia fallida que solo dura tres años, vuelve a ser pedanía de Socuéllamos hasta 1758, en que la pujanza de la población y el aumento de esta,
que había sobrepasado a su matriz, motivó una nueva petición de exención de
villazgo, que le fue concedida, pero que no llegó a materializarse hasta 1769[104].

A finales del siglo XIX, como en otros pueblos manchegos, la explotación del cereal deja de ser su principal fuente de ingresos y comienzan a
plantar vid, cuyo aprovechamiento pasa a ser casi un monocultivo. El motivo,
como ya hemos comentado en este trabajo, fue la desastrosa plaga de filoxera
que arruinó los viñedos franceses en la segunda mitad del XIX y que llevó a
algunos pueblos de La Mancha a su mayor despegue económico. Esta pujanza
vitivinícola, en el caso de Tomelloso todavía persiste, con una cooperativa
considerada de las mejores de España y una apuesta decidida por la cultura,
que se materializa en su Museo de Arte Contemporáneo Infanta Elena, inaugurado en 2011 y su Certamen Cultural, que premia ya su vigésimo segunda
edición. Un buen motivo filatélico, como homenaje a las cooperativas y la
importante labor que han realizado en el agro español, sería una hoja bloque
sobre esta institución de la Virgen de las Viñas, la más grande de Europa en
el sector vitícola, que es un modelo de gestión y eficacia, con unas cifras de
elaboración que llegaron a los 250 millones de kg de uva en el año 2013.

Otro motivo filatélico, que podría encuadrarse dentro de las series de
arquitectura, es el bombo de Tomelloso. Una construcción de planta circular o
elíptica, con una falsa cúpula construida por aproximación de hiladas de lajas de
piedra, que servía como refugio de los labradores y pastores durante la época de
actividad y que a veces era utilizado como residencia permanente[105]. Esta construcción es típica de Tomelloso y su comarca, pues fuera de ella las construcciones
con esta utilidad, que poseían en el mismo habitáculo, chimenea, camastros de
piedra y pesebres para los animales de labranza, se realizaban con muros de
piedra y techumbre a dos aguas de teja árabe. La singularidad del bombo y su
importancia ha quedado reflejada en la tesis doctoral del arquitecto y profesor
de la Escuela de Arquitectura de la UCLM, Francisco Javier Bernalte Patón,
sobre los bombos tomelloseros, por la que obtuvo el primer premio nacional.

Son varios los personajes de Tomelloso merecedores de su impronta en
un sello de correos: el insigne escritor Francisco García Pavón, del que se
celebró el centenario de su nacimiento en septiembre del 2019, o el pintor
Antonio López Torres, tío y mentor de Antonio López García, al que inició
en la pintura, y cuya trayectoria ahora comentamos.

Antonio López García nace en 1936 en Tomelloso (Ciudad Real). In-
fluenciado por su tío, se inicia siendo casi un niño en la pintura. Entre 1950 y
1955 estudia en la Escuela de Bellas Artes de San Fernando (Madrid), donde
con otros pintores del momento constituyen la llamada Escuela Madrileña. En
esta ciudad hace sus primeras exposiciones individuales y, entre 1964 y 1969,
ejerce de profesor de la cátedra de Preparatorio de Colorido de la Escuela
de Bellas Artes de San Fernando.

Núm. Fesofi: 5.198. Motivo: Antonio López. Valor facial: 4 x 0,52 euros. Multicolor. Serie: Arte contemporáneo español, 4 valores. Fecha de emisión: 11 de marzo de 2013. Impresión: Huecograbado. Papel estucado, engomado y fosforescente. Imprenta: FNMT. Tamaño: 79,2 x 105,6 mm. la hoja bloque, 33,2 x 105,6 los sellos. Dentado: 12 3/4. Tirada: 280.000.

Su obra refleja la realidad que le rodea y plasma detalles que rozan lo fotográfico. Se inclina por estampas de Madrid, retratos de familia y objetos cotidianos. Pinta de forma lenta y meditada, dedicando varios años hasta completar la obra.

Reconocido mundialmente, Antonio López cuenta con el Premio Príncipe de Asturias de las Artes, 1985; Medalla de Oro de la ciudad de Madrid, 2010 y Premio Príncipe de Viana de Cultura, 2012, entre otros galardones.

La hoja bloque emitida en 2013, encuadrada en la serie «Arte contemporáneo español», recoge cuatro pinturas suyas muy características de su obra:

En el sello *Gran Vía, 1974-1981* el autor cuenta que durante los veranos que pintó el cuadro se levantaba al amanecer y se instalaba, con el caballete y las pinturas, en la isleta peatonal que separa la Gran Vía de la calle Alcalá para captar la primera luz de la mañana. Retrata una calle solitaria y silenciosa alejada del bullicio de otras horas del día. Pertenece a una colección privada.

En *Lavabo y espejo, 1967* Antonio López proyecta el conjunto de un lavabo con sus elementos, una repisa y un espejo situado sobre la misma. La obra se expone en el Museum of Fines Arts, en Boston (Estados Unidos).

El cuadro titulado *La nevera nueva, 1991-1994* capta el aspecto íntimo y hogareño, con una nevera en la que se percibe el interior. Pertenece a la Colección de Florentino Pérez, de Madrid.

Finalmente, la obra *Casa de Antonio López Torres, 1972-1980* reproduce la casa de su tío con los suelos de cerámica, aparador, lámpara y al fondo otra estancia. Forma parte de la Fundación Sorigué (Lleida).

3.14. VALDEPEÑAS

El topónimo Valdepeñas tiene una clara procedencia de la situación orográfica de la ciudad: «valle de las peñas», puesto que está situada en una depresión rodeada de varios promontorios, que la envuelven y vierten sus aguas sobre ella, que se encauzan en un arroyo que desemboca en el rio Jabalón, a unos tres kilómetros al poniente de esta. Pero también el nombre Valdepeñas va asociado al vino, de tal forma que, a partir del siglo XVIII, al vino manchego se le conocía en Madrid como vino Valdepeñas, costumbre que ha perdurado hasta hace pocas décadas y cuya publicidad aún puede observarse en los azulejos que decoran algunas tabernas típicas del Viejo Madrid.

En los alrededores de esta población se encuentran asentamientos del Bronce Pleno afines a la Cultura de las Motillas, y también del Bronce Final (siglos VII a II a. C.). En este caso, un gran «oppidum» ibérico, cuyo yacimiento arqueológico conocido como Cerro de las Cabezas, es uno de los más extensos de la provincia, lo que hace pensar que alberga los restos de una de las grandes ciudades de la Oretania, que podría haber llegado a ser ocupada por unos 5.000 habitantes.

Las noticias propagadas por guías turísticos locales de haber encontrado en las excavaciones de este yacimiento pepitas de uva no pasan de ser meras fantasías chauvinistas que no están respaldadas por ninguna evidencia científica, por lo que no se puede asegurar que en este «oppidum» se elaborara vino. No obstante, sí hay evidencias de pequeñas bodegas familiares, donde ya se elaboraba esta bebida en el Bajo imperio romano o durante la época visigoda[106], encontradas por el equipo arqueológico de Benítez de Lugo en las Aberturas, una pedanía de Valdepeñas, durante las excavaciones realizadas con motivo de unas obras en la autovía A4. Lo cual no implica que puedan encontrarse más evidencias de la tradición vitivinícola de la zona, anteriores a dicha época, pero que todavía no han sido estudiadas y publicadas[107]. No hay que olvidar que el pueblo íbero está inserto dentro de la cultura mediterránea y en ella es conocido el vino en los últimos cinco milenios, según se constata en numerosos escritos de la época, incluida la *Biblia*.

Dentro de la población hay algunos restos de una villa romana que se encontraron cuando la construcción del convento de los Trinitarios. En la época islámica existió una fortaleza dependiente del reino de Toledo, de la que se han encontrado restos de sus murallas en la actual iglesia de la Asunción[108]. Esta cultura islámica podría haber perjudicado el cultivo de la vid, debido a la prohibición del consumo de bebidas alcohólicas que el Islam impone a sus seguidores[109], pero parece claro que hubo un consumo generalizado de vino entre todas las clases sociales, y extendido a lo largo de toda la época islámica, con un lapsus represivo a partir de la etapa almohade, que haría quizás disminuir su uso[110]. Pero también hay que tener en cuenta que las uvas almerienses y de Almuñécar (Granada) eran productos muy apreciados en esta cultura que, junto con las pasas de Málaga, Ibiza y Elche, se exportaban fuera de la Península, por lo que el cultivo de la vid estaba bien asentado y presente en los tratados de agricultura árabes, pues no solo la comercialización de su fruto en los zocos era muy habitual, sino que también el consumo de vino por parte de los cristianos y mozárabes, no sujetos a la ley coránica, precisaba de grandes extensiones de cultivo. Parece más bien producto de la fantasía que hecho constatado la leyenda que cita José Luis Martínez[111] en su libro sobre la fatua que un califa de Córdoba había promulgado: «prohibiendo el consumo de vino a no ser que éste fuera de Valdepeñas, en cuyo caso estaba permitido».

De todas formas, el urbanismo de la población, sin calles estrechas y mal alineadas, no se corresponde con la de una primitiva aldea árabe, por lo que pensamos que, aparte de la fortaleza, no debían existir asentamientos islámicos permanentes alrededor de ella, por lo que la creación de la población debió ser exnovo. Por tanto, Valdepeñas, como tal población, se funda como todas las del entorno con posterioridad a la batalla de Las Navas. La tradición habla que fue la reina Berenguela de Castilla quien agrupó las aldeas cercanas de Aberturas, Corral Rubio de Jabalón, Santa María de las Flores y Castilnuevo para crear la nueva aldea en el entorno de la antigua fortaleza islámica. No obstante, dado que doña Berenguela solo reinó en 1217[112], fecha en la que todavía no estaban deslindadas las tierras de las órdenes militares, estimamos que esta fundación se llevaría a cabo con posterioridad a la reunión de los maestres de las órdenes de Santiago y Calatrava para dicho deslinde, que se concretó en 1239, quedando este enclave dentro de la jurisdicción de Calatrava. Y puesto que existe un texto en los archivos de la Orden de Calatrava de 1243, citando al comendador de Valdepeñas, debemos deducir que la creación de Valdepeñas se llevaría a cabo entre 1239 y 1245, cuando doña Berenguela, en las ausencias de su hijo Fernando III el Santo, ejerció como una auténtica reina mientras este se encontraba en sus largas campañas de reconquista de Al-Ándalus.

Con el afán repoblador de los calatravos, acuden a la Valdepeñas medieval gentes de los reinos de Castilla, León y Aragón, a los que se les exigía como condición para su establecimiento y derecho de ciudadanía, continuar con el cuidado de la vid, que había pervivido durante la época musulmana[113], con lo que se afianzó la tradición vitivinícola de la comarca, ampliándose la superficie de viñedo y, como consecuencia, un próspero crecimiento de la villa. A pesar de la tradición que otorga a la ermita de la Veracruz, actualmente auditorio municipal Francisco Nieva, la leyenda de haber sido antes una sinagoga, la profesora Ángela Madrid[114] asegura no existir ningún elemento que avale la existencia de judería en Valdepeñas y por tanto ninguna sinagoga, lo que sí parece constatado es que en la época de los Reyes Católicos llegaron varias familias de cristianos nuevos (judíos conversos) atraídos por las favorables condiciones económicas que ofrecía el Campo de Calatrava y concretamente Valdepeñas.

A partir del siglo XVI, con la Corte ya instalada en Madrid (1561), el vino de Valdepeñas comienza a popularizarse en la capital, de tal forma que los impuestos especiales sobre su comercio permiten al rey Carlos III sufragar algunas de las obras importantes de su reinado, como la Puerta de Alcalá o la Puerta de Toledo. A partir del siglo XVII la viticultura de Valdepeñas dejó de ser de subsistencia para, poco a poco, pasar a ser una economía de mercado. Sin embargo, no fue hasta la mitad del siglo XVIII cuando la calidad del vino de Valdepeñas empezó a ser reconocida, y la apuesta decidida de sus vecinos por la industria vinícola en un periodo preindustrial dice mucho en favor de ellos que, al contrario de algunos de los pueblos limítrofes, decidieron plantar nuevas vides en terrenos de primera, hasta conseguir 3,6 millones de cepas en 1752[115]. En gran parte, el éxito comercial del producto fue debido al almacenista valdepeñero afincado en Madrid, Pedro Sánchez Trapero, a través de artículos publicados en el *Diario de Madrid* entre 1804 y 1815; y posteriormente a través de su propio periódico el *Nuevo Diario de Madrid*[116]. También es importante destacar en este éxito, la naturaleza edafológica del suelo de este municipio, donde estaban construidas sus famosas «cuevas», que permitían el trasiego y vinificación de la uva en unas condiciones óptimas, para que el vino aguantase muchos meses, sin perder sus cualidades, e incluso se añejara con excepcional calidad[117].

Pero es en la segunda mitad del siglo XIX y principios del XX cuando Valdepeñas y su industria vinatera adquieren su mayor desarrollo, debido fundamentalmente a dos hechos independientes entre sí, pero coincidentes en el tiempo. Por un lado, la inauguración en 1862 del tramo de ferrocarril Manzanares-Santa Cruz de Mudela de la línea Madrid-Cádiz, que posibilita la colocación de sus vinos en la capital a un precio razonable[118], así como la posterior continuación de la línea de ferrocarril hasta Cádiz que permite, a través de su puerto, que «el valdepeñas», se exporte a Filipinas, Cuba y Centroamérica.

Y, por otro lado, está la plaga de filoxera que en 1868 arrasa todos los viñedos franceses, dejando sin vino al primer consumidor mundial, por lo que tuvo que recurrir a los países vecinos para llenar sus bodegas. Tal coincidencia de hechos lleva a la ciudad a duplicar su población en solo cincuenta años, de tal forma que en 1920 su censo es de 25.509 habitantes, lo que significa que en ese momento es la ciudad más grande y de mayor actividad económica de la provincia y la tercera de la región (con diferencias muy escasas en número de habitantes con Toledo y Albacete), lo que se manifiesta tanto en la configuración urbana, con la proliferación de casinos y bellas residencias, como en el tejido industrial y comercial, en el que destacan la construcción de importantes bodegas, así como la creación de instituciones financieras locales como el Banco Manchego y la Banca Cruz, y la apertura de varias sucursales de instituciones financieras nacionales: Banco de España, Banco Español de Crédito y Banco Hispano Americano[119].

Reconocida ya la importancia vitivinícola de Valdepeñas, se crea la primera Estación Enológica y Campo de Experimentación, auspiciada por el Ministerio de Fomento; en 1925 se crea la Federación Regional de Viticultores, presidida por el marqués de Casa Treviño; en 1928 se crea el Círculo Mercantil Vitivinícola; en 1930 fija su sede también en Valdepeñas la Junta Regional Vitivinícola; y el 8 de septiembre de 1932 se establece el *Estatuto del Viñedo*, regulando el sector vitivinícola español y reconociendo la zona de producción de Valdepeñas, que daría lugar a la actual Denominación de Origen.

Precisamente en 2003 se emite un sello cuyo motivo es esta Denominación de Origen, una institución que defiende y protege los intereses vitivinícolas de su zona de producción, controlando la procedencia de las materias primas y vigilando su proceso de elaboración y posterior embotellado. En la serie se incluyen otros dos sellos que recuerdan las DO de los vinos de Montilla-Moriles y El Bierzo.

Es indudable que el primer motivo para recordar filatélicamente a Valdepeñas es el vino, y con él se ha cumplido en parte. Sin embargo, consideramos que hay una tradición artística que muy bien habría podido y debido tenerse en cuenta para honrar por el SFC esta población.

Núm. Fesofi: 4.166. **Motivo**: Vino de Valdepeñas. **Valor facial**: 0,76 euros. Multicolor. **Serie**: Vinos con denominación de origen, 3 valores. **Fecha de emisión**: 22 de septiembre de 2003. **Impresión**: Huecograbado. Papel estucado, engomado y fosforescente. **Imprenta**: FNMT. **Tamaño**: 28,8 x 40,9 mm. **Dentado**: 13 3/4. **Tirada**: 1.000.000.

Personajes como Gregorio Prieto, Francisco Nieva, Bernardo de Balbuena o Juan Alcaide merecen una referencia obligada, así como su Exposición Internacional de Artes Plásticas, que ha cumplido ya su octogésima quinta edición en 2024. Y un hecho histórico acaecido el 6 de junio de 1808: el alzamiento en armas de sus vecinos para impedir el paso de las tropas napoleónicas hacia Andalucía, que le valió a Valdepeñas el título de «Muy Heroica» concedido por el rey Fernando VII.

3.15. VILLANUEVA DE LOS INFANTES

Coinciden varios autores en definir el paisaje interior de Villanueva de los Infantes como de «tranquilidad, horizontalidad y equilibrio de las formas»[120]. Podemos asegurar, por los cinco años que hemos sido vecinos de esta villa, que esas son exactamente las sensaciones que transmite su aspecto urbano. Si prescindimos del vestuario de los transeúntes que circulan por sus calles, no de su aspecto y conversación, podríamos pensar que aún estamos en el Siglo de Oro. Un antiguo aparejador municipal, Vicente López Carricajo, se preocupó durante los años del boom inmobiliario, que coincidieron con los de su trabajo en el Ayuntamiento, de que todo lo que se construyera se atuviera a unas normas estrictas, para no desmerecer la belleza de su elegante «patrimonio monumental labrado»[121], construcciones realizadas en la típica arenisca roja del Campo de Montiel, que conforman así una ciudad que, después de Toledo, es la más blasonada de toda Castilla-La Mancha.

Los orígenes de Infantes, como vulgarmente se la conoce, se encuentran en la repoblación de La Mancha, que después de la batalla de Las Navas llevan a cabo las órdenes militares de Santiago y Calatrava. En el entorno del santuario de la Virgen de la Antigua confluían varios núcleos de población: La Moraleja, Jamila y el castillo de Peñaflor, que por razones de salubridad se agrupan en el primero de ellos, una aldea dependiente de la jurisdicción de Montiel. En 1421 el infante de Aragón y maestre de Santiago don Enrique la convierte en villa independiente, otorgándole el nombre de Villanueva del Infante, nombre que no es aceptado por sus hermanos, y en 1480 el maestre don Alonso de Cárdenas resuelve el conflicto cambiando el nombre por el de «Villanueva de los Infantes».

Desde que se hiciera cargo de ella la Orden de Santiago, la villa crece y sus calles se llenan de casonas, palacios y conventos. En 1573 Felipe II la proclama capital del Campo de Montiel, estableciendo en ella la Vicaria y la Gobernación[122]. Se jerarquiza su trazado: por un lado, la Plaza Mayor donde se ubica el poder religioso, político y judicial, con una iglesia parroquial, de San Andrés de estructura compleja, que tiene adosada la Casa Rectoral, dotada con una logia con vistas a la plaza, desde donde la autoridad eclesiástica puede asistir a los actos y celebraciones que se celebren en la misma; por otro lado, y próximas a esta plaza, se instala la nobleza, los hidalgos y los edificios representativos: los palacios de Melgarejo, de los Revuelta y de Ballesteros, el Cuartel de la Orden de Santiago, la Casa del Caballero del Verde Gabán, la Alhóndiga, la Casa del Arco, Casa de la Inquisición, etc. Durante el siglo XVI son numerosas las órdenes religiosas que se trasladan a la villa, y establecen conventos en su contorno: dominicos, trinitarios, monjas franciscanas y monjas dominicas. Y son numerosos también los personajes que transforman esta villa en un importante foco cultural y espiritual: santo Tomás de Villanueva, el humanista Bartolomé Jiménez Patón, el artista Francisco Cano y los literatos Francisco de Quevedo, Miguel de Cervantes y Lope de Vega, entre otros.

Durante la Guerra de la Independencia estuvo bajo dominio francés desde el 1 de enero de 1810; ocupación que no llegó a los dos años, pues el 25 de julio de 1812 la Junta de la provincia de La Mancha juró y proclamó en su Plaza Mayor la primera *Constitución Española*, por lo que Infantes es la cuna del constitucionalismo. A partir de mediados del siglo XIX comienza la decadencia de la población; en 1834 pierde la Gobernación, y la Vicaría en 1875. A pesar de concedérsele el título de ciudad en 1895 por la regente María Cristina, su situación geográfica, apartada del nuevo eje de comunicación de la capital con Andalucía, le impiden mantener su estatus anterior, aunque su representatividad como capital del Campo de Montiel le permite un cierto desahogo económico. Sin embargo, la despoblación de las zonas rurales que tuvo lugar a mediados del siglo XX, su cesión como centro comarcal a favor de Valdepeñas y el abandono de las labores agroganaderas la llevan a reducir su población a la mitad.

No obstante, la belleza de la población, que en 1974 es declarada Conjunto Histórico-Artístico, y las nuevas costumbres de turismo rural, hacen presuponer un nuevo resurgimiento, si no comparable al Siglo de Oro, al menos al de Plata.

Consideramos que el patrimonio de Villanueva de los Infantes tiene merecidas razones para haber sido filatelizado, pues tanto su Plaza Mayor, como cualquiera de sus iglesias o conventos, hubieran sido motivos muy adecuados para las series de «Arquitectura», o bien al conjunto urbano incluirlo en «Pueblos con encanto». Si el olvido del SFC es imperdonable, lo es más el de sus vecinos e instituciones que no han promovido tal circunstancia. Sin embargo, no podían olvidarse de uno de sus vecinos más ilustres: Francisco de Quevedo y Villegas.

El primer sello que aparece sobre este personaje se emite en 1945 con motivo del III Centenario de su muerte, que acaeció en Villanueva de los Infantes el 8 de septiembre de 1645. El grabado de José López Sánchez-Toda está tomado de uno de sus retratos más famosos que se exhibe en el Instituto Valencia de Don Juan de Madrid, realizado por Juan van der Hamen[123]. En estos años, una vez pasado los primeros de la posguerra, empiezan a reivindicarse en los sellos personajes de probada celebridad a lo largo de la historia: Nebrija, Goya, el padre Feijoo, Falla o Zuloaga. No faltan los literatos del siglo de Oro, a los que se dedica una serie en 1950: Calderón, Lope de Vega, Tirso de Molina y Ruiz de Alarcón.

NÚM. FESOFI: 0989. MOTIVO: Francisco de Quevedo. VALOR FACIAL: 40 céntimos. Castaño. SERIE: III Centenario de la muerte de Quevedo, 1 valor. FECHA DE EMISIÓN: 8 de septiembre de 1945. IMPRESIÓN: Calcografía. IMPRENTA: FNMT. GRABADOR: José López Sánchez-Toda. DENTADO: 10 de línea. TIRADA: 1.000.000.

No obstante, que se anticipe a ellos, e incluso que se incluya a Quevedo, a pesar de celebrarse su centenario, tuvo que presentar algunas controversias dentro del Régimen, pues la personalidad del escritor, o sus obras satíricas y amorosas[124], no coincidían en algunos aspectos con lo políticamente correcto en ese momento. Por otro lado, su antisemitismo[125], reflejado prácticamente en toda su obra, su concepto del honor y religiosidad[126], así como su crítica social en la que busca los motivos más profundos de la decadencia de España, coinciden en ciertos términos, con el renacer del Imperio, tan en boga en los años 50.

En la serie «Centenarios», emitida en 1981, se reúnen tres personajes muy dispares: san Benito, del que se celebraban los 1.500 años de su nacimiento; Gabriel Miro, su primer centenario de venida al mundo; y nuestro Francisco de Quevedo, para conmemorar el cuarto centenario de su nacimiento, ocurrido en Madrid el 14 de septiembre de 1580, fecha de la que no se tenía mucha certeza y que ha sido confirmada por una carta[127]escrita por el propio Quevedo el 31 de mayo de 1639 a su amigo Sancho de Sandoval, en la que hablaba sobre la razón de llamarse Francisco «por haber nacido el día de sus Llagas», en referencia a la aparición milagrosa de las llagas en San Francisco de Asís, ocurrida en la madrugada del 14 de septiembre de 1224.

Su bautismo se celebró unos días después, el 26, en la parroquia de San Ginés. Su infancia transcurrió en la Villa y Corte, rodeado de nobles y potentados, ya que sus padres desempeñaban altos cargos en Palacio. Su padre era secretario de la reina Ana de Austria, cuarta esposa de Felipe II, pasando después a escribano de Cámara de los reyes; y su madre, María de Santibáñez, era asistenta de Cámara de la reina. Parece ser que los primeros poemas de Quevedo bajo seudónimo (Miguel de Musa) imitaban o parodiaban los del cordobés Luis de Góngora, que detectó con rapidez al joven que minaba su reputación y ganaba fama a su costa, por lo que decidió atacarlo con una serie de poemas a los que Quevedo contestó con inmediatez. Ese fue el comienzo de una enemistad que no terminó hasta la muerte del cordobés. Enemistad que utilizan Gallego & Rey como motivo para dibujar una viñeta que se incluye en la emisión de sellos de 2002.

Núm. Fesofi: 2.417. Motivo: Francisco de Quevedo. Valor facial: 12 pesetas. Castaño y violeta. Serie: Centenarios, 3 valores. Fecha de emisión: 17 de junio de 1981. Impresión: Calcografía. Imprenta: FNMT. Tamaño: 28,8 x 40,9 mm. Dentado: 13 1/4. Tirada: 8.000.000.

En ese año se emite por tercera vez la serie «Correspondencia epistolar escolar», que tiene como objetivo fomentar la correspondencia entre los jóvenes estudiantes, dedicada una vez más a la Historia de España. Este minipliego hace un recorrido por los siglos XVI al XIX, recogiendo los acontecimientos y hechos más destacados de la época a través de ingeniosas y simpáticas ilustraciones diseñadas por estos humoristas gráficos. En uno de los doce valores que lo componen aparece representada la pugna literaria surgida entre el Conceptismo y el Culteranismo, escenificado en la lucha poética que mantienen Góngora y Quevedo en Valladolid. Corría el año de 1603 cuando don Luis de Góngora, ya cuarentón, se traslada a dicha ciudad en pos de la Corte, buscando mejor fortuna. También se encontraba allí, estudiando en la Universidad, el joven Francisco de Quevedo, que comenzó a escribir sus primeros poemas, imitando o parodiando los de Luis de Góngora. Este, ajeno a lo que le esperaba, escribió unos versos divertidos para entretener a los nobles, ridiculizando al río Esgueva, con el título: «¿Qué lleva el señor Esgueva? / Yo os diré lo que lleva?». Con estos versos comenzó el partido de insultos y burlas entre ambos escritores, que fielmente Gallego & Rey representan en el sello, tirando ambos contendientes de una soga donde se lee uno de los versos que Góngora le dirige a Quevedo[128] ridiculizando su cojera.

Núm. Fesofi: 4.032. **Motivo:** Sello hoja bloque. Quevedo y Góngora. **Valor facial:** 0,10 euros. Multicolor. **Serie:** Correspondencia epistolar escolar, 12 valores. **Fecha de emisión:** 27 de septiembre de 2002. **Impresión:** Huecograbado. **Imprenta:** FNMT. **Tamaño:** 40,9 x 28,8 mm. **Dentado:** 13 3/4. **Tirada:** 1.200.000.

En el año 2018 se vuelve a recurrir a la figura de Quevedo para otra emisión filatélica, se trata de una serie con motivo del XXV aniversario de la Muestra Internacional de las Artes del Humor.

Núm. Fesofi: 5.768. **Motivo:** Francisco de Quevedo. **Valor facial:** 3,30 euros. Multicolor. **Serie:** Humor gráfico 2018, 1 valor. **Fecha de emisión:** 27 de abril de 2018. **Impresión:** Offset. **Imprenta:** FNMT. **Tamaño:** 39,6 x 39,6 mm. **Dentado:** 12 1/2 x 12 1/2. **Tirada:** 160.000.

El 3 de diciembre de 1992 se inauguró la I Muestra de Humor Gráfico de la Universidad de Alcalá de Henares. Comenzó siendo una exposición de periodicidad incierta, y con el paso del tiempo se convirtió en el inicio del Programa de Humor Gráfico de la Fundación General de la Universidad de Alcalá. Actualmente está organizada por el Instituto Quevedo del Humor, y ha pasado a llamarse Muestra Internacional de las Artes del Humor. A su vez el Instituto Quevedo de las Artes del Humor (IQH), creado el 20 de diciembre de 2011, es un centro de estudio, difusión e investigación del humor en todas sus facetas, dependiente de la Fundación General de la Universidad de Alcalá (FGUA) que pretende dar un paso cualitativo, de ampliación, transformación y proyección de su programa de humor gráfico, hacia el ámbito académico y universitario.

El sello conmemorativo está incluido en una hoja bloque que recoge un fragmento de una obra de cada una de las ediciones celebradas hasta el momento. Es por ello una obra colectiva

NÚM. FESOFI: 6.026. MOTIVO: Lentes, perilla, cruz de Santiago y leyenda. VALOR FACIAL: 2 euros. Multicolor. SERIE: Personajes 2020. 440 años del nacimiento de Francisco de Quevedo, 1 valor. FECHA DE EMISIÓN: 14 de septiembre de 2020. IMPRESIÓN: Offset. Papel estucado, engomado y fosforescente. IMPRENTA: FNMT. TAMAÑO: 28,8 x 40,9 mm. DENTADO: 13 3/4 x 13 3/4. TIRADA: 144.000.

que rodea al sello, que a su vez recoge una fantástica caricatura de Francisco de Quevedo y Villegas realizada en marzo de 1997 de forma magistral por Ricardo Martínez[129] para la portada del número 0 de la *Revista de Información de Humor Gráfico Quevedos*, también editada por la FGUA.

Y para terminar, por ahora, en el año 2020 se emite el último sello del insigne literato con motivo del 440 aniversario de su nacimiento, en el cual se incluyen los rasgos más significativos de su persona además de su escritura. Sus extravagantes lentes, tan singulares e identificativas, que tomaron su nombre, siendo conocidas como «quevedos», su característica perilla y bigotes, así como la cruz de la Orden de Santiago.

El sello va enmarcado en un pliego premium protagonizado por el retrato del propio artista atribuido a Juan van der Hamen, retrato que se utilizó en el primer sello emitido en 1945, descrito más arriba,

3.16. VISO DEL MARQUÉS

El Viso del Puerto del Muradal, como se conocía este pueblo hasta el siglo XVI[130], está situado al sur de la provincia de Ciudad Real, junto a la comarca de Sierra Morena, en la encrucijada de caminos que daba sentido a su antiguo nombre: «Viso», como primera acepción del diccionario de la RAE «altura desde la que se divisa mucho terreno». Terreno que comprendía el Puerto del Muradal, por el que discurría el Camino Real que comunicaba Castilla con Andalucía y que se estuvo utilizando hasta la creación del nuevo Camino Real en 1767 por Carlos III que, descartando el Muradal, utilizaba el puerto de Despeñaperros, que aun continúa en servicio con la denominación de autovía A4.

Por restos de alguna construcción romana se especula que este lugar tuvo relevancia como lugar de paso entre Cástulo y Mairena, como también pudo existir una fortaleza árabe en la Dehesa de Fresnedas Bajas[131]. Pero la fundación de esta villa, según la respuesta que sus regidores dan a Felipe II y que constan en las *Relaciones Topográficas*, se debe al rey Alfonso VII, que en su lucha con los moros estableció en este lugar un destacamento militar con veinticuatro caballeros, y así lo hacen constar sus vecinos en el monumento de la explanada de la iglesia con una inscripción en su basamento que dice: «Alfonso VII fundó y murió en esta villa».

Por su estratégica situación y para conseguir mantenerlo poblado, los monarcas le conceden distintos privilegios, pasando ya en el siglo XIV a poder de la Orden de Calatrava que se encarga de su protección. La Orden disfruta de esta encomienda y de la dehesa de Mudela hasta 1539 cuando, gracias a una bula del papa Clemente VII (que autoriza la venta de bienes de órdenes militares, para conseguir recursos para la lucha contra el islam), Carlos I vende al almirante Álvaro de Bazán el Viejo, la villa del Viso y Santa Cruz, así como las dehesas de Mudela, Almuradiel y Venta de la Heruela[132], sobre las que ejercerá jurisdicción en concepto de señorío.

El establecimiento del señorío en el Viso marca una nueva etapa en el desarrollo de la población, puesto que la familia de don Álvaro decide escoger como residencia la casa encomienda que allí tenía la Orden, y posteriormente construirse sobre ella, ya en tiempos de su hijo don Álvaro de Bazán Guzmán, un palacio-castillo que desde entonces ha marcado el devenir del lugar y sus vecinos, por su singularidad y la belleza pictórica de su interior. Las trazas del palacio son muy parecidas al Alcázar de Toledo, por lo que se piensa pueda ser su autor Alonso de Covarrubias[133]: una planta rectangular con cuatro torres en las esquinas, que posiblemente fueran desmochadas a consecuencia de los desperfectos sufridos por el terremoto de Lisboa, como sucedió con la torre de la Iglesia, de la que sí consta su destrucción. Aunque el aspecto exterior intenta ser sobrio y genuinamente español en sus rasgos, los gustos italianos de don Álvaro, por su larga permanencia en Génova[134], acercaron la decoración del palacio a modelos italianos muy habituales en aquella época Ya la puerta principal da un atisbo de lo que podemos encontrar dentro; formada en un principio por un arco de medio punto y dos grandes columnas de orden dórico sobre pedestal, con remate cimero del escudo de los Bazán bajo un frontón, se le añade un amplio balcón con balaustrada, apoyado sobre la cornisa, muy al gusto genovés.

Para la construcción del edificio contrata a un discípulo de Miguel Ángel, Giovanni Battista Castelló, conocido como el Bergamasco, por haber nacido en la ciudad de Bérgamo, que modifica las trazas originales para darle al palacio un aire más moderno e italiano. Colaboran con Castelló, entre otros artistas: como maestro de obras Juan Bautista Olamasquin, y como pintores: Cesar Arbasia, Fabricio Castelló, Nicolás Granello y principalmente la familia Péroli (Juan Bautista, Francisco y Esteban). Entre todos ellos consiguen un maravilloso palacio de estilo renacentista en el corazón de La Mancha, con más de ocho mil metros cuadrados de pinturas al fresco, en las que se desarrolla un complejo programa iconográfico destinado a la exaltación de las empresas militares del marqués de Santa Cruz, todo ello:

Núm. Fesofi: 1.705. **Motivo**: Álvaro de Bazán. **Valor facial**: 25 céntimos. Negro y azul. **Serie**: Personajes españoles, 4 valores. **Fecha de emisión**: 26 de febrero de 1966. **Impresión**: Calcografía. **Imprenta**: FNMT. **Tamaño**: 24,9 x 40,9 mm. **Dentado**: 12 3/4. **Tirada**: 5.000.000.

> «enmarcado en el contexto de un conjunto de ideas filosóficas y religiosas que constituyen un sistema de pensamiento, …una continua incitación a la reflexión sobre la Historia y los valores morales»[135].

Estimamos que la magnificencia de este palacio justifica por sí solo una emisión filatélica. Sin embargo, no ha lugar para ello, pero si para que en dos ocasiones aparezca en los sellos el primer marqués de Santa Cruz.

Desde 1948 el palacio está cedido al Ministerio de Defensa por los actuales marqueses por el precio simbólico de una peseta anual, que se sigue entregando todos los años en un acto solemne. En el contrato de cesión se pacta que todos los gastos de mantenimiento y rehabilitación corren a cargo del Ministerio, que tiene instalado en los sótanos del palacio el Archivo de la Marina.

La primera aparición en la filatelia es en 1966, siguiendo la costumbre de esos años de mostrar a personajes ilustres españoles ya olvidados. Se trata de una emisión de cuatro sellos dedicados al papa gallego San Dámaso, a los cordobeses

Séneca y Benito Daza y por supuesto a don Álvaro de Bazán. No se especifica en el sello más datos, para saber qué miembro de la familia es. El catálogo FESOFI lo identifica como don Álvaro de Bazán Benavides, segundo marqués de Santa Cruz. Sin embargo, no es el miembro más destacado de la familia, su imagen no corresponde con la de este, pues está tomada de un cuadro de Rafael Tegeo Díaz[136] que se expone en el Museo Naval de Madrid en el que se retrata al primer marqués, y el catálogo Edifil da sus fechas de nacimiento y muerte que coinciden con las de este. Por tanto, estimamos que el sello conmemora la persona de don Álvaro de Bazán y Guzmán, I marqués de Santa Cruz y grande de España, que además ostentó, entre otros títulos, algunos muy ligados a nuestra tierra: II señor de las villas del Viso y Valdepeñas, y en reconocimiento a su brillante actuación en la batalla de Lepanto Felipe II le hizo merced de las encomiendas de Alhambra y La Solana con todos sus beneficios y rentas[137].

El segundo sello fue emitido en 1991 con motivo del nombramiento de Madrid como Capital Europea de la Cultura. La serie intentaba mostrar cuatro lugares emblemáticos de la ciudad según la visión del pintor Jesús Mari Lazkano[138]: La Fuente de Apolo del Paseo del Prado, proyectada por Ventura Rodríguez y cincelada por Álvarez de la Peña y Alfonso Vargas; el claustro barroco del Instituto de San Isidro, trazado por Melchor Bueras, que vio pasar de estudiantes bajo sus arcos a Lope, Tirso y Calderón; el edificio del Banco de España, proyectado en 1884 por los arquitectos Eduardo Adaro y Severiano Sainz de la Lastra; y la escultura que nos ocupa, de don Álvaro de Bazán, situada en la Plaza de la Villa de la capital. Desde luego no son los lugares más emblemáticos de Madrid, ni las pinturas presentan la belleza de los monumentos elegidos.

Núm. Fesofi: 3.153. Motivo: Álvaro de Bazán. Valor facial: 25+5 pesetas. Multicolor. Serie: Madrid Capital Europea de la Cultura, 4 valores. Fecha de emisión: 29 de julio de 1991. Impresión: Huecograbado. Imprenta: FNMT. Tamaño: 40,9 x 28,8 mm. Dentado: 13 3/4 x 14. Tirada: 3.000.000.

La idea de erigir este monumento a don Álvaro de Bazán surgió en 1888, tercer centenario de su muerte, con el apoyo de la reina regente María Cristina, para lo cual se abrió una suscripción popular, ofreciéndose un concierto en el Teatro de la Zarzuela para recaudar fondos. La estatua se encargó a Mariano Benlliure, que realizó el trabajo antes de cumplir los 26 años, inspirándose en la que Leoni hizo a Carlos V, expuesta en el Museo del Prado. Está realizada en bronce y representa a un don Álvaro vestido con media armadura que, con gesto enérgico, apoya la mano izquierda en la empuñadura de su espada, mientras que en la derecha lleva una bengala de general. A los pies de la figura, un yelmo y una bandera recuerdan, según los historiadores, sus victorias contra los turcos. A la inauguración en diciembre de 1891 acudió la reina regente, Cánovas del Castillo y otros miembros del Gobierno. En la parte posterior del pedestal que lo soporta se pueden leer unos versos laudatorios que le dedicó Lope de Vega:

«El fiero turco en Lepanto
en la tercera el francés
en todo el mar el inglés
tuvieron de verme espanto.
Rey servido y patria honrada
dirán mejor quién he sido
por la cruz de mi apellido
y con la cruz de mi espada.
Mdcccxci».

4
EL QUIUJOTE COMO MOTIVO POSTAL

Página anterior: Dibujo que figura en el margen derecho de la viñeta de una hoja bloque emitida en 1998, dentro de la serie filatélica "Correspondencia epistolar escolar", que tiene como objetivo fomentar el uso de la correspondencia escrita entre los más jóvenes, como una importante vía de comunicación. Esta emisión es fruto del acuerdo firmado entre el Ministerio de Educación y Cultura y Correos y Telégrafos y se enmarca dentro del programa educativo que pretende incorporar la escritura de cartas entre las diferentes materias que se enseñan en las escuelas. El autor de los diseños de la hoja bloque fue Antonio Mingote, quien a través de una particular perspectiva cuenta las aventuras y desventuras del ingenioso hidalgo y de su fiel escudero Sancho Panza. Los bocetos originales fueron realizados en acuarela y pasaron a ser propiedad del Museo Postal y Telegráfico de Madrid. La aportación hecha por Antonio Mingote a la difusión de la cultura y al uso de la correspondencia epistolar escolar le valió el nombramiento de Cartero Honorario de España.

> «La libertad es uno de los más preciosos dones
> que a los hombres dieron los cielos;
> con ella no pueden igualarse los tesoros
> que encierran la tierra y el mar:
> por la libertad, así como por la honra,
> se puede y debe aventurar la vida».
> MIGUEL DE CERVANTES, *Don Quijote*, capítulo LVIII

4.1. *EL INGENIOSO HIDALGO DON QUIJOTE DE LA MANCHA*

Don Quijote, además de un manchego universal es la definición de un carácter, aspecto y forma de ser, que según la Real Academia de la Lengua tiene dos acepciones:

«1.- Hombre que antepone sus ideales a su conveniencia y obra desinteresada y comprometidamente en defensa de causas que considera justas, sin conseguirlo.
2.- Hombre alto, flaco y grave, cuyo aspecto y carácter hacen recordar al héroe cervantino».

La novela de *El Ingenioso Hidalgo Don Quijote de la Mancha* tuvo un éxito inmediato, prueba de ello es la aparición de dos ediciones falsas en Lisboa, pocas semanas después de su publicación. Y tan solo siete años pasaron hasta su primera traducción al inglés por Thomas Shelton bajo el título *The History of theValorous and WittieKnight-Errant Don Quixote of the Mancha*. Le han seguido numerosas traducciones, habiéndolo convertido, junto con la *Biblia*, en el libro traducido a más idiomas en el mundo.

En el año 2002 fue elegido el mejor libro de ficción de la Historia, en una selección organizada por la Fundación Nobel y el Club del Libro de Noruega entre cien escritores de 54 países. Ha inspirado la realización de obras literarias, películas de cine, composiciones musicales, obras de teatro, ballet, pintura, sellos, cómics... en todo el mundo. Y la fecha de la muerte de su autor, el 23 de abril, que coincide con la de William Shakespeare[1], fue declarado en España desde 1929, Día del Libro.

Este personaje ficticio, que defiende la libertad como «uno de los más preciosos dones que a los hombres dieron los cielos»; es el mayor patrimonio que tiene La Mancha, y su universalidad ha hecho que estas tierras se conozcan en todo el mundo. Rindámosle homenaje a él y a su autor a través de los sellos.

4.2. 1905. III CENTENARIO DE LA PUBLICACIÓN DE LA PRIMERA PARTE DE *EL QUIJOTE*

Hasta el año 1905 el motivo tipográfico de los sellos españoles se reducía a la representación del monarca reinante, una alegoría del Estado o simplemente el número de su valor facial. Es precisamente en esta fecha cuando se emiten los primeros sellos conmemorativos en la filatelia española para recordar el III Centenario de la publicación de la primera parte de *El Quijote*.

Aunque la edición príncipe de *El Quijote* se imprimió en 1604 en la Casa de Juan de la Cuesta, que tenía su imprenta en el número 87 de la calle Atocha de Madrid y se terminó de imprimir en diciembre, se piensa que no se puso a la venta en Madrid hasta mayo de 1605. Fue el periodista Mariano de Cavia el que propuso[2] conmemorar el III Centenario de la aparición de la primera parte precisamente en 1905. Y es el 2 de enero de 1904 cuando, mediante Real Decreto, se nombra una Junta Organizadora de las fiestas del III Centenario, haciéndose eco de esta efeméride la totalidad de los periódicos españoles, donde aparecen numerosas referencias al evento. Entre ellas las de Ramiro de Maeztu: «Ante las fiestas del Quijote»[3] o del propio Azorín, que publicó quince crónicas bajo el título de *La ruta de Don Quijote*[4]. Incluso las cámaras se involucraron para recordar esta obra cumbre, destacando por su singularidad una procesión cívica que acabó en la Plaza de las Cortes, dónde se coronó la estatua de Cervantes que allí existía, obra de Antonio Solá, y a la que asistieron un buen número de diputados.

De igual forma fueron numerosas las conferencias que se impartieron con este motivo. En el paraninfo de la entonces Universidad Central de Madrid, hoy Complutense, Marcelino Menéndez y Pelayo pronunció un discurso sobre «Cultura literaria de Miguel de Cervantes y elaboración de *El Quijote*», y en el Colegio de Médicos, Santiago Ramón y Cajal hablaba sobre «Psicología de don Quijote», y se realizaba una nueva edición de la novela, conocida como *El Quijote del centenario*; un *Quijote* en imágenes, recogido en ocho volúmenes e ilustrado por el pintor José Jiménez Aranda, que no pudo ver terminada su obra, sorprendido por la muerte, y que concluirían otros pintores, entre ellos Joaquín Sorolla.

Con motivo de este centenario se encarga a la Real Fábrica de Moneda y Timbre la emisión de una serie conmemorativa de sellos con el título de «III Centenario de la publicación de *El Quijote*».

El motivo de estos sellos son distintas escenas de la novela en la parte central, motivos por otro lado clásicos, enmarcados entre una imagen del escritor sobre un libro y una espada a la izquierda, una alegoría alada a la derecha y el escudo nacional vigente en la parte superior, con las fechas del centenario, todo ello con ramas de laurel alusivas al éxito de la novela.

La impresión tipográfica fue realizada por el grabador Bartolomé Maura Montaner, hermano del célebre político Antonio Maura y uno de los mejores artistas de la época en esta materia a nivel internacional, que por aquel entonces ostentaba el título de director artístico de la Fábrica Nacional de Moneda y Timbre y grabador jefe del Banco de España. La familia de su madre, los Montaner, eran una saga de grabadores y pintores que seguramente influyeron para que

NÚM. FESOFI: 0257 a 266. **MOTIVO**: Efigie de Cervantes y escenas de *El Quijote*. **VALOR FACIAL**: 5 céntimos. Verde (257), 10 céntimos. Rojo (258), 15 céntimos. Violeta (259), 25 céntimos. Azul (260), 30 céntimos. Verde azulado (261), 40 céntimos. Rosa (262), 50 céntimos. Azul grisáceo (263), 1 peseta. Carmín (264), 4 pesetas. Violeta (265), 10 pesetas. Naranja (266). **SERIE**: III Centenario de la publicación de *El Quijote*, 10 valores. **FECHA DE EMISIÓN**: 1 de mayo de 1905. **IMPRESIÓN**: Tipografía. **GRABADOR**: Bartolomé. Maura. **IMPRENTA**: FNMT. **TAMAÑO**: 42 x 26 mm. **DENTADO**: 14 de línea. **TIRADA**: 20.000.

Bartolomé ingresara en la Escuela de Bellas Artes de Palma de Mallorca y más tarde, en 1868, en la Escuela Especial de Pintura, Escultura y Grabado de la Real Academia de Bellas Artes de San Fernando de Madrid, donde tuvo como maestros a Federico Madrazo y Carlos Luis de Ribera. En 1873 consiguió una medalla con el grabado *Las hilanderas* de Velázquez, en la Exposición Nacional de Viena, y en 1876 consigue otra con el grabado que reproducía el cuadro de *Las Lanzas* de Velázquez y la medalla de arte en la Exposición Universal de Filadelfia. Se especializó en grabados al aguafuerte de diversas obras de Velázquez, Murillo, José de Ribera, Goya y otros pintores españoles.

4.3. 1938. VII ANIVERSARIO DE LA REPÚBLICA

Tras las elecciones municipales del 12 de abril de 1931 el rey Alfonso XIII abandona España, proclamándose dos días después la II República Española, que duraría hasta finalizar en 1939 la Guerra Civil, tras el levantamiento militar de 1936. Durante este periodo republicano, e incluso durante la Guerra Civil que le siguió, son numerosos los sellos que se habilitan o se sobrecargan, entre ellos la serie conmemorativa del centenario de *El Quijote*. En primer lugar, para conmemorar el VII aniversario de la República se sobrecarga con dos valores uno de los sellos, el de 15 céntimos.

Núm. Fesofi: 755. Motivo: Escena de *El Quijote* sobre-cargado. Valor facial: 45 céntimos. sobre 10 céntimos. Violeta con sobrecargo negro. Serie: VII aniversario de la República, 2 valores. Fecha de emisión: 13 de abril de 1938. Impresión: Tipografía. Grabador: Bartolomé Maura. Imprenta: FNMT. Tamaño: 42 x 26 mm. Dentado: 14 de línea. Tirada: 125.800.

La primera sobrecarga es de 45 céntimos sobre el sello de 15, para el franqueo del correo ordinario, realizándose otra sobrecarga de 2,50 pesetas sobre el sello de 10 céntimos, para su utilización en el correo aéreo.

Núm. Fesofi: 756. Motivo: Escena de *El Quijote* sobrecargado. Valor facial: 2,50 pesetas sobre 10 céntimos.
Rojo con sobrecargo negro. Serie: VII aniversario de
la Repúlica, 2 valores. Fecha de emisión: 13 de abril de
1938. Impresión: Tipografía. Grabador: Bartolomé Maura.
Imprenta: FNMT. Tamaño: 42 x 26 mm. Dentado: 14 de
línea. Tirada: 25.000.

4.4. 1938. FIESTA DEL TRABAJO

El Congreso Obrero Socialista de la Segunda Internacional, celebrado en
París en 1889, estableció una jornada de lucha reivindicativa en homenaje a los
sindicalistas anarquistas que fueron ejecutados en Estados Unidos por su participación en las jornadas de lucha por la consecución de la jornada laboral de ocho
horas, que tuvieron su origen en la huelga iniciada el 1 de mayo de 1886 y su
punto álgido tres días más tarde, el 4 de mayo, en la Revuelta de Haymarket.

Núm. Fesofi: 761. Motivo: Escena de *El Quijote* sobrecargado. Valor facial: 45 céntimos.
sobre 15 céntimos. Violeta con sobrecargo
en negro. Serie: Fiesta del Trabajo, 2 valores.
Fecha de emisión: 1 de mayo de 1938. Impresión: Tipografía. Grabador: Bartolomé Maura.
Imprenta: FNMT. Tamaño: 42 x 26 mm. Dentado:
14 de línea. Tirada: 100.000.

Núm. Fesofi: 762. Motivo: Escena de *El
Quijote* sobrecargado. Valor facial: 1
peseta sobre 15 céntimos. Violeta con
sobrecargo en negro. Serie: Fiesta del
Trabajo, 2 valores. Fecha de emisión: 1
de mayo de 1938. Impresión: Tipografía.
Grabador: Bartolomé Maura. Imprenta:
FNMT. Tamaño: 42 x 26 mm. Dentado: 14
de línea. Tirada: 100.000.

En el mismo año de 1938, en mayo, se vuelve a utilizar esta serie de «El Quijote» para conmemorar la Fiesta del Trabajo, escogiéndose también el valor de 15 céntimos, que se sobrecarga con dos valores, uno de 45 céntimos y otro de una peseta.

4.5. 1938. BATALLA DE TERUEL

La batalla de Teruel de la Guerra Civil fue otro de los motivos que quisieron conmemorar sobrecargando un sello de esta serie quijotesca. Otra vez el mismo sello de 15 céntimos que habían utilizado anteriormente. Esta batalla se inició el 15 de diciembre de 1937 cuando el ejército republicano comenzó la ofensiva contra la ciudad de Teruel ocupada por las tropas franquistas, que terminaron rindiéndose a principios de enero de 1938. Fechas que figuran impresas en el sobrecargo del sello. No obstante, el ejército nacional contraatacó, y en febrero infligieron una dura derrota en la zona de Alfambra al ejército popular, volviendo la ciudad turolense a pasar a manos de Franco el 22 de febrero. Motivo éste, que decidió al gobierno republicano a no poner en circulación dicho sello, por lo que no está catalogado. Y razón también por la que esta estampilla alcanza un elevado precio en el mercado filatélico.

Núm. Fesofi: -. Motivo: Escena de *El Quijote* sobrecargado. Valor facial: 30 céntimos. más 15 céntimos. Violeta con sobrecargo en negro. Serie: Batalla de Teruel, 1 valor. Fecha de emisión: 8 de mayo de 1938. Impresión: Tipografía. Grabador: Bartolomé Maura. Imprenta: FNMT. Tamaño: 42 x 26 mm. Dentado: 14 de línea. Tirada: -.

4.6. 1916. III CENTENARIO DE LA MUERTE DE CERVANTES

Al igual que en el centenario de la publicación de la primera parte de *El Quijote* se habían movilizado las cámaras legislativas, incluso procesionando hasta el monumento a Cervantes situado en la misma plaza de las

Cortes, involucrándose también con numerosos actos y proposiciones, como demuestran diversos expedientes conservados en el Archivo del Congreso de los Diputados, ya que eran muy numerosos los diputados que echan mano de sus personajes y sus obras para adornar sus réplicas en el hemiciclo, manteniendo viva la memoria del autor y, sobre todo, la contemporaneidad de su legado literario.

Uno de esos expedientes relacionados con la conmemoración cervantina lo presentó el diputado Manuel Bueno Bengoechea el 10 de noviembre de 1915 exponiendo que:

> «…deseando contribuir, mediante una iniciativa particular, al homenaje de nuestro inmortal Cervantes propone concurrir a tal propósito con la emisión de un sello alegórico de la efeméride y que sea de expedición gratuita en la Estafeta del Congreso de los Diputados durante los festejos cervantinos»[5].

Tal propuesta es acogida favorablemente por la Presidencia de la Cámara y después de las preceptivas autorizaciones de la Dirección General de Correos y el Ministerio de la Gobernación se encarga su grabado e impresión a la empresa inglesa Bradbuny Wilkndon & Company Ltd., que, debido a la calidad de sus elaborados como a su fiabilidad anti-falsificación, estuvo fabricando los billetes españoles hasta 1938. Calidad que se puede contrastar comparando las reproducciones de la serie de 1905 con esta que nos ocupa. Durante todo ese año, en virtud de la solicitud impulsada por el

Núm. Fesofi: 281 y 285. **Motivo**: Biblioteca Nacional. **Valor facial**: Sin valor, 281 en verde y negro y 285 en carmín y negro. **Serie**: III Centenario de la muerte de Cervantes, 8 valores. **Fecha de emisión**: 22 de abril de 1916. **Impresión**: Calcografía. **Imprenta**: Bradbuny Wilkndon & Co., de Londres. **Tamaño**: 44 x 33 mm. **Dentado**: 12 de línea. **Tirada**: 450.000.

diputado Bueno, la estafeta del Congreso colocó estos sellos para el franqueo de las cartas que desde allí se expedían.

Se emitieron una serie de ocho sellos para el servicio oficial, considerándose así aquellos cuyo uso postal era exclusivo del Gobierno y de sus diferentes departamentos y ministerios, extendiéndose esta franquicia en algunos casos a instituciones como bibliotecas públicas y fuerzas armadas. En este caso era para uso del Parlamento, de ahí que en todos ellos figurara el lema «El Parlamento español a Cervantes»[6]. Dado que su expedición era gratuita y solo utilizable por la estafeta de las Cortes, se omite en su estampación el valor facial.

Dos de esos sellos reproducen la fachada de la Biblioteca Nacional, tomada de una foto de Wordpress realizada en 1892. Este edificio, que alberga además el Museo Arqueologico Nacional, fue proyectado por el arquitecto Francisco Jareño en estilo neoclásico, y finalizado, con algunas modificaciones, por Antonio Ruiz de Salces en 1892, siendo inaugurado cuatro años más tarde. Destaca la fachada adornada con once medallones y seis esculturas, que representan a los grandes autores de la literatura española, entre ellos Cervantes obra del escultor Segundo Vancells, y el bello frontón, esculpido en mármol por Agustín Querol, que simbólicamente, dicen, nos transmite la sabiduría si nos decidimos a subir por la escalinata y entrar en la Biblioteca.

Otros dos sellos reproducen la fachada del Palacio de las Cortes, edificio ejecutado por el arquitecto Narciso Pascual Colomer entre 1843 y 1850. La fachada principal, una de las obras maestras del Neoclasicismo en España, tiene un gran pórtico de seis columnas de estilo corintio que soportan un frontón triangular, decorado por un bajorrelieve representando a España con la Constitución, obra maestra del escultor Ponciano Ponzano, autor tambien de los dos leones de bronce que flanquean la gran escalinata de acceso.

Fotografía de la fachada principal de la Biblioteca Nacional tomada en 1892, y guardada en los archivos de dicha Biblioteca.

Núm. Fesofi: 282 y 286. Motivo: Palacio de las Cortes. Valor facial: Sin valor, 282 en violeta y negro y 286 en verde y negro. Serie: III Centenario de la muerte de Cervantes, 8 valores. Fecha de emisión: 22 de abril de 1916. Impresión: Calcografía. Imprenta: Bradbuny Wilkndon & Co., de Londres. Tamaño: 44 x 33 mm. Dentado: 12 de línea. Tirada: 450.000.

La tercera pareja de sellos reproduce la estatua de Cervantes esculpida por Antonio Solá, ganador del concurso que convocó el rey José Bonaparte en 1810 para honrar la memoria del insigne escritor. Cervantes está representado de pie, sobre un pedestal que es obra de Isidro Velázquez, donde además de la placa con datos del escritor que está en el frente, hay dos bajorrelieves esculpidos por José Piquer en los laterales, en los que pueden verse los temas de don Quijote y Sancho Panza guiados por la locura, y la aventura de los leones. Su primer emplazamiento fue la plazuela del Conde de Barajas, desde donde se trasladó al actual de la Plaza de las Cortes.

Núm. Fesofi: 283 y 287. Motivo: Monumento a Cervantes. Valor facial: Sin valor, 283 en carmín y negro y 287 en castaño y negro. Serie: III Centenario de la muerte de Cervantes, 8 valores. Fecha de emisión: 22 de abril de 1916. Impresión: Calcografía. Imprenta: Bradbuny Wilkndon & Co., de Londres. Tamaño: 33 x 44 mm. Dentado: 12 de línea. Tirada: 450.000.

NÚM. FESOFI: 284 y 288. MOTIVO: Supuesto retrato de Cervantes. VALOR FACIAL: Sin valor, 284 en violeta y negro y 288 en castaño y negro. SERIE: III Centenario de la muerte de Cervantes, 8 valores. FECHA DE EMISIÓN: 22 de abril de 1916. IMPRESIÓN: Calcografía. IMPRENTA: Bradbuny Wilkndon & Co., de Londres. TAMAÑO: 30 x 36 mm. DENTADO: 12 de línea. TIRADA: 450.000.

Los dos últimos sellos reproducen el famoso retrato de Cervantes atribuido erroneamente a Juan de Jáuregui, que preside desde 1911 el Salón de Actos de la Real Academia Española. Es una pintura al oleo sobre tabla, que ha desatado numerosas polémicas sobre su autoría, hasta que el historiador del Arte Enrique Lafuente Ferrari en su libro *Novela ejemplar de los retratos de Cervantes*, publicado en 1948, probó que la pintura no era de Jáuregui[7].

4.7. 1936. XL ANIVERSARIO DE LA ASOCIACIÓN DE LA PRENSA DE MADRID

La Asociación de la Prensa la fundaron 173 periodistas el 31 de mayo de 1895 en el salón de actos de la Real Sociedad Económica Matritense de Amigos del País; en aquel momento los más destacados entre ellos eran los directores de todos los periodicos que se publicaban. Aunque tenía un fin asistencial para sus asociados: servicio médico, asistencia legal, ayuda en el nacimiento de los hijos y en el fallecimiento, Montepío de Periodistas para jubilaciones, viudedad, orfandad y ayuda a la vivienda, ha representado durante todo el siglo XX un importante grupo de presión.

El Gobierno de la República, reconociendo precisamente la importancia de esta institución y su fuerza, le dedicó en su XL aniversario dos series de sellos en el año 1936, los únicos que se han emitido en toda la historia filatélica española para conmemorar esta efeméride, una en febrero y otra en marzo. Es precisamente en esta última donde se incluye un motivo quijotesco en tres de ellos.

Núm. Fesofi: 723, 724 y 725. Motivo: Clavileño. Valor facial: 2 pesetas el 723, azul ultramar; 4 pesetas el 724, lila acarminado; y 10 pesetas el 725, castaño rojizo. Serie: XL Aniversario de la Asociación de la Prensa, 15 valores. Fecha de emisión: 11 de marzo de 1936. Impresión: Huecograbado. Grabador: Mariano Bertuchi. Imprenta: Waterlow and Sons Ltd., Londres. Tamaño: 48 x 37 mm. Dentado: 12 3/4 de línea. Tirada: 54.000.

Sobre una nube en el cielo de Madrid, de la que emerge la parte superior del edificio conocido como Palacio de la Prensa, en la plaza del Callao, donde estuvo muchos años la sede de la institución, galopa un caballo de madera que lleva sobre sus lomos a don Quijote y Sancho. El grabador fue el granadino Mariano Bertuchi, un artista extraordinariamente prolífico, como testifican miles de bocetos y dibujos, cientos de óleos, acuarelas, grabados, aguatintas, fotografías y plumillas, la mayor parte de ellos sobre la zona española de Marruecos, en donde residió mucho tiempo y de la que fue un gran impulsor.

El pasaje al que se refiere Bertuchi en su ilustración corresponde al capítulo XLI de la segunda parte de *El Quijote*, en la que caballero y esucudero son sometidos a una burla en la corte de los duques, donde les cuentan que el gigante Malambruno ha encantado a la condesa Trifaldi y a sus dueñas, haciéndoles crecer largas barbas. Para deshacer el encantamiento los hacen subir con los ojos vendados a un caballo de madera al que llaman «Clavileño», que les llevará en volandas hasta el malvado gigante que deshará el encantamiento. El dibujante se atiene a la descripción de Cervantes, en cuanto al caballo de madera, y la clavija del cuello, que le hace subir y bajar; sin embargo, no tiene en cuenta la forma de montar de Sancho que según el escritor lo hace a «mujeriegas»[8] por la dureza del asiento, «…porque las ancas de aquel caballo más parecían de mármol que de leño».

La empresa que imprimió estos sellos fue otra conocida firma inglesa experta grabadora de papel moneda, sellos y bonos, con sede en Londres, Waterlow and Sons Limited, una empresa familiar que comenzó a imprimir en 1810 y ha estado haciendolo hasta 1961, cuando fue adquirida por De La Rue.

4.8. 1947. IV CENTENARIO DEL NACIMIENTO DE CERVANTES

A pesar de que son muchos los pueblos que se atribuyen ser la cuna de Miguel de Cervantes, la mayoría de eruditos en el tema coinciden en designar Alcalá de Henares como su lugar de nacimiento, debido fundamentalmente a la partida de bautismo del archivo de la parroquia de Santa María la Mayor en la que consta el bautismo, el día 9 de octubre de 1547, de un niño al que se le puso el nombre de Miguel, hijo de Rodrigo Cervantes y su esposa doña Leonor. No consta en ningún sitio la fecha de su nacimiento pero, dado que en los ascendientes de la familia no hay nadie con el nombre de Miguel, se estima que nació el 29 de septiembre, día del arcángel san Miguel, y según la costumbre le pusieron ese nombre. No obstante, ante la incertidumbre de la fecha de su nacimiento se utiliza la de su bautismo para celebrar la efemeride. De ahí que esta emisión conmemorativa lleve la fecha de 9 de octubre.

Núm. Fesofi: 1.012. **Motivo:** Don Quijote. **Valor facial:** 50 céntimos. Castaño negruzco. **Serie:** IV Centenario del nacimiento de Cervantes, 3 valores. **Fecha de emisión:** 9 de octubre de 1947. **Impresión:** Calcografía. **Grabador:** Germán Martín Orbe. **Imprenta:** FNMT. **Tamaño:** 25 x 29 mm. **Dentado:** 9 1/2 horizontal por 10 1/4 vertical de peine. **Tirada:** 150.000.

El primer sello de 50 céntimos está basado en una de las pinturas del artista Daniel Urrabieta que había realizado para una edición de *El Quijote*, publicada por Salvat en 1916, para lo cual había viajado por La Mancha en 1893, visitando Argamasilla de Alba, Alcázar de San Juan y Campo de Criptana, inspirandose en su habitantes y costumbres. El grabador de esta ilustración fue Germán Martín Orbe, un maestro que tenía su taller en la calle San Onofre 5 de Madrid, donde realizaba numerosos trabajos par la FNMT.

El segundo sello, grabado por Carlos Velamazán, maestro de la Casa de la Moneda, está basado en un retrato al carbón que realiza Ignacio Zuloaga alrededor de 1900, en el que aparece don Quijote con la bacía del barbero en la cabeza y un gesto serio y adusto, propio de los personajes de este insigne pintor.

NÚM. FESOFI: 1.013. MOTIVO: Don Quijote. VALOR FACIAL: 75 céntimos. Azul oscuro. SERIE: IV Centenario del nacimiento de Cervantes, 3 valores. FECHA DE EMISIÓN: 9 de octubre de 1947. IMPRESIÓN: Calcografía. GRABADOR: Carlos Velamazán. IMPRENTA: FNMT. TAMAÑO: 25 x 29 mm. DENTADO: 9 1/2 horizontal por 10 1/4 vertical de peine. TIRADA: 150.000.

El tercer y último sello es una ilustración de Gustavo Doré, grabado por José López Sánchez-Toda, maestro tambien de la FNMT, en la que se representa a don Quijote y Sancho en el caballo de madera Clavileño, en el episodio del capítulo XLI de la segunda parte que antes hemos aludido, y que, al igual que en la representación anterior, el ilustrador hace caso omiso en la forma de cabalgar de Sancho.

Núm. Fesofi: 1.014. Motivo: Clavileño. Valor facial: 5,50 pesetas. Violeta. Serie: IV Centenario del nacimiento de Cervantes, 3 valores. Fecha de emisión: 9 de octubre de 1947. Impresión: Calcografía. Grabador: José López Sánchez-Toda. Imprenta: FNMT. Tamaño: 33 x 27 mm. Dentado: 10 de línea. Tirada: 150.000.

4.9. 1961. CAPITALIDAD DE MADRID

Curiosamente, para celebrar el IV centenario de la Ccapitalidad de Madrid se recurre tambien a la figura de don Quijote. En 1961 para conmemorar esta efeméride se emiten cinco sellos, de lugares significativos de la misma, además de uno dedicado a Felipe II, rey a quien debe la capitalidad. Cuatro de ellos: la Puerta de Alcalá, el edificio del Ayuntamiento, la Cibeles o el Parque del Retiro son, sin duda, lugares emblemáticos de Madrid, incluso la Plaza de España, con dos edificios que fueron representativos de los rascacielos madrileños en los años 70: el edificio España y la Torre de Madrid. Pero lo que el sello número 1.393 muestra no es la plaza, sino las estatuas del caballero y su escudero, con un Cervantes sedente que los observa desde lo alto.

Son muchos los motivos que los historiadores aducen para justificar la decisión de Felipe II de trasladar la capital a Madrid; nos decantamos por la razones que esgrimía Isabel de Valois, su tercera esposa, que sentía un gran aprecio por esta ciudad y su salubridad, quejándose con frecuencia del triste ambiente toledano y su clima extremo. Indudablemente, la calidad del agua, su clima benigno y el estar rodeada de abundantes bosques, influiran positivamente en la elección de la nueva capital por el monarca.

El monumento que ensalza el sello es quizás uno de los más impresionantes que se han levantado al escritor y su famosa novela. Con motivo de la conmemoracion del tercer centenario de su muerte en 1916 se convocó un concurso nacional para realizar un monumento conmemorativo en la recién construida Plaza de España, en el que, al mismo tiempo de homenajearlo, se revindicara la lengua española, motivo este por lo que sería sufragado por suscripción popular entre todos los paises de habla hispana. El proyecto ganador fue el presentado por el arquitecto Rafael Martínez Zapatero y el escultor Lorenzo Coullaut Valera. Su construcción se dilató en el tiempo, relizandose una primera inauguración el 13 de octubre de 1929, con una reforma del proyecto inicial propuesta por Pedro Muguruza, que suprimía ornamentaciones: balaustrada y una Victoria Alada que coronaba el monumento, en su versión inicial. Se finalizó ya en la decada de los 60, interviniendo el hijo del escultor ganador del concurso, Federico Coullaut-Valera, que completó el monumento añadiendo las figuras de Dulcinea y Aldonza Lorenzo, así como los grupos de *Rinconete y Cortadillo* y de *La gitanilla*.

Núm. Fesofi: 1.393. Motivo: Plaza de España. Valor facial: 5 pesetas. Castaño y azul. Serie: IV Centenario de la capitalidad de Madrid, 6 valores. Fecha de emisión: 13 de noviembre de 1961. Impresión: Calcografía y huecograbado. Grabador: José López Sánchez-Toda. Imprenta: FNMT. Tamaño: 28,8 x 33,2 mm. Dentado: 13. Tirada: 3.500.000.

El sello reproduce las figuras principales de esta arquitectura: la del propio Miguel de Cervantes, sentado en una butaca, adosada al obelisco principal, que sostiene en su mano derecha un ejemplar de *El Quijote*, y las estatuas en bronce de don Quijote y Sancho Panza, que cabalgan respectivamente sobre Rocinante y el rucio.

4.10. 1966. IV CONGRESO MUNDIAL DE PSIQUIATRÍA

Desconocemos de quién fue la idea de celebrar la efeméride de este Congreso de Psiquiatria con un sello alusivo a Cervantes y a *El Quijote*, pero acertó totalmente. Como decía el profesor Castilla del Pino, no hay un loco más querido en toda la literatura univesal que don Alonso Quijano, ni un personaje sobre el que tantos eminientes siquiatras hayan escrito, analizando su enfermedad y olvidandose que el personaje es de ficción y por tanto cualquier diagnóstico es pura especulación imaginativa. No obstante, su autor sí que acreditó méritos más que suficientes para ser respetado como doctor en Psiquiatría[9] al definir perfectamente la personalidad psicótica de su personaje.

Núm. Fesofi: 1.746. Motivo: Don Quijote. Valor facial: 1,50 pesetas. Multicolor. Serie: IV Congreso Mundial de Psiquiatría, 1 valor. Fecha de emisión: 5 de septiembre de 1966. Impresión: Huecograbado. Imprenta: FNMT. Tamaño: 33,2 x 33,2 mm. Dentado: 13. Tirada: 8.000.000.

Si escoger a don Quijote como motivo de este sello fue un acierto, el diseño del mismo lo es aun más. El fenómeno conocido en psiquiatría como intermetamorfosis, un trastorno de percepción que padecía el caballero andante, es aquí representado por los rostros de Aldonza Lorenzo, una aldeana virtuosa y honesta, una moza de buen parecido, aunque analfabeta, rústica y de bajo linaje, junto al de su amada princesa y gran señora Dulcinea del Toboso, producto de su fantasía delirante.

4.11. 1966. FEDERACIÓN ASTRONÁUTICA INTERNACIONAL

En la década de los 50 empieza a desarrollarse la tecnologia espacial y comienza la carrera para lanzar vehículos tripulados al espacio, siendo el primer hito de dicha carrera la puesta en orbita por los rusos del primer satélite artificial, el Sputnik 1, lanzado el 4 de octubre de 1957 desde el cosmódromo de Baikonur, culminando esta primera fase los americanos con el lanzamiento del Apolo 11, que pone al hombre en la luna el 20 de julio de 1969.

Esta carrera espacial crea un conflicto de intereses en un espacio que no estaba reglamentado ni sujeto a normas de derecho, por lo que se crea la Federación Internacional de Astronáutica con el objetivo de fomentar el desarrollo de la astronáutica con fines pacíficos y promover la cooperación internacional en esta materia, ayudando a difundir información relacionada con el espacio ultraterrestre e impulsar la investigación en asuntos de astronáutica.

NÚM. FESOFI: 1.749. **MOTIVO:** Clavileño. **VALOR FACIAL:** 1,50 pesetas. Azul, gris y castaño. **SERIE:** Federación Astronáutica Internacional, 1 valor. **FECHA DE EMISIÓN:** 10 de octubre de 1966. **IMPRESIÓN:** Huecograbado. **GRABADOR:** Germán Martín Orbe. **IMPRENTA:** FNMT. **TAMAÑO:** 24,9 x 40,9 mm. **DENTADO:** 12 3/4. **TIRADA:** 8.000.000.

El 1 de ctubre de 1966 se inauguraba en España el VII Congreso de esta Federación, presidido por el ministro del Aire, y donde fundamentalmente asistieron investigadores americanos y rusos, además de Eugen Pepín, presidente del Instituto Internacional de Legislación Espacial, que cita en su conferencia al padre Vitoria como antecedente inmediato del Derecho Internacional Espacial.

El Gobierno español, haciendo caso omiso de la referencia a Francisco Vitoria, y su consideración de fundador, junto con Hugo Grocio[10], de las bases teóricas del derecho internacional moderno[11], para celebrar esta efeméride, volvió a recurrir al tópico, y otra vez Clavileño aparece surcando el cielo, aunque esta vez, dado el motivo conmemorativo, a mucha más velocidad que en ocasiones anteriores.

4.12. 1972. AÑO INTERNACIONAL DEL LIBRO Y LA LECTURA

La Organización de las Naciones Unidas para la Educación, la Ciencia y la Cultura (Unesco) proclamó 1972 como Año Internacional del Libro e impulsó un ambicioso programa para fomentar el libro y la lectura, intentando además con ello disminuir el desequilibrio entre países desarrollados y países en desarrollo. Para ello invitó a sus estados miembros a fomentar, sobre todo entre los jóvenes, el interés por la filosofía y la literatura, generalizando la edición de libros a bajo precio, con el eslogan «Libros para todos». Propuso a los estados miembros más de 200 iniciativas para conmemorar este año, pues consideraba que:

> «…los libros y las publicaciones periódicas, junto con los demás medios materiales de expresión del pensamiento, desempeñan un papel indispensable en la vida social y su desarrollo, cumpliendo una función decisiva para el logro de la paz, el desarrollo, el fomento de los derechos humanos y la lucha contra el racismo y el colonialismo»[12].

Una de las doscientas iniciativas que proponía el organismo internacional era la emisión de sellos conmemorativos de esta efeméride, iniciativa que secundó España, emitiendo un sello que reproducía la portada de la primera edición de *El Quijote*, uno de los libros más universales de todas las épocas, acertando plenamente con el motivo para dicha celebración. Esta primera parte, como hemos comentado más arriba, se imprimió en Madrid, en casa de Juan de la Cuesta, a fines de 1604. Salió a la venta en enero de 1605 con numerosas erratas, por culpa de la celeridad que imponía el contrato de edición. Esta edición se reimprimió en el mismo año y en el mismo taller, de forma que hay en realidad dos ediciones de 1605 ligeramente distintas, pues la primera además de las erratas tiene numerosas lagunas y dos páginas menos. No obstante, la edición principe es esta primera, aunque su impresión fuera un tanto descuidada, pues «no hay testimonio más autorizado que esa primera impresión manual»[13], ya que carecemos del manuscrito de Cervantes, de la primera copia de imprenta y no hay constancia fehaciente de que el autor interviniera en alguna otra de las ediciones que se imprimieron a lo largo de su vida, por lo que existe un único modelo del que copiar *El Quijote* y «todos lo copiamos con mayor o menor fidelidad o con mayor o menor libertades»[14].

Núm. Fesofi: 2.076. **Motivo**: Portada de *El Quijote*. **Valor facial**: 2 pesetas. Castaño y carmín. **Serie**: Año Internacional del Libro y la Lectura, 1 valor. **Fecha de emisión**: 24 de febrero de 1972. **Impresión**: Calcografía. **Imprenta**: FNMT. **Tamaño**: 24,9 x 40,9 mm. **Dentado**: 12 3/4. **Tirada**: 10.000.000.

El texto de la portada es:

«EL INGENIOSO HIDALGO DON QVIXOTE DE LA MANCHA, Compuesto por Miguel de Ceruantes Saauedra DIRIGIDO AL DVQVE DE BEIAR, Marques de Gibraleon, Conde de Benalcaçar, y Bañares, Vizconde de la Puebla de Alcozer, Señor de las villas de Capilla, Curiel, y Burguillos. Año, 1605. CON PRIVILEGIO, EN MADRID, Por Iuan de la Cuesta. Vendese en casa de Francisco de Robles, librero del Rey nro. señor».

En el centro de la portada y destacado figura tambien el escudo del impresor, que muestra un halcón de cetrería, un león dormido y la divisa «Post tenebras spero lucem»[15].

4.13. 1975. PAISAJES Y MONUMENTOS

La serie de «Paisajes y monumentos» se inicia en 1964 para dar a conocer las bellezas naturales o artísticas de España. En este año se realiza una emisión de seis valores donde se muestran: una vista de la ciudad de Toledo con el Puente de San Martín en primer termino; las iglesias románico-visigóticas de San Pedro y Santa Maria de Egara en Tarrasa; la Puerta de la Justicia de la Alhambra de Granada; una calle típica de Mijas; y la Cueva prisión de Medrano en Argamasilla de Alba.

Este último sello es el que vamos a comentar por hacer referencia a *El Quijote*. En él se reproduce una estancia denominada Cueva de Medrano, donde la tradición dice que estuvo preso Cervantes. Sin embargo, son muchos los eruditos que ponen en duda tal circunstancia[16], pues argumentan que la Argamasilla que aparece en la novela es la de Calatrava y no la de Alba, puesto que el camino que unía Madrid con Andalucía, no pasaba por Argamasilla de Alba, como explica el *Catálogo Fesofi*, refiriendose a este sello. Lo más probable es que Cervantes, de la Corte a Sevilla, fuera por el Camino Real, que unía las provincias de Castilla la Vieja y Andalucía, y que según las *Relaciones Topográficas* de Felipe II pasaba por Almodóvar del Campo y el Valle de Alcudia[17], siguiendo más o menos la actual N 420, y pasando tambien por Argamasilla de Calatrava o muy cerca de ella. Por otro lado, Federico Torres Yagües, en su libro *Cervantes, Don Quijote y La Mancha*, nos recuerda:

«Ciertamente, la crítica moderna sabe, sin lugar a dudas, que no hubo tal Cueva de Medrano y que por no haber cárcel en el pueblo, los presos los llevaban a la prisión de Alcázar de S. Juan; que no consta en ningún sitio, ni en documento escrito que Cervantes visitase el pueblo y ni siquiera que lo conociese».

Cuando el ponente José Antonio García-Noblejas consigue la declaración para ella de Monumento Histórico-Artístico a nivel provincial en 1969, se basa fundamentalmente en la tradición y en las declaraciones de Sebastián Miñano, Académico de la Real de la Historia en su *Diccionario Geográfico de España y Portugal* de 1826, en el que refiriendose a la villa dice:

> «En la cárcel de esta villa estuvo preso el inmortal Miguel de Cervantes, y según se infiere del tono con que se explica en varios lugares de la obra del Quijote parece que quiso suponer a su héroe natural de ella».

NÚM. FESOFI: 2.266. MOTIVO: Prisión de Cervantes. VALOR FACIAL: 1 peseta. Violeta y pizarra. SERIE: Paisajes y monumentos, 6 valores. FECHA DE EMISIÓN: 25 de junio de 1975. IMPRESIÓN: Calcografía. IMPRENTA: FNMT. TAMAÑO: 33,2 x 28,8 mm. DENTADO: 13 1/4. TIRADA: 8.000.000.

Según nuestro criterio, solo la tradición mantenida de padres a hijos desde tiempo inmemorial y la creencia popular sostiene que la de Alba es la Argamasilla de *El Quijote*. Pero como Pascual-Antonio Beño Galiana afirma en su libro[18]:

> «Por falta de un documento, ¿vamos a negarle sus derechos a un pueblo? Leyenda y pueblo están ya vinculados... la leyenda también merece tener sus rutas, como así mismo los ensueños; merece visitarse el santuario cervantino, aunque no fuera cierto».

4.14. 1983. EUROPA

La serie «Europa» se emitió por primera vez en 1956 por los seis países fundadores de la Comunidad Europea del Carbón y del Acero, pero fue el 26 de junio de 1959 cuando se creó en Montreux (Suiza) la CEPT (Conferencia

Europea de Correos y Telecomunicaciones), con la finalidad esencial de estrechar los lazos entre las administraciones miembros, así como para alcanzar la armonización y mejor práctica de sus servicios administrativos y técnicos en beneficio de los usuarios del correo y las telecomunicaciones. Y fue esta institución la que se encargó de dirigir la emisión de estos sellos, que pretendían la difusión de la cultura e historia del Viejo Continente. Durante más de una década, la imagen que apareció en las estampillas era idéntica en todos los países hasta que en 1974 se acordó sustituir el diseño único por un tema en común.

Núm. Fesofi: 2.712. Motivo: *El Quijote*. Miguel de Cervantes. Valor facial: 16 pesetas. Verde grisáceo y burdeos. Serie: Europa, 2 valores. Fecha de emisión: 5 de mayo de 1983. Impresión: Calcografía. Imprenta: FNMT. Tamaño: 49,8 x 33,2 mm. Dentado: 12 3/4. Tirada: 8.000.000.

En este año de 1983 el motivo escogido es *El Quijote*. El sello reproduce una alegoría de la novela, junto al busto de su autor y el emblema de la Conferencia Europea de Administraciones de Correos y Telecomunicaciones (CEPT). En la alegoría se pueden apreciar símbolos icónicos de esta novela: los molinos, la silueta de don Quijote y Sancho, la bacía o yelmo de Mambrino, la espada como instrumento justiciero de sus aventuras, don Quijote leyendo uno de los libros que fueron motivo de su locura y su «galgo corredor», además de las célebres primeras palabras del comienzo del libro. El busto de Cervantes es posiblemente de una copia del retrato que preside la Real Academia, falsamente atribuido a Juan de Jáuregui.

4.15. 1998. CORRESPONDENCIA EPISTOLAR ESCOLAR

Esta emisión es fruto del acuerdo firmado entre el Ministerio de Educación y Cultura y Correos y Telégrafos para fomentar el uso de la correspondencia escrita entre los más jóvenes, como una importante vía de comunicación, y pretende incorporar al programa educativo la escritura de cartas entre las diferentes materias que se enseñan en las escuelas

La emisión está formada por 24 sellos dedicados al personaje que estamos estudiando, don Quijote de la Mancha. El autor de los diseños fue Antonio Mingote, quien a través de una particular perspectiva cuenta las aventuras y desventuras del ingenioso hidalgo y de su fiel escudero Sancho Panza. Los bocetos originales fueron realizados en acuarela y pasaron a ser propiedad del Museo Postal y Telegráfico de Madrid. Y la aportación de este artista a la difusión de la cultura y al uso de la correspondencia epistolar escolar, le valió el nombramiento de Cartero Honorario de España.

Núm. Fesofi: 3.601. **Motivo**: Hoja bloque.12 sellos: Don Quijote. **Valor facial**: 12 x 20 pesetas. Multicolor. **Serie**: Correspondencia epistolar escolar, 24 valores. **Fecha de emisión**: 19 de septiembre de 1998. **Impresión**: Huecograbado. Papel estucado, engomado y fosforescente. **Imprenta**: FNMT. **Tamaño**: Multipliego 260 x 166 mm. **Dentado**: 13 3/4. **Tirada**: 3.000.000.

La primera hoja bloque está formada por doce sellos y una viñeta con don Quijote sobre Rocinante, flanqueado por dos molinos. Cada sello comenta gráficamente una de las escenas de *El Quijote* con un lema que lo define:

«En un lugar de la Mancha» (1ª parte, cap. I).

«Llenósele la fantasía» (1ª parte, cap. I).

«Armado caballero» (1ª parte, cap. III).

«La del alba sería» (1ª parte, cap. IV).

«Le molió como cibera» (1ª parte, cap. IV).

«El donoso escrutinio» (1ª parte, cap. VI).

«Has de saber amigo Sancho» (1ª parte, cap. VII).

«Los gigantes» (1ª parte, cap. VIII).

«Viole subir y bajar con tanta gracia» (1ª parte, cap. XVII).

«El escuadrón de ovejas» (1ª parte, cap. XVIII).

«Los galeotes» (1ª parte, cap. XXII).

«Los cueros» (1ª parte, cap. XXXV).

Núm. Fesofi: 3.602. Motivo: Hoja bloque.12 sellos: Sancho Panza. Valor facial: 12 x 20 pesetas. Multicolor. Serie: Correspondencia epistolar escolar, 24 valores. Fecha de emisión: 19 de septiembre de 1998. Impresión: Huecograbado. Papel estucado, engomado y fosforescente. Imprenta: FNMT. Tamaño: Multipliego 260 x 166 mm. Dentado: 13 3/4. Tirada: 3.000.000.

La segunda hoja bloque está formada por otros doce sellos y una viñeta con Sancho Panza sobre su asno. Los lemas que definen la escena de cada sello son las siguientes:

«El encantamiento» (1ª parte, cap. XLVII).

«Oh princesa del Toboso» (2ª parte, cap. X).

«El caballero de los espejos» (2ª parte, cap. XII).

«El león» (2ª parte, cap. XVII).

«La cueva de Montesinos» (2ª parte, cap. XXII).

«Clavileño» (2ª parte, cap. XLI).

«Sancho gobernador» (2ª parte, cap. XLV).

«Doña Rodríguez» (2ª parte, cap. XLVIII).

«Compañero mío» (2ª parte, cap. LIII).

«Parecioles espaciosísimo» (2ª parte, cap. LXI).

«El caballero de la Blanca Luna» (2ª parte, cap. LXIII).

«La vuelta a casa.»(2ª parte, cap. LXXI).

4.16, 2001. CORRESPONDENCIA EPISTOLAR ESCOLAR

La serie «Correspondencia epistolar escolar» continua en los años 2000, 2001 y 2002 con minipliegos dedicados esta vez a la Historia de España. Los encargados del diseño son los humoristas gráficos Gallego & Rey, que recogen los acontecimientos y hechos más destacados de ella a través de ingeniosas y simpáticas ilustraciones. La emisión del año 2000 abarca desde los visigodos (415) hasta los Reyes Católicos (1479), con divertidas ilustraciones que recuerdan, entre otros hechos, a los reyes godos vestidos de Primera Comunión, don Pelayo tomando sidra, o la batalla de Las Navas de Tolosa jugada en una partida de ajedrez. La emisión del año 2001 se inicia con Colón y concluye con el rey Felipe III, con parodias de Colón y los huevos o el mundo español de Felipe II.

NÚM. FESOFI: 3.925. MOTIVO: Sello hoja bloque. Lepanto. VALOR FACIAL: 25 pesetas. 0,15 euros. Multicolor. SERIE: Correspondencia epistolar escolar, 12 valores. FECHA DE EMISIÓN: 19 de octubre de 2001. IMPRESIÓN: Huecograbado. Papel estucado, engomado, fosforescente. IMPRENTA: FNMT. TAMAÑO: 40,9 x 28,8 mm. DENTADO: 13 3/4. TIRADA: 2.000.000.

El sello número 3.925, que parodia la batalla de Lepanto, muestra el enfrentamiento de un turco que lucha espantado cubriéndose con un escudo ante los mandobles que le propina un solo brazo armado de bizarra espada castellana. Brazo que no puede ser otro que el de Miguel de Cervantes, que le fue amputado traumáticamente en esta contienda.

4.17. 2002. CORRESPONDENCIA EPISTOLAR ESCOLAR

En esta misma serie «Correspondencia epistolar escolar», y en el año 2002, continúan contando de esta forma tan singular la historia española, esta vez desde el siglo XVI al XIX, y como personaje destacado de este periodo, don Quijote.

NÚM. FESOFI: 4.030. MOTIVO: Cervantes y *El Quijote*. VALOR FACIAL: 0,10 euros. Multicolor. SERIE: Correspondencia epistolar escolar, 12 valores. FECHA DE EMISIÓN: 27 de septiembre de 2002. IMPRESIÓN: Huecograbado. IMPRENTA: FNMT. TAMAÑO: 40,9 x 28,8 mm. DENTADO: 13 3/4. TIRADA: 1.200.000.

La ilustración del sello muestra a un Cervantes, vestido con las características ropas de la época española de los Austrias, jubón y calzas en negro con la típica gola, sobre la que destacan los rasgos exagerados del escritor, incluido su mutilada mano izquierda. Con la derecha maneja una enorme pluma, que haciendo función de espada es utilizada para armar caballero o simuladamente dar vida a un don Quijote arrodillado y descubierto de su bacía, que recibe el título de caballero andante con gesto sumiso y agradecido hacia su progenitor.

4.18. 2004. LA MUJER Y LA LECTURA

La desigualdad de oportunidades entre hombres y mujeres ha sido un hecho constatable a lo largo de toda la historia, hecho que todavía persiste en algunas circunstancias. La formación, que es la llave para acceder a cualquier responsabilidad social, económica o política, ha estado negada a la mujer hasta no hace muchas décadas, al menos, una formación equiparable a la que tenía acceso el varón. Concretamente en España esto se logró en el primer tercio del siglo XX, cuando se igualó la escolarización primaria entre hombres y mujeres, incrementándose notablemente el número de estudiantes femeninas en enseñanzas medias.

Pero las cifras de partida eran muy bajas: en 1887 el porcentaje de mujeres analfabetas se elevaba al 74% de toda la población en edades comprendidas entre los 26 y 30 años, aunque el de varones también era elevado, el 49% en ese intervalo de edad, porcentajes que se reducen al 13% y al 7% respectivamente en el año 1950. Y, aunque hubo mujeres excepcionales que se enfrentaron a su época valiéndose de cualquier subterfugio para acceder a la formación y expresar sus ideas y opiniones, solo fue en 1978, con la *Constitución*, cuando se reconoce la igualdad de sexos en cuanto a derechos y deberes, dándose la paradoja que ya en el siglo XXI el porcentaje de mujeres matriculadas en la universidad supera en varios puntos al de varones.

No han sido los responsables postales muy prolijos en sus motivos filatélicos con las mujeres, y son muy contadas las emisiones que tienen a estas o sus actividades como objeto de la misma. En este caso, siendo conscientes

Núm. Fesofi: 4.225. **Motivo:** Hoja bloque. *La mujer y la lectura* por Fabio Hurtado. **Valor facial:** 0,27, 0,52 y 0,77 euros. Multicolor. **Serie:** La mujer y la lectura, 6 valores. **Fecha de emisión:** 23 de enero de 2004. **Impresión:** Huecograbado. Papel estucado, engomado y fosforescente. **Imprenta:** FNMT. **Tamaño:** Hoja 105 x 78 mm. **Dentado:** 13 3/4. **Tirada:** 600.000.

de que la lectura va unida a la educación y es el motor de progreso de un país y que la mujer lee entre un 14 y un 15 por ciento más que el hombre, el Servicio Filatélico de Correos lanza una emisión con el significativo título de «La mujer y la lectura», con la que se pretende vincular la promoción social e intelectual de ésta con el hábito de la lectura.

La emisión consta de dos hojas bloque de tres sellos cada una, más una viñeta donde se recoge una frase de nuestra novela universal, que encaja perfectamente como modelo de lectura. En ambas hay una frase del capítulo 9 de la segunda parte, las dos referidas a Dulcinea y no precisamente alabando sus prendas intelectuales, sino su alcurnia (los palacios) o sus virtudes de hermosura y discreción.

NÚM. FESOFI: 4.226. MOTIVO: Hoja bloque. *La mujer y la lectura* por Fabio Hurtado. VALOR FACIAL: 0,27, 0,52 y 0,77 euros. Multicolor. SERIE: La mujer y la lectura, 6 valores. FECHA DE EMISIÓN: 23 de enero de 2004. IMPRESIÓN: Huecograbado. Papel estucado, engomado y fosforescente. IMPRENTA: FNMT. TAMAÑO: Hoja 105 x 78 mm. DENTADO: 13 3/4. TIRADA: 600.000.

Los tres sellos de cada hoja bloque reproducen obras del artista Fabio Hurtado[19]; pintor madrileño formado en la Facultad de Bellas Artes de la capital. En su obra se aprecia una gran armonía en el uso del color, y una temática donde se repite muy a menudo la figura de la mujer, elegante, sofisticada, independiente, en un ambiente propio de la Belle Époque. Para estos sellos se han elegido seis pinturas, con esas características aludidas, donde sus protagonistas tienen una actividad común: la lectura.

4.19. 2005. IV CENTENARIO DE LA PUBLICACIÓN DE *EL QUIJOTE*

Igual que en 1905, la llegada del centenario de la publicación de *El Quijote* moviliza todos los círculos, sociales, políticos e intelectuales para conmemorar esta efeméride. En 2005 posiblemente sea el Instituto Cervantes el que más actividades organiza y de más nivel, consecuencia lógica de su actividad literaria y promoción de nuestra lengua por todo el mundo. Destacamos aquí la edición «definitiva» que dicho Instituto, en colaboración con el Centro para la Edición de los Clásicos Españoles, la Sociedad Estatal de Conmemoraciones Culturales y Galaxia Gutenberg/Círculo de Lectores, presenta del clásico cervantino, dirigida por Francisco Rico, una de las máximas autoridades en la obra de Cervantes, con un estudio preliminar de Fernando Lázaro Carreter.

La administración castellano-manchega se vuelca en la celebración, pues don Quijote es el manchego universal, y debe conmemorar su figura como se merece. Se organizan cursos, seminarios, conferencias, se realiza una edición popular de la obra de miles de ejemplares, muchos de ellos todavía descansando en almacenes. Y como proyecto original se presenta «La ruta de don Quijote», una ruta imaginaria que habría recorrido el caballero por toda la región, y que para no crear agravios atraviesa casi todos los pueblos de esta. Fue dividida en diez tramos con una longitud total de 501 kilómetros Se arreglaron caminos, se señalizaron todos los recorridos y se construyeron zonas de descanso y abrevaderos, pues se pensaba que estas rutas se recorrieran a pie, en bicicleta o a caballo, y que serían un motivo de atracción turística, que podría emular el Camino de Santiago. Transcurridos más de quince años de su construcción, solo transitan por ellos agricultores y ganaderos, que ya lo hacían anteriormente. Los descansaderos están abandonados y la ruta olvidada. Y es que una vez finalizado el año 2005, nos olvidamos de Cervantes, de *El Quijote*, y del propósito de leerlo o volverlo a leer, que nos habíamos hecho al principio de este.

El Servicio Filatélico de Correos no se dejó llevar por esta fiebre conmemorativa y lo celebró de una forma discreta, con una sola emisión de una hoja bloque de cuatro sellos.

La serie se puso en circulación el 22 de abril, un día antes de la conmemoración de la muerte de Cervantes. El primer sello es una escena del capítulo VII, donde se cuenta la segunda salida del caballero:

> «…Iba Sancho Panza sobre su jumento como un patriarca, con sus alforjas y su bota, y con mucho deseo de verse ya gobernador de la ínsula que su amo le había prometido».

El segundo sello está dedicado a la aventura de los molinos de viento del siguiente capítulo:

> «...arremetió a todo galope de Rocinante y embistió con el primer molino que estaba delante; y dándole una lanzada en el aspa, le volvió el viento con tanta furia, que hizo la lanza pedazos, llevándose tras sí al caballo y al caballero...».

NÚM. FESOFI: 4.365. **MOTIVO**: Hoja bloque. *El Quijote*. **VALOR FACIAL**: 0,28, 0,53, 0,78 y 2,21 euros. Negro y rojo. **SERIE**: IV Centenario de la publicación de *El Quijote*, 4 valores. **FECHA DE EMISIÓN**: 22 de abril de 2005. **IMPRESIÓN**: Huecograbado. Papel estucado, engomado y fosforescente. **IMPRENTA**: FNMT. **TAMAÑO**: Hoja 78 x 105 mm. **DENTADO**: 13 3/4. **TIRADA**: 1.000.000.

El tercero narra gráficamente el alanceamiento del rebaño de ovejas del capítulo XVIII:

«Esto diciendo, se entró por medio del escuadrón de las ovejas y comenzó a alanceallas con tanto coraje y denuedo como si de veras alcanzase a sus mortales enemigos».

Y por fin el cuarto y último se refiere al regreso de don Quijote enjaulado a su aldea en el capítulo XLVII. Todos estos episodios, como es lógico, de la primera parte:

«Pues así es, quiero, señor caballero, que sepades que yo voy encantado en esta jaula…, que la virtud es más perseguida de los malos que amada de los buenos».

4.20. 2012. CINE ESPAÑOL

Como hemos comentado, la figura de don Quijote se ha llevado en numerosas ocasiones al cine, podríamos incluso asegurar que es el guion más utilizado, con más de cincuenta películas de cine y televisión de las nacionalidades más dispares: Australia, China, Estados Unidos, Francia, Italia, Alemania, Israel, Yugoslavia, Brasil, Méjico…

Posiblemente una de las más antiguas fue la producida por Gaumonten en 1898 con el título de *Don Quijote*. En 1908, con ese mismo nombre, dirigió otra película muda George Méliés. Y en 1916 se repite el título en otra película de Edward Dillon, supervisada por Griffith. El afamado Sidney Lumet dirige otro *Don Quixote* en 1952 para la CBS americana, con Boris Karloff como don Quijote y Grace Kelly como Dulcinea. También se atrevió con esta obra Orson Wells en 1955, que pretendió dar una especial visión de la España con sanfermines, fiestas de moros y cristianos y Semana Santa. Su muerte le impidió terminarla, haciéndolo Jesús Franco en 1992.

En 1966 tuvimos la oportunidad de ver personalmente en el cine Palafox de Madrid un *Quijote* ruso de Grigori Kozintsev, que se había presentado en Cannes en 1957, y que interpretaban los más afamados actores de aquella época: Nicolai Tcherkassoven como don Quijote, (el actor de *Alexander Nevski* e *Iván el Terrible*, de Eisenstein) y Yuri Tolubuyev como Sancho.

Se llevó al cine también el musical *El hombre de la Mancha* (1972), dirigida por Arthur Hillerque, contando con Peter O'Toole en el papel de don Quijote/Cervantes y de Sofía Loren como Aldonza/Dulcinea, cuya versión teatral se ha representado en más de cincuenta idiomas, y que en España protagonizaron en 1997 José Sacristán y Paloma San Basilio.

Los bailarines sir Robert Helpmann y Rudolf Nureyev codirigieron y protagonizaron la película *Don Quijote* en 1973, una adaptación cinematográfica del ballet creado en 1869 por el coreógrafo Marius Petipa y el compositor Ludwig Minkus.

En España también fueron muchos los directores y actores que intentaron plasmar la genial novela en el celuloide. Entre otros, Luis Amaya (1946), Rafael Gil (1948), Vicente Escrivá (1962), César Fernández Ardavín (1965), Rafael Ballarín (1968), Roberto Gavaldón (1973) y Manuel Gutiérrez Aragón (2002).

NÚM. FESOFI: 5.109. MOTIVO: Fernando
Rey. VALOR FACIAL: 0,36 euros. Multicolor.
SERIE: Cine español, 3 valores. FECHA DE
EMISIÓN: 26 de abril de 2012. IMPRESIÓN:
Offset. Papel estucado, engomado y
fosforescente. IMPRENTA: FNMT. TAMAÑO:
28,8 x 40,9 mm. DENTADO: 13 3/4. TIRADA:
300.000.

En 1990, durante el mandato de Pilar Miró, Televisión Española emprendió una de sus producciones más ambiciosas, la adaptación de *El Quijote*, para estrenarla en 1992 durante las celebraciones del V Centenario del descubrimiento de América. El responsable de la producción fue Emiliano Piedra, el director Manuel Gutiérrez Aragón y el guionista Camilo José Cela. La intención era realizar una primera parte de ocho capítulos y una segunda de diez, que debía dirigir otro de los grandes, Mario Camus, pero la crisis de los 90 impidió tan ambicioso proyecto.

El reparto fue de lujo: José Luis López Vázquez, Manuel Alexandre, Emma Penella, Héctor Alterio, Aitana Sánchez Gijón, Carmelo Gómez, Terele Pávez... y como protagonistas Alfredo Landa como Sancho y Fernando Rey como don Quijote, posiblemente el caballero andante que se imaginó Cervantes, y cuya interpretación fue premiada en el Festival de Cannes y es motivo de la efeméride del sello que se reproduce.

Posteriormente Gutiérrez Aragón rodó una segunda parte, haciendo de pareja protagonista Juan Luis Galiardo y Carlos Iglesias, que, según nuestra humilde opinión, no desentonaron, pero no llegaron a la altura de Rey y Landa, dos monstruos de la escena.

4.21. 2013. CINE ESPAÑOL

Vicente Casanova, el consejero delegado de la productora CIFESA declaraba en octubre de 1947 a la revista *Radiocinema*:

> «La realización del Quijote supone para nosotros la culminación de nuestras aspiraciones, ya que siempre nos ha inspirado el afán de superación del cine producido por Cifesa… Este afán de superación creo que se corona cumplidamente con la realización de Don Quijote de la Mancha, obra señera de la literatura española, y que aspiro a que sea la película cumbre de nuestra cinematografía»[20].

Se estaba refiriendo a la película dirigida por Rafael Gil, *Don Quijote de la Mancha*, estrenada en el cine Rialto de Madrid el 2 de marzo de 1948. La película tiene guion de Rafael Gil sobre una síntesis literaria del periodista y guionista Antonio Abad Ojuel, y pretendía ser la «auténtica» interpretación de la novela, pues este guionista opinaba que el libro no había sido entendido convenientemente por los extranjeros que lo habían adaptado antes, y declaraba:

> «…porque sólo entre los españoles podemos dar una versión certera y entrañable de Don Quijote. Recordemos aquella bufonada danesa que hicieron Pat y Patachon, o el grave error de Pabst en la versión que hizo con Chaliapin; las dos fueron de una incomprensión total y culpable»[21].

Sus intérpretes principales fueron Rafael Rivelles (don Quijote), Juan Calvo (Sancho), Juan Espantaleón (Pero Pérez), Manolo Morán (maese Nicolás),

Núm. Fesofi: 5.211. Motivo: Rafael Gil. Valor facial: 0,52 euros. Multicolor. Serie: Cine español, 3 valores. Fecha de emisión: 8 de abril de 2013. Impresión: Huecograbado. Papel estucado, engomado mate y fosforescente. Imprenta: FNMT. Tamaño: 40,9 x 28,8 mm. Dentado: 13 3/4. Tirada: 280.000.

Fernando Rey (Sansón Carrasco), Sarita Montiel (Antonia), Guillermo Marín (duque) y Guillermina Grin (duquesa). La fotografía es de Alfredo Fraile, la dirección artística de Enrique Alarcón y la música de Ernesto Halfter.

La película es una buena síntesis de la obra, con una cuidada realización e interpretación, pero con una supeditación a los valores patrióticos imperantes esos años, que identifican a *El Quijote* como el ideal del caballero cristiano, símbolo del nuevo orden establecido en España y toda la película se pondría al servicio de esa glorificación final del personaje en su muerte cristiana.

El director, guionista y crítico de cine Rafael Gil fue, junto a Juan de Orduña y José Luis Sáenz de Heredia, uno de los directores estrella del cine español de los años cuarenta y cincuenta. Fue galardonado en los festivales de Venecia, de San Sebastián y por la crítica de Nueva York. Fue director del cine literario por excelencia en la cinematografía europea. Su obra abarca casi toda la historia de la literatura española de varios siglos. Y, además, autor de las mejores películas religiosas españolas, con un estilo fílmico característico: imágenes cuidadas, guion literario profundo, diálogos medidos. Y junto a ello, una escenografía eficaz y unos medios técnicos de primer orden (fotografía, música, montaje).

4.22. 2014. MARCA ESPAÑA

En 2016 más de 472 millones de personas tienen el español como lengua materna. A su vez, el grupo de usuarios potenciales de español en el mundo alcanza casi 567 millones, siendo el español la segunda lengua materna del mundo por número de hablantes, tras el chino mandarín. Es por tanto la lengua el mayor patrimonio que España tiene y el de mayor proyección internacional hoy. Su uso crece diariamente en todas sus modalidades: como lengua nativa, como lengua estudiada, como vehículo de difusión cultural, como lengua de comunicación internacional (ocupando el segundo lugar después del inglés) y como idioma de intercambios económicos intercontinentales. De ahí que sea la lengua española uno de los mayores activos de la marca «España».

La Sociedad Estatal Correos y Telégrafos, S.A., implicada en promover esta Marca, puso en circulación este sello, que está dedicado a la Ñ, letra procedente de la geminada latina «nn», que los copistas de los monasterios, para ahorrar esfuerzo en las tareas de copiado y colocación de caracteres, la escribían con una pequeña tilde encima de la ene. Hoy en día, esta grafía se ha convertido en símbolo reconocible de hispanidad.

En el sello se presentan los lomos de dos de las más afamadas obras de la lengua española, *El Quijote* de Cervantes y *La ciudad y los perros* de Mario Vargas Llosa. Su diseño se debe a la empresa gráfica TAU, una de las más importantes a nivel nacional, que recibió hace unos años el Premio Nacional de Bellas Artes. Todos los sellos de esta serie han sido emitidos incluyendo una «ñ» con la técnica de golpe seco, con marca de agua.

Núm. Fesofi: 5.343. **Motivo**: Letra Ñ. Lengua española. **Valor facial**: 1 euro. Multicolor. **Serie**: Marca España, 1 valor. **Fecha de emisión**: 5 de junio de 2014. **Impresión**: Offset. Papel estucado, engomado y fosforescente. **Grabador**: Tau Diseño. **Imprenta**: FNMT. **Tamaño**: 40,9 x 28,8 mm. **Dentado**: 13 3/4. **Tirada**: 300.000.

4.23. 2016. DISELLO. CERVANTES

Después del primer Concurso Nacional de Diseño de Sellos, Disello, celebrado en 2014 para conmemorar el Año Internacional de la Luz que había declarado la ONU, se celebró en 2015 el segundo concurso para conmemorar en 2016 el IV Centenario de la muerte de Miguel de Cervantes, teniendo como tema común el:

> «Universo Cervantes, cualquier aspecto de su obra, personajes, vida del autor, o del uso del lenguaje como vehículo de expresión en la obra del mismo».

Se presentaron alrededor de setecientas obras originales de gran calidad. De entre todas las propuestas presentadas se eligieron cuarenta diseños finalistas, veinte de ellos mediante votación popular en la web del concurso, y los otras veinte fueron seleccionados bajo el criterio profesional de un jurado compuesto por miembros integrantes del entorno filatélico y personalidades del mundo del diseño. Los ochenta diseños finalistas (cuarenta de categoría juvenil y cuarenta de la general) fueron expuestos en una exposición itinerante por las oficinas principales de las comunidades autónomas. Ese mismo jurado deliberó posteriormente para establecer los primeros y segundos premios de cada una de las categorías.

Para conmemorar esta efeméride, teniendo en cuenta la calidad y originalidad de las emisiones de nuestro servicio filatélico y los antecedentes de celebración del III Centenario, nos parece un poco escasa la celebración, habida cuenta la trascendencia del personaje que se conmemora, pues la carpeta Cervantes y Shakespeare que en abril de ese mismo año salió a la venta seguía conteniendo los mismos sellos, y dos sellos alusivos a Shakespeare emitidos por Royal Mail, que ponen énfasis en la fuerza de las palabras a través de frases célebres de sus obras: «To thine own self be true. Hamlet», *Hamlet* (acto 1, escena 3), y «Love is a smoke made with the fume of sighs», *Romeo y Julieta* (acto 1, escena 1).

NÚM. FESOFI: 5.517. MOTIVO: Don Quijote. VALOR FACIAL: 0,45 euros. Negro. SERIE: Disello. Cervantes. Categoría General, 2 valores. FECHA DE EMISIÓN: 29 de enero de 2016. IMPRESIÓN: Offset. Papel autoadhesivo. IMPRENTA: FNMT. TAMAÑO: 28,8 x 40,9 mm. DISEÑO: Maximiliano Cosatti. TIRADA: Ilimitada.

El sello ganador en categoría general es obra de Maximiliano Cosatti, un argentino titulado en Diseño y Promoción Publicitaria, que lleva residiendo en Pamplona ya varios años. Es una ilustración de don Quijote de la Mancha de perfil y en negro, que muestra al hidalgo con la famosa bacía de barbero a modo de yelmo y su característica barba.

Núm. Fesofi: 5.518. **Motivo**: Escena de *El Quijote*. **Valor facial**: 0,57 euros. Negro. **Serie**: Disello. Cervantes. Categoría Juvenil, 2 valores. **Fecha de emisión**: 29 de enero de 2016. **Impresión**: Offset. Papel autoadhesivo. **Imprenta**: FNMT. **Tamaño**: 40,9 x 28,8 mm. **Diseño**: Carlota Artero. **Tirada**: Ilimitada.

El diseño premiado en categoría juvenil es un dibujo negro sobre blanco, de trazos lineales, que representa una de las imágenes más evocadoras de *El Quijote*. En ella aparecen los dos protagonistas de la novela con un molino al fondo. Debajo del dibujo figura la inscripción «Miguel de Cervantes». Su autora es Carlota Artero Gómez, de 16 años, alumna del colegio Virgen de Europa de Boadilla del Monte, al igual que la finalista Raquel Ávila González, ambas discípulas de Cristina de Miguel, profesora de Artes Plásticas, responsable en parte de este espectacular éxito.

CONCLUSIONES

Página anterior: Este sello con el que Correos quiere homenajear a los coleccionistas filatélicos tiene como protagonista la famosa pintura *The Philatelist*, obra del pintor suizo François Barraud, del año 1929. Además, está impreso en offset, con un efecto lupa que lo hace más especial si cabe. Fue emitido por la FNMT en octubre de 2020, con un diseño de la empresa madrileña de branding Sendin & Asociados.

«La lógica te llevará de A a la Z;
la imaginación te llevará a todas partes».
ALBERT EINSTEIN

Ciudad Real, como Castilla-La Mancha, ha sido la tierra olvidada de España, tanto para extranjeros como para españoles, y aun nos atreveríamos a decir que para los propios castellano-manchegos. Si en un principio las comunicaciones impedían a los ciudadanos alejarse más de unas cuantas leguas de su propio lugar de nacimiento, y solo las guerras y las levas que se realizaban permitían a estos viajar por otras regiones, donde solo podían observar y participar del hambre, el cansancio y a veces la muerte en la actualidad no debía ser así.

Como hemos podido comprobar por los vestigios que la arqueología nos ha permitido conocer, la provincia ha sido habitada desde el Paleolítico. En ella los iberos levantaron grandes «oppidum» y los romanos comunicaron la región con todo tipo de vías, a lo largo de las cuales levantaron sus poblaciones y villas, explotando unos recursos naturales que repartieron por todo su imperio, como el «lapis specularis» de Segóbriga o la piedra de arenisca para afilar de Laminium, tal y como mencionaría Plinio en su referencia a las «lascotes laminitae ex Hispania citeriore». Los árabes, durante los ochocientos años que duró su ocupación, llenaron de castillos sus promontorios y cerros, creando en ella durante el califato de Córdoba la Marca Media, una región que unía y daba cohesión a todos sus territorios. Como los pueblos que les antecedieron, explotaron sus recursos, en este caso el azogue de Almadén, que también exportaron por todo el mundo, ampliando su utilización, no solo para el bermellón que había servido a los romanos como un importante colorante, sino para la medicina y la industria metalúrgica.

Indudablemente tan largo periodo de ocupación ha dejado una profunda huella en nuestra tierra, el urbanismo de nuestras ciudades y pueblos, el nombre de muchas de ellas, así como el de valles, ríos y colinas. Y cómo no, asimilamos muchas de sus costumbres, que aún se reflejan en fiestas populares y en manifestaciones artísticas, cuyas muestras perduran felizmente.

Durante la Baja Edad Media fuimos tierra de constantes luchas y batallas y, cuando por fin la tan referida batalla de Las Navas nos dejó libres de la ocupación islámica, las órdenes militares se ocuparon de volver a repoblar esta tierra con cristianos viejos que, junto a los nuevos, supieron hacer de ella una prospera comunidad que explotaba una importante cabaña ganadera, que recorría sus tierras, fomentando el comercio y creando riqueza, así como una agricultura de subsistencia, que gracias al aprovechamiento del agua de sus ríos, con técnicas aprendidas de los moriscos, pasó a ser extensiva, permitiéndoles una incipiente comercialización de sus productos. Todo ello dentro del dominio económico de los maestrazgos y señoríos, con gran influencia eclesial. Transcurrida gran parte de la Edad Moderna, desaparecidas las órdenes, y perdida la capitalidad de Toledo, que durante tantos siglos había dirigido los destinos de pueblos que habitaron nuestra provincia, su progreso se ralentizó, las sucesivas guerras: de Sucesión, Independencia, Carlistas y Civil, arrasaron pueblos, monumentos y recuerdos históricos.

La pérdida del poderío político y territorial que España ostentó internacionalmente con los primeros Austrias, comenzó a debilitarse y quedó relegada si no olvidada en el panorama europeo, olvido quizás más acentuado, si cabe, de la provincia de Ciudad Real, de la que solo se recuerda al «caballero de la triste figura». La oleada de viajeros extranjeros que el Romanticismo del XIX trae a España, buscando esas imágenes de tipismo folclórico, atraviesan La Mancha camino de Andalucía, sacudiéndose el polvo de sus sandalias al pasar por ella, como dice la «fake new» que hiciera Santa Teresa a su salida de Ávila al detenerse en el paraje de los Cuatro Postes. Tan solo Toledo se libraba de este desprecio, pues alguno de los intrépidos viajeros del «Gran Tour» se atrevía a visitarlo en su camino hacia Córdoba, Sevilla o Granada. La opinión general que dichos viajeros transmitieron fue a grandes rasgos que:

> «era una tierra desolada, desagradable, sin interés, pobre, insalubre, monótona y aburrida».

Cuando, traspasado ya el ecuador de dicho siglo, llega el ferrocarril a la zona y los agricultores apuestan por un cambio radical de cultivo, coloreando sus campos durante el verano, con el verde de las pámpanas vitícolas, que sustituían al agostado panorama que hasta entonces se veía al atravesar estas tierras, comienza el despertar económico, que no es rápido ni sencillo. El resurgir de las viñas francesas después de la filoxera, que había hundido su mercado, perjudicó terriblemente a la creciente industria vinícola manchega, que no se había preparado ante esta más que posible eventualidad. El tradicionalismo y analfabetismo que secularmente aquejaba a sus pobladores era una rémora para incorporarse al siglo de las luces. Los avatares políticos y sociales de la primera mitad del siglo XX acentúan la dificultad para que estos pueblos puedan incorporarse a un progreso que les permitiera salir del aislamiento en el que vivían la mayor parte de ellos. En la segunda mitad de este siglo el Plan de Descongestión de Madrid, inserto dentro del Tercer Plan de Desarrollo, promueve la creación de polígonos industriales y residenciales, pretendiendo reorientar el crecimiento madrileño hacia su periferia. La mayoría de ellos se localizaron en la actual Castilla-La Mancha, dos de ellos en la provincia de Ciudad Real: Alcázar de San Juan y Manzanares. Sin embargo, aunque el resultado obtenido no fue el esperado, ni en el asentamiento industrial ni en el de viviendas, sí fue un primer paso de creación de reserva de suelo industrial que posteriormente, y a partir de la década de los ochenta, se utilizó durante el despegue y la liberalización económica, sumándose a este planteamiento de polígonos industriales, la mayoría de los núcleos urbanos de la región, creándose numerosos parques industriales que, junto a una tupida red de comunicación, han ayudado al desarrollo de la misma.

Este parco y poco profundo resumen de la historia de los pueblos de Ciudad Real, que aquí hemos estudiado a la luz de su aparición en los sellos de correos, nos va a servir para obtener unas conclusiones de lo aquí expuesto.

Los motivos que se han filatelizado están en consonancia con la relevancia del hecho que se conmemora. No creemos que sea chauvinista decir que los 114 sellos estudiados tienen un motivo con importancia más que suficiente para haber sido emitidos. Lo reiterativo de las emisiones de *El Quijote* no hacen más que constatar la importancia de un personaje de ficción que ha sido estudiado en todos los idiomas, más que si hubiera sido real.

Podemos asegurar también que los sellos de correos han facilitado el conocimiento de determinados (pocos) monumentos, personajes y hechos históricos de nuestra provincia, fundamentalmente en los dos primeros tercios del siglo XX. Sin embargo, la creación de nuestra autonomía coincide con la disminución de la correspondencia tradicional, la comunicación telemática y el descenso del coleccionismo filatélico, lo que conlleva una menor difusión del sello y con esto el desconocimiento del mensaje que a través de ellos se pretende transmitir.

Constatamos también cómo, a principios del siglo XX, el Estado empieza a darse cuenta que los sellos pueden ser un elemento importante de difusión y, por tanto, de dar a conocer a los ciudadanos que usaban mucho este medio de comunicación, efemérides importantes para la nación, fundamentalmente cuando no existía la radio (la primera emisora no empezó a emitir hasta el segundo cuarto de siglo) y mucho menos la televisión, y la prensa era poco accesible al pueblo iletrado. Aunque solo utilizaron este medio para grandes acontecimientos y figuras icónicas, es el caso de don Quijote, primer personaje que se filateliza en 1905, y cuya imagen utiliza tanto la Monarquía como la República, emitiéndose nada menos que 26 sellos hasta la dictadura franquista con este motivo.

Es evidente, por lo aquí expuesto, que en la época franquista sí son conocedores del poder comunicativo del sello, y todas las emisiones tienen una clara finalidad propagandística, un mensaje que llega a todo el mundo, por las numerosas cartas que se escriben y el continuo aumento del coleccionismo filatélico, fundamentalmente de sellos obliterados, ya que es una afición muy barata. Pero en esta época no existía Castilla-La Mancha, aunque sí La Mancha, de la que solo se conocía *El Quijote* que, como hemos asegurado, todos los regímenes tenían mucho interés en verlo cabalgar sobre la correspondencia.

A pesar de las distintas administraciones que han dirigido el SFC, los criterios que han seguido para elegir los motivos de la provincia han sido muy similares. Y, salvo los monumentos, personajes o efemérides de trascendencia nacional, la selección se hace en base a las propuestas que reciben, y desgraciadamente deben haber recibido muy pocas de nuestras instituciones, tanto públicas como privadas. Asimismo, consideramos que en gran medida la falta de emisiones filatélicas con motivos de Ciudad Real, se debe a los propios ciudadrealeños, que no nos hemos preocupado en ninguna época de hacer propuestas adecuadas al organismo correspondiente y la ausencia casi absoluta de sociedades filatélicas dentro de la provincia, uno de los canales para la solicitud y envío de documentación de emisiones al SFC, ausencia que indica en gran medida una falta de interés de sus habitantes por la filatelia. Por tanto, podemos deducir que la utilización de este medio como ventana para el conocimiento de esta tierra, salvo honrosas excepciones, no ha contribuido a difundir nuestro patrimonio.

Conocemos un caso singular de filatelización privada de una efeméride en la provincia, concretamente en Valdepeñas, que celebraba con esa emisión el bicentenario del levantamiento de la población ante las tropas francesas, Pero curiosamente, en lugar de presentar ante el SFC una solicitud bien argumentada para que realizaran una emisión oficial que celebrara dicho acontecimiento, el Ayuntamiento, como promotor de los actos de celebración, optó por acogerse

NÚM. FESOFI: -. MOTIVO: Bicentenario del levantamiento del 6 de junio en Valdepeñas. VALOR FACIAL: Tarifa A. Multicolor. SERIE: Tusello, 1 valor. FECHA DE EMISIÓN: 6 de junio de 2008. IMPRESIÓN: Papel fluorescente y autoadhesivo. IMPRENTA: FNMT. TAMAÑO: 28,8 x 40,9 mm. TIRADA: Desconocida.

al producto que Correos comercializa, conocido como «Tusello», por el cual cualquier particular puede encargar a la FNMT la confección de un sello con las imágenes que elija y una tarifa determinada, previo pago del importe de dicha emisión. Dicho sello puede utilizarse como franqueo postal, pero no figura en los catálogos pues no está incluido en las emisiones oficiales del SFC.

El sello que reproducimos en la página anterior y que conmemora la heroica actuación de los valdepeñeros el 6 de junio de 1808 está realizado de esa forma.

También podemos deducir por lo expuesto que el futuro no es nada halagüeño. Se ha producido una revolución tecnológica tan tremenda en la comunicación, fundamentalmente soportada en el teléfono móvil, que ha puesto en precario instituciones y formas de vida que parecían sólidamente asentadas: la prensa, los medios de pago, la fotografía o el correo postal. La rapidez que se exigía desde muy antiguo a este correo y que fue evolucionando con la mejora de los caminos y los medios de comunicación, se ha transformado en inmediatez. La noticia se conoce en el mismo momento que se produce, independientemente de dónde se produzca, y además es accesible a todos los miembros de una sociedad global. La fiabilidad, otro de los requisitos que se exigía al correo postal, está conseguida con este aparato telefónico, que no pesa más de 200 gramos y que nos permite, mediante la firma electrónica, autenticar cualquier documento sin movernos de casa. En cuanto a la inviolabilidad o confidencialidad de este correo, no podemos decir lo mismo; por mucho que nos aseguremos, el mensaje, una vez emitido, es muy difícil de controlar y cualquiera (con suficiente conocimiento informático) puede acceder a él. Por lo que nuestra provincia, al igual que las demás, tendrá difícil utilizar este medio como difusor popular de su cultura y patrimonio.

Pero tampoco creemos que el sello de correos va a desaparecer y con ello los productos filatélicos que lo acompañan. Ya el SFC, consciente de este progresivo descenso del franqueo postal, y muy interesado por otro lado, en la repercusión económica que ello puede representar en su recaudación, lleva ya muchos años innovando y haciendo de estos sellos un producto atractivo y capaz de incorporar en su diseño y estampación todas las nuevas tecnologías, para que, sin perder su razón de ser, es decir servir para el franqueo postal, sea capaz de ser codiciado como elemento artístico e incitar al coleccionismo. Futuro que, pensamos, es el del sello postal y demás elementos filatélicos. Desde las primeras técnicas de impresión litográfica y tipográfica, se ha pasado a la calcografía, el huecograbado y el offset, y la llamada técnica mixta (principalmente calcografía y offset), con la que la FNMT está obteniendo numerosos éxitos internacionalmente. Todo ello redunda en una extraordinaria calidad del producto, que lo hace atractivo y deseable. Si a ello añadimos la incorporación de las nuevas tecnologías comunicativas, como la Realidad Aumentada (RA), el sello es una minúscula enciclopedia, que nos abre al conocimiento.

A partir de 2014 el SFC incorpora a algunos de sus sellos esta RA, para lo cual solo hay que cargar en el móvil la APP y enfocar con su cámara el sello correspondiente, para que se nos relate su historia, incluso se nos muestre algún video alusivo a dicha efeméride o motivo. Pero además hay sellos que desprenden olor a incienso, o a los que se les incorpora en el engomado una ligera sensación del aroma y el sabor de un plato de Ferrán Adriá. Con todo esto estamos asegurando, que a pesar de la dificultad a que antes aludíamos, el sello postal podrá ser utilizado en el siglo XXI para la difusión de la cultura y el patrimonio de Ciudad Real.

Pero también podemos asegurar que, para atraer a la juventud hacia este medio, que está totalmente integrado en las nuevas tecnologías, que es relativamente barato, y que es una fuente de información y conocimiento, atractiva, lúdica y adictiva es necesaria una implicación de todos los componentes de la sociedad. En el trabajo fin de máster de Iría Carla Gómez Valencia, presentado en la Facultad de Ciencias Económicas y Empresariales (ICADE) de la Universidad de Comillas, sobre *El coleccionismo: Una aproximación desde la Filatelia*, asegura que:

> «es muy relevante el haber recortado los sellos de las cartas de pequeño y haber tenido una persona del entorno, que despierte tal inquietud».

No basta, por tanto, con que la persona haya estado expuesta al mundo del sello para comenzar a coleccionarlo, es necesario haber tocado el sello y fundamentalmente tener un prescriptor que proporcione el conocimiento y despierte la ilusión y la inquietud que conlleva el mundo filatélico. Pero quiénes son los principales prescriptores entre los 11 y 25 años, aparte de la familia: el instituto y la universidad, pues lógicamente son ellos los que deben proporcionar dicho conocimiento, instruyendo a sus alumnos en un tema de inmensa importancia para su formación, puesto que el sello debe ser utilizado pedagógicamente por todas las razones que hemos apuntado.

Ante el panorama del alejamiento de la juventud del mundo de los sellos, es indispensable la actuación del otro elemento, al que se refería el trabajo universitario antes comentado: el «prescriptor». Si somos conscientes de que la filatelia es una fuente de conocimiento, que refleja la cultura, la identidad y la historia de un país, si consideramos al sello como una expresión artística en sí misma, si consideramos que estos pequeños trozos de papel evocan momentos, recuerdos y emociones, no tenemos más remedio que buscar estos prescriptores para despertar en esa juventud el amor a los sellos. Son varios, aunque escasos, los ejemplos en los que distintas administraciones e instituciones educativas han apostado por la filatelia como herramienta pedagógica: la Xunta de Galicia[1], la Junta de Andalucía[2], el Centro de Bachillerato Ave María de Granada[3], el colegio Cardenal Cisneros de Ourense[4] y la UNED[5].

Como conclusión de todo lo aquí expuesto, deducimos que, si queremos que nuestra provincia sea conocida a través de los sellos, debemos hacer un esfuerzo todos los ciudarrealeños en ese sentido. Las administraciones primero, concretamente la Consejería de Educación, promoviendo y creando cauces para que la filatelia pueda ser una disciplina educativa, que ayude e incentive a los alumnos, tanto de primaria como de secundaria en la consecución de sus objetivos de conocimiento, al mismo tiempo que despierte en ellos curiosidad por un elemento que les transmite infinidad de valores: cívicos, morales, medioambientales y, además, de una forma sutilmente bella; educando su espíritu y guiándolo hacia el Arte. Los centros de enseñanza son los que deben llevar a buen fin estas directrices, ilusionando a sus alumnos con este medio educativo, utilizándolo para que conozcan su pasado histórico, su tierra, o los hombres que supieron engrandecerla; promoviendo exposiciones y concursos, para los que siempre encontrarán mecenas que les ayuden, tanto con consejos, como económicamente. Entendemos que, si sus niños y jóvenes se interesan por una materia, la sociedad dará respuesta a sus inquietudes, facilitándoles cauces para desarrollarlas. Se crearán sociedades filatélicas, proliferarán tiendas de productos filatélicos y se potenciarán sus mercadillos dominicales.

En cuanto a la universidad, como último eslabón de la formación, debe orientar y canalizar a sus estudiantes sobre este tema. Consideramos que ha ser la Facultad de Letras de Ciudad Real la que se encargue de impartir alguna asignatura optativa, que complemente sus estudios de Historia del Arte, organizando además exposiciones, charlas y cursos monográficos, para los que podrá contar con asociaciones como FESOFI, la Real Academia Hispánica de Filatelia y Numismática, o el propio Correos. Y cómo no, proponiendo al menos una vez al año la emisión de alguna serie conmemorativa de nuestra provincia. También sería muy conveniente establecer un máster de Filatelia, en el cual se estudiaría: historia postal, productos filatélicos, sistemas de impresión y grabado, diseño, coleccionismo moderno de productos filatélicos, los sellos como inversión, etc.

ANEXO DE ILUSTRACIONES

Página anterior: Quizás uno de los sellos más originales emitidos por la FNMT sea este, incluido dentro de la serie "Música-Géneros musicales", que conmemora el 250 aniversario del nacimiento de Ludwig van Beethoven. Presenta la particularidad de poder ser reproducido en un tocadiscos y escuchar de este modo un fragmento de su Sinfonía número 5, en Do menor, op. 67, interpretada por la Madrid Festival Orcherstra, bajo la dirección de Albert Skuratov. La hoja bloque de forma circular, realizada en cartón engomado y troquelado de 320 gr/m^2, tiene un diámetro de 138 milímetros y en su centro está impreso en offset un sello, también circular, con un dentado de 13 ½ y un valor facial de 4 euros. Este sello fue puesto en circulación el día 9 de noviembre de 2020.

1. ILUSTRACIONES DE PORTADA Y COMIENZOS DE CAPÍTULO

Página	Sello	Nº Fesofi	Serie	Motivo	Color	Impresión	Valor facial	Observaciones
Portada		5.992	12 meses 12 sellos. 2020. Ciudad Real	Letras CR y motivos de la provincia	Multicolor	Offset	Tarifa A	Papel autoadhesivo y fosforescente
11		5.573	Arte Contemporáneo 2016. Jaume Plensa	Ninfa Eco	Multicolor	Offset+ golpe seco	5 euros	Estucado, engomado y fosforescente
23		2.718	Año Mundial de las Comunicaciones	Logotipo	Multicolor	Huecograbado	38 pesetas	
51		6.069	Disello 2021 VII Concurso Disello 2020	Primer premio en la categoría general	Multicolor	Offset	0,70 euros	Papel autoadhesivo y fosforescente

Página	Sello	Nº Fesofi	Serie	Motivo	Color	Impresión	Valor facial	Observaciones
77		5.992	Tarjeta 1ᵉʳ día de circulación; 29 mayo 2020	Letras CR y motivos de la provincia	Multicolor	Offset	Tarifa A	
137		3.601	Correspondencia epistolar escolar. 24 valores	Hoja bloque 12 sellos Don Quijote	Multicolor	Huecograbado	12 x 20 pesetas	Multipliego en papel estucado, engomado y fosforescente
175		6.042	Reconicimiento. Coleccionistas filatélicos	*El filatelista.* Obra de François Barraud (1929)	Multicolor	Offset+ efecto lupa+ troquelado	4,00 euros	Cartulina engomada
185		6.056	Música. Géneros musicales. Clásica	Disco de vinilo e imagen de Beethoven	Multicolor	Offset	4,00 euros	Cartón engomado de 320gr/m²

Página	Sello	Nº Fesofi	Serie	Motivo	Color	Impresión	Valor facial	Observaciones
223		4.572	Efemérides. «El Cantar de Mío Cid»	Versos del Cantar	Multicolor	Offset	0,30 euros	Papel autoadhesivo y fosforescente
Contra-portada		3.603	Correspon-dencia epistolar escolar	Escenas del Quijote. «En un lugar de la Mancha»	Multicolor	Huecograbado	20 pesetas	Papel estucado, engomado y fosforescente

2. SELLOS DE LA INTRODUCCIÓN

Página	Sello	Nº Fesofi	Serie	Motivo	Color	Impresión	Valor facial	Observaciones
18		5.515	Toledo, capital española de la gastronomía 2016	Mazapán	Multicolor	Offset	0,57 euros	Papel engomado
19		5.539	Pueblos con encanto	Alcalá del Júcar	Multicolor	Offset	Tarifa A	Papel autoadhesivo y fosforescente. Diseño Juan A. González (Filatelia)

3. SELLOS DEL CAPÍTULO 1

Página	Sello	Nº Fesofi	Serie	Motivo	Color	Impresión	Valor facial	Observaciones
25		5.473	Patrimonio Inmaterial de la Humanidad	Silbo gomero	Multicolor	Offset (Sonido + RA)	2,84 euros	Papel engomado
27		5.483	Maravillas del mundo moderno	Muralla China	Multicolor	Offset	0,55 euros	Papel engomado
28		2.729	Día del Sello. Bandeleta España 84	Hoja bloque Correo romano	Castaño y negro	Calcografía y offset	16 pesetas	
29		1.757	Forjadores de América	El Chasqui	Pizarra y beige	Huecograbado	6 pesetas	

Página	Sello	Nº Fesofi	Serie	Motivo	Color	Impresión	Valor facial	Observaciones
30		2.529	Día del Sello	Correo del rey. Siglo XIII	Multicolor	Calcografía y offset	5 pesetas	
31		2.164	V Centenario de la Imprenta	Primeras imprentas	Azul y gris verdoso	Calcografía	1 peseta	
32		2.874	Exfilna 86	Hoja bloque Correos califales de palomas	Multicolor	Calcografía y offset	17 pesetas	Papel fosforescente
33		2.212	Centenario de la Unión Postal	Monumento de la UPU en Berna	Rojo, naranja y verde	Huecograbado	8 pesetas	

Página	Sello	Nº Fesofi	Serie	Motivo	Color	Impresión	Valor facial	Observaciones
34		1.462	50 Aniversario de la Unión Postal	Logotipo de la UPU	Verde y castaño	Calcografía	1 peseta	
35		2.787	Día del Sello	Correo árabe	Multicolor	Calcografía y offset	17 pesetas	
35		3.150	Centenarios	Abd Al Rahman III	Multicolor	Offset	25 pesetas	
36		2.624	Correos de Castilla Día del Sello	Correo a pie. Siglo XIV	Multicolor	Calcografía y offset	12 pesetas	

PÁGINA	SELLO	Nº FESOFI	SERIE	MOTIVO	COLOR	IMPRESIÓN	VALOR FACIAL	OBSERVACIONES
37		2.578	Día del Sello	Correo a caballo. Siglo XIV	Multicolor	Calcografía y offset	8 pesetas	
37		2.824	Día del Sello	Correo de rótulas. Siglo XII	Multicolor	Calcografía y offset	17 pesetas	
38		2.930	Día del Sello	Correos reales. Siglo XV	Multicolor	Calcografía y offset	20 pesetas	
39		2.968	Día del Sello	Francisco de Tassis	Violeta y castaño	Calcografía	20 pesetas	

Página	Sello	Nº Fesofi	Serie	Motivo	Color	Impresión	Valor facial	Observaciones
39		3.025	Día del Sello	Primer Convenio Internacional del Correo y escudo de Tassis	Negro	Calcografía	20 pesetas	
40		3.140	Día del Sello	Juan de Tassis y Peralta	Negro	Calcografía	25 pesetas	
41		3.186	Día del Sello	Conde de Campomanes	Multicolor	Huecograbado	27 pesetas	
42		5.527	300 años de Correos en España	Casa de Correos de la Puerta del Sol	Multicolor	Calcografía+ offset+foil+ relieve	3 euros	Papel estucado, engomado y fosforescente

PÁGINA	SELLO	Nº FESOFI	SERIE	MOTIVO	COLOR	IMPRESIÓN	VALOR FACIAL	OBSERVACIONES
43		3.868	Día del Sello	Buzón de Mayorga (Valladolid)	Negro	Calcografía	0,95 euros 155 pesetas	Papel estucado, engomado, mate, fosforescente
44		3.274	Día del Sello 1993	Buzón de Correos	Multicolor	Calcografía y offset	28 pesetas	
44		3.322	Día del Sello 1994	Buzón (Casa del Arcediano)	Castaño sobre crema	Calcografía y offset	29 pesetas	
45		3.384	Día del Sello 1995	Boca de buzón de Correos. Siglo XIX	Cataño y verde	Calcografía	30 pesetas	

Página	Sello	Nº Fesofi	Serie	Motivo	Color	Impresión	Valor facial	Observaciones
45		4.675	Día del Sello	Portada de la Real Ordenanza del Correo Marítimo (1777)	Multicolor	Offset	0,39 euros	Papel autoadhesivo, fosforescente
46		2.331	Servicio de Correos	Correo Rural	Multicolor	Huecograbado	6 pesetas	
47		5.526	Hoja bloque 300 años de Correos en España	Casa de Correos de la Puerta del Sol	Multicolor	Calcografía+ offset+foil+ relieve	3 euros	Papel estucado, engomado, fosforescente y mate
48		2.173	125 Aniversario del ferrocarril Barcelona-Mataró	Miguel Biada y locomotora	Multicolor	Huecograbado	2 pesetas	

Página	Sello	Nº Fesofi	Serie	Motivo	Color	Impresión	Valor facial	Observaciones
48		2.330	Servicio de Correos	Ambulantes de Correos	Multicolor	Huecograbado	3 pesetas	

4. SELLOS DEL CAPÍTULO 2

Página	Sello	Nº Fesofi	Serie	Motivo	Color	Impresión	Valor facial	Observaciones
54			Reina Victoria	Reina Victoria	Negro	Calcografía	1 penique	Grabador: Frederik y Charles Health
57		1	Reina Isabel II	Reina Isabel II	Negro	Litografía	6 cuartos	Grabador: Bartolomé Coromina
58		8	Reina Isabel II	Reina Isabel II	Naranja	Tipografía	2 reales	Grabador: Bartolomé Coromina

PÁGINA	SELLO	Nº FESOFI	SERIE	MOTIVO	COLOR	IMPRESIÓN	VALOR FACIAL	OBSERVACIONES
60		247	Alfonso XIII	Alfonso XIII	Negro	Calcografía	20 céntimos	Grabador: Bartolomé Maura Montaner
62		4.704	Patrimonio Nacional. Tapices	Hoja bloque El columpio (Goya)	Multicolor	Huecograbado	0,60 euros	Papel estucado, engomado, fosforescente
63		5.591	Patrimonio Mundial	Hoja bloque Acueducto de Segovia	Multicolor	Calcografía y offset	5 euros	Papel engomado, desplegable
64		5.443	Patrimonio Mundial	Hoja bloque Cueva de Altamira	Multicolor	Calcografía+offset+barniz+microrelieve	3 euros	Papel engomado

PÁGINA	SELLO	Nº FESOFI	SERIE	MOTIVO	COLOR	IMPRESIÓN	VALOR FACIAL	OBSERVACIONES
67		4.950	Exfilna 2010	Hoja bloque Distintos sistemas de impresión	Multicolor	Offset	2,49 euros	Papel estucado, engomado, fosforescente
68		107	Efigie alegórica de España	Efigie alegórica de España	Ultramar	Tipografía	50 milésimas de escudo	Grabador: Eugenio Juliá Jover
69		514	Quinta de Goya en la Expo de Sevilla	La maja desnuda	Pizarra	Calcografía	4 pesetas	Grabador: José López Sánchez-Toda
70		918	Cifras y El Cid	Castillo y El Cid	Verde	Litografía	15 céntimos	Grabador: Blas Pérez Irujo

Página	Sello	Nº Fesofi	Serie	Motivo	Color	Impresión	Valor facial	Observaciones
71		2.302	Proclamación de D. Juan Carlos I	S.M. D. Juan Carlos I	Multicolor	Huecograbado	3 pesetas	
72		5.372	Patrimonio Nacional. Tapices	La muerte de Dido	Multicolor	Huecograbado	3,15 euros	Grabador: Juan A. González

5. SELLOS DEL CAPÍTULO 3

Página	Sello	Nº Fesofi	Serie	Motivo	Color	Impresión	Valor facial	Observaciones
79		5.992	12 meses 12 sellos 2020. Ciudad Real	Letras CR y motivos de la provincia	Multicolor	Offset	Tarifa A	Papel autoadhesivo fosforescente
81		5.562	Gastronomía. D.O. protegidas de Castilla-La Mancha	Queso y azafrán	Multicolor	Offset	1,30 euros x 2	Hoja bloque Papel estucado, engomado y fosforescente
83		6.267	Patrimonio Mundial. Patrimonio del Mercurio. Almadén	Detalle del castillete de las minas de Almadén	Multicolor	Offset	5,10 euros	Hoja bloque Papel estucado, engomado y fosforescente
84		4.564	Arquitectura	Capilla de Valleacerón (Almadenejos)	Multicolor	Huecograbado	0,30 euros	

Página	Sello	Nº Fesofi	Serie	Motivo	Color	Impresión	Valor facial	Observaciones
87		1.622 y 1.626	Forjadores de América	Diego de Almagro	Violeta y azul pálido uno y verde oscuro y azul otro	Huecograbado	25 céntimos y 2 pesetas	
88		3.041	Artesanía española. Encajes	Encajes Almagro	Multicolor	Calcografía y offset	20 pesetas	Hoja bloque de 6 sellos con 3 viñetas centrales
89		6.454	Teatro. Festival Internacional de Teatro Clásico	Corral de Comedias de Almagro	Multicolor	Offset	Tarifa A	Papel estucado, engomado y fosforescente
91		1.961	Personajes españoles	Juan de Ávila	Violeta y negro	Calcografía	25 pesetas	

Página	Sello	Nº Fesofi	Serie	Motivo	Color	Impresión	Valor facial	Observaciones
94		2.037	Fauna hispánica	Lince	Multicolor	Huecograbado	2 pesetas	
97		2.133	Paisajes y monumentos	Molinos de La Mancha (Ciudad Real)	Carmín y gris	Calcografía	8 pesetas	
97		5.310	Arquitectura rural	Molino manchego	Multicolor	Offset	0,54 euros	Grabador: Sandin & Asociados
100		5.361	Cine español	Sara Montiel	Multicolor	Offset	0,76 euros	Papel estucado, engomado y fosforescente. Grabador: Jesús Sánchez

Página	Sello	Nº Fesofi	Serie	Motivo	Color	Impresión	Valor facial	Observaciones
102		3.829	Correspondencia epistolar escolar	Alfonso X el Sabio	Multicolor	Huecograbado	20 pesetas	Papel estucado, engomado y fosforescente
103		1.481	Escudos	Escudo de Ciudad Real	Multicolor	Huecograbado	5 pesetas	Grabador: Carlos Velamazán
104		2.417	Serie Turística	Puerta de Toledo (Ciudad Real)	Castaño y naranja	Calcografía	1 peseta	
107		1.839	Trajes regionales	Traje regional de Ciudad Real	Multicolor	Huecograbado	6 pesetas	

Página	Sello	Nº Fesofi	Serie	Motivo	Color	Impresión	Valor facial	Observaciones
110		6.017	Protagonistas de la Historia 2020	General Espartero	Multicolor	Offset y troquel	2 euros	Papel estucado, engomado y fosforescente
112		2.708	Maestros de la Zarzuela	La rosa del azafrán	Multicolor	Calcografía y offset	6 pesetas	
115		4.795	Moda española	Hoja bloque Moda Manuel Piña	Multicolor	Huecograbado con microrelieve	4 x 0,32 euros	Papel estucado, engomado y fosforescente
117		3.434	América UPAEP	Lagunas manchegas y patos colorados-ánade real	Multicolor	Huecograbado	60 pesetas	

Página	Sello	N° Fesofi	Serie	Motivo	Color	Impresión	Valor facial	Observaciones
118		4.596	Naturaleza	Parque Natural de las Lagunas de Ruidera	Multicolor	Huecograbado	0,30 eujros	Papel estucado, engomado y fosforescente
121		5.198	Arte contemporá- neo español	Antonio López	Multicolor	Huecograbado	4 x 0,52 euros	Papel estucado, engomado y fosforescente
125		4,166	Vinos con denominación de origen	Vino de Valdepeñas	Multicolor	Huecograbado	0,76 euros	Papel estucado, engomado y fosforescente
128		989	III Centenario de la muerte de Quevedo	Francisco de Quevedo	Castaño	Calcografía	40 céntimos	Grabador: José López Sánchez-Toda

Página	Sello	Nº Fesofi	Serie	Motivo	Color	Impresión	Valor facial	Observaciones
129		2.417	Centenarios	Francisco de Quevedo	Castaño y violeta	Calcografía	12 pesetas	
130		4.032	Correspondencia epistolar escolar	Quevedo y Góngora	Multicolor	Huecograbado	0,10 euros	
130		5.768	Humor gráfico 2018	Francisco de Quevedo	Multicolor	Offset	3,30 euros	
131		6.026	Personajes 2020. 440 años del nacimiento de Francisco de Quevedo	Lentes, perilla, cruz de Santiago y leyenda	Multicolor	Offset	2,00 euros	Papel estucado, engomado y fosforescente

Página	Sello	Nº Fesofi	Serie	Motivo	Color	Impresión	Valor facial	Observaciones
133		1.705	Personajes españoles	Álvaro de Bazán	Negro y azul	Calcografía	25 céntimos	
134		3.153	Madrid, Capital Europea de la Cultura	Álvaro de Bazán	Multicolor	Huecograbado	25+5 pesetas	

6. SELLOS DEL CAPÍTULO 4

PÁGINA	SELLO	Nº FESOFI	SERIE	MOTIVO	COLOR	IMPRESIÓN	VALOR FACIAL	OBSERVACIONES
141		257	III Centenario de la publicación de *El Quijote*	Escenas de *El Quijote*	Verde	Tipografía	5 céntimos	Grabador: Bartolomé Maura
141		258	III Centenario de la publicación de *El Quijote*	Escenas de *El Quijote*	Rojo	Tipografía	10 céntimos	Grabador: Bartolomé Maura
141		259	III Centenario de la publicación de *El Quijote*	Escenas de *El Quijote*	Violeta	Tipografía	15 céntimos	Grabador: Bartolomé Maura
141		260	III Centenario de la publicación de *El Quijote*	Escenas de *El Quijote*	Azul	Tipografía	25 céntimos	Grabador: Bartolomé Maura

Página	Sello	Nº Fesofi	Serie	Motivo	Color	Impresión	Valor facial	Observaciones
141		261	III Centenario de la publicación de *El Quijote*	Escenas de *El Quijote*	Verde azulado	Tipografía	30 céntimos	Grabador: Bartolomé Maura
141		262	IIII Centenario de la publicación de *El Quijote*	Escenas de *El Quijote*	Rosa	Tipografía	40 céntimos	Grabador: Bartolomé Maura
141		263	III Centenario de la publicación de *El Quijote*	Escenas de *El Quijote*	Azul grisáceo	Tipografía	50 céntimos	Grabador: Bartolomé Maura
141		264	IIII Centenario de la publicación de *El Quijote*	Escenas de *El Quijote*	Carmín	Tipografía	1 peseta	Grabador: Bartolomé Maura

PÁGINA	SELLO	Nº FESOFI	SERIE	MOTIVO	COLOR	IMPRESIÓN	VALOR FACIAL	OBSERVACIONES
141		265	III Centenario de la publicación de *El Quijote*	Escenas de *El Quijote*	Violeta	Tipografía	4 pesetas	Grabador: Bartolomé Maura
141		266	IIII Centenario de la publicación de *El Quijote*	Escenas de *El Quijote*	Naranja	Tipografía	10 pesetas	Grabador: Bartolomé Maura
142		755	VII aniversario de la República	Escenas de *El Quijote* sobrecargado	Violeta con sobrecargo negro	Tipografía	45 céntimos s/10 céntimos	Grabador: Bartolomé Maura
143		756	VII aniversario de la República	Escenas de *El Quijote* sobrecargado	Rojo con sobrecargo negro	Tipografía	2,50 pesetas s/10 céntimos	Grabador: Bartolomé Maura
143		761	Fiesta del Trabajo	Escenas de *El Quijote* sobrecargado	Violeta con sobrecargo negro	Tipografía	45 céntimos s/15 céntimos	Grabador: Bartolomé Maura

PÁGINA	SELLO	Nº FESOFI	SERIE	MOTIVO	COLOR	IMPRESIÓN	VALOR FACIAL	OBSERVACIONES
143		762	Fiesta del Trabajo	Escenas de *El Quijote* sobrecargado	Violeta con sobrecargo negro	Tipografía	1 peseta s/15 céntimos	Grabador: Bartolomé Maura
144			Batalla de Teruel	Escenas de *El Quijote* sobrecargado	Violeta con sobrecargo negro	Tipografía	30 + 15 céntimos	Grabador: Bartolomé Maura
145		281 y 285	III Centenario de la muerte de Cervantes	Biblioteca Nacional	Verde/ carmín con negro	Calcografía	Sin valor facial	Imprenta: Bradbuny Wilkndon & Co., Londres
147		282 y 286	III Centenario de la muerte de Cervantes	Palacio de las Cortes	Violeta/ verde con negro	Calcografía	Sin valor facial	Imprenta: Bradbuny Wilkndon & Co., Londres

Página	Sello	Nº Fesofi	Serie	Motivo	Color	Impresión	Valor facial	Observaciones
147		283 y 287	IIII Centenario de la muerte de Cervantes	Monumento a Cervantes	Carmín/ castaño con negro	Calcografía	Sin valor facial	Imprenta: Bradbuny Wilkndon & Co., Londres
148		284 y 288	III Centenario de la muerte de Cervantes	Supuesto retrato de Cervantes	Violeta/ castaño con negro	Calcografía	Sin valor facial	Imprenta: Bradbuny Wilkndon & Co., Londres
149		723 a 725	XL Aniversario de la Asociación de la Prensa	Clavileño	Azul ultramar/ lila acarminado/ castaño rojizo	Huecograbado	2, 4 y 10 pesetas	Grabador: Mariano Bertuchi
150		1.012	IV Centenario del nacimiento de Cervantes	Don Quijote	Castaño negruzco	Calcografía	50 céntimos	Grabador: Germán Martín Orbe

PÁGINA	SELLO	Nº FESOFI	SERIE	MOTIVO	COLOR	IMPRESIÓN	VALOR FACIAL	OBSERVACIONES
151		1.013	IV Centenario del nacimiento de Cervantes	Don Quijote	Azul oscuro	Calcografía	75 céntimos	Grabador: Carlos Velamazán
152		1.014	IV Centenario del nacimiento de Cervantes	Clavileño	Violeta	Calcografía	5,50 pesetas	Grabador: José López Sánchez-Toda
153		1.393	IV Centenario de la capitalidad de Madrid	Plaza de España	Castaño y azul	Calcografía y huecograbado	5 pesetas	Grabador: José López Sánchez-Toda
154		1.746	IV Congreso Mundial de Psiquiatría	Don Quijote	Multicolor	Huecograbado	1,50 pesetas	

PÁGINA	SELLO	Nº FESOFI	SERIE	MOTIVO	COLOR	IMPRESIÓN	VALOR FACIAL	OBSERVACIONES
155		1.749	Federación Astronáutica Internacional	Clavileño	Azul, gris y castaño	Huecograbado	1,50 pesetas	Grabador: Germán Martín Orbe
156		2.076	Año Internacional del Libro y la Lectura	Portada de *El Quijote*	Castaño y carmín	Calcografía	2 pesetas	
158		2.266	Paisajes y monumentos	Prisión de Cervantes	Violeta y pizarra	Calcografía	1 peseta	
159		2.712	Europa	*El Quijote.* Miguel de Cervantes	Verde grisáceo y burdeos	Calcografía	16 pesetas	

Página	Sello	Nº Fesofi	Serie	Motivo	Color	Impresión	Valor facial	Observaciones
160		3.601	Correspondencia epistolar escolar	Hoja bloque 12 sellos: Don Quijote	Multicolor	Huecograbado	12 x 20 pesetas	Papel estucado engomado y fosforescente
161		3.602	Correspondencia epistolar escolar	Hoja bloque 12 sellos: Sancho Panza	Multicolor	Huecograbado	12 x 20 pesetas	Papel estucado engomado y fosforescente
162		3.925	Correspondencia epistolar escolar	Sello hoja bloque Lepanto	Multicolor	Huecograbado	25 pesetas 0,15 euros	Papel estucado engomado y fosforescente
163		4.030	Correspondencia epistolar escolar	Cervantes y don Quijote	Multicolor	Huecograbado	0,10 euros	
164		4.225	La mujer y la lectura	Hoja bloque *La mujer y la lectura* por Fabio Hurtado	Multicolor	Huecograbado	Varios	Papel estucado engomado y fosforescente

Página	Sello	Nº Fesofi	Serie	Motivo	Color	Impresión	Valor facial	Observaciones
165		4.226	La mujer y la lectura	Hoja bloque *La mujer y la lectura* por Fabio Hurtado	Multicolor	Huecograbado	Varios	Papel estucado engomado y fosforescente
167		4.365	IV Centenario de la publicación de *El Quijote*	Hoja bloque *El Quijote*	Negro y rojo	Huecograbado	Varios	Papel estucado engomado y fosforescente
169		5.109	Cine español	Fernando Rey	Multicolor	Offset	0,36 euros	Papel estucado engomado y fosforescente
170		5.211	Cine español	Rafael Gil	Multicolor	Huecograbado	0,52 euros	Papel estucado, engomado mate y fosforescente

Página	Sello	Nº Fesofi	Serie	Motivo	Color	Impresión	Valor facial	Observaciones
172		5.343	Marca España	Letra Ñ Lengua española	Multicolor	Offset	1 euro	Grabador: Tau Diseño
173		5.517	Disello. Cervantes. Categoría general	Don Quijote	Negro	Offset	0,45 euros	Diseño: Maximiliano Cosatti
174		5.518	Disello. Cervantes. Categoría juvenil	Escena de *El Quijote*	Negro	Offset	0,57 euros	Diseño: Carlota Artero

7. SELLOS DE LAS CONCLUSIONES

Página	Sello	Nº Fesofi	Serie	Motivo	Color	Impresión	Valor facial	Observaciones
180			Tusello	Bicentenario del levantamiento del 6 de junio de 1808 en Valdepeñas	Granate y negro		Tarifa A	Papel fluorescente y autoadhesivo

FUENTES Y BIBLIOGRAFÍA

Página anterior: Una de las joyas que alberga nuestra Biblioteca Nacional es el único ejemplar del *Cantar de Mio Cid* que ha llegado hasta nosotros, cuyo original, de autor desconocido, fue copiado o manuscrito por Per Abbat en 1207, según aparece en el explicit o colofón de dicho texto. El que se conserva es de cien años más tarde y sufre algunas carencias (le falta la primera hoja y dos más del interior). Es una obra maestra de la épica castellana y única de este género en la literatura española. Y además la primera en la que se utilizó el método histórico-crítico en su estudio por parte de Ramón Menéndez Pidal, iniciándose con ello en España la Filología como ciencia moderna. El SFC emitió este sello en mayo de 2007 para conmemorar los 800 años de esta obra maestra.

«Lo único que tienes que saber
es la ubicación de la biblioteca».
Albert Einstein

1. TESIS DOCTORALES Y TRABAJOS DE FIN DE MÁSTER

ÁLVAREZ GONZÁLEZ, M.ª T.: *La Filatelia europea del siglo XX en las Ciencias de la Salud*, tesis doctoral, Universidad Complutense de Madrid, Facultad de Medicina, 2007.

BORDES MUÑOZ, J. C.: *Correos en la España de Franco (1936-1975). Depuración de funcionarios y reorganización de los servicios postales*, tesis doctoral, Universidad Nacional de Educación a Distancia, 2004.

CID RODRÍGUEZ, R.: *Los correos marítimos de Indias en el siglo XVIII: la expedición y la circulación de la documentación*, tesis doctoral, Universidad de Sevilla, 2013.

GÓMEZ VALENCIA, I C.: *El coleccionismo: Una aproximación desde la Filatelia*, trabajo fin de máster, Universidad de Comillas, Facultad de Ciencias Económicas y Empresariales (ICADE), 2015.

GUERRA GONZÁLEZ, J. E.: *Filatelia e Historia Postal en España (1830-2015). Fuente histórica, líneas de investigación y abordajes metodológicos para la construcción disciplinar de la historia de la Enfermería*, tesis doctoral, Universidad de Alicante, 2016.

JIMÉNEZ JIMÉNEZ, J. F.: *La imagen de La Mancha en las ilustraciones de El Quijote. Daniel Urrabieta Vierge y el cambio de siglo*, tesis doctoral, Universidad de Castilla-La Mancha, Facultad de Letras de Ciudad Real. 2015.

LABIÁN VÁZQUEZ, M. T.: *La difusión del patrimonio de Castilla-La Mancha a través del sello postal: El Quijote*, trabajo fin de máster, Universidad de Castilla-La Mancha, 2018.

—: *La difusión del patrimonio de Castilla-La Mancha a través de los productos filatélicos*, tesis doctoral, Universidad de Castilla-La Mancha, 2023.

LÓPEZ TORÁN, J. M.: *La Gran Guerra: Un recorrido visual a través de la tarjeta postal*, trabajo fin de máster, Universidad de Castilla-La Mancha.

MORALES SÁNCHEZ-TEMBLEQUE, M.: *La Orden de San Juan de Jerusalén. Los prioratos de San Juan en la Mancha (siglos XVI y XVII)*, tesis doctoral, Ciudad Real, Universidad de Castilla-La Mancha, 2016.

MIRALLES SANGRO, M. T.: *La imagen enfermera a través de los documentos filatélicos desde 1840 hasta el 2000. Una contribución a la historia de la*

Enfermería, tesis doctoral, Universidad Complutense de Madrid, Escuela de Enfermería, Fisioterapia y Podología, 2011.

MORENO MORENO, A. J.: *La construcción social de la identidad: una interpretación antropológica-cultural de Castilla-La Mancha*, tesis doctoral, Universidad Complutense de Madrid, 2012.

NAVARRO OLTRA, G.: *Autorretratos del Estado. Una aproximación al sello postal del franquismo como medio de emisión de mensajes ideológicos (1936-1975)*, Cuenca, Universidad de Castilla-La Macha, 2010.

ROZAS GARCÍA, M. R.: *Salud sexual y reproductiva en la Filatelia. Análisis iconográfico de los sellos de correos*, tesis doctoral, Universidad Complutense de Madrid, 2015.

SALDAÑA FERNÁNDEZ, C.: *Monopolio y liberación postal: El régimen jurídico de los sellos de correos en España*, tesis doctoral, Universidad Nacional de Educación a Distancia, 2011.

SANZ ANEIROS, J. A.: *El diseño de productos filatélicos y su papel en la difusión del patrimonio de Galicia*, tesis doctoral, Universidad de A Coruña, 2015.

2. LIBROS Y REVISTAS

AGOSTINI BANÚS, E.: *Historia de Almodóvar del Campo y glosa de su antiguo archivo municipal*, Ciudad Real, Instituto de Estudios Manchegos, 1972.

ALFONSO X.: *Las siete partidas*, título IX, partida segunda, en *Compendio del derecho público y común de España, o de las leyes de las siete partidas, colocado en orden natural por el Lic. D. Vicente Vizcaíno Pérez; con remisiones a las leyes posteriormente recopiladas, que las confirman, corrigen o declaran*; tomo IV. Consultado en http://bdh. bne.es/ bnesearch/ detalle/bdh0000134158, de la Biblioteca Digital Hispánica.

ALÍA MIRANDA, F.: *La Guerra Civil en Ciudad Real (1936-1939). Conflicto y revolución en una provincia de la retaguardia republicana*, Ciudad Real, Biblioteca de Autores Manchegos, 2017.

ALÍA MIRANDA, F. y J. DÍAZ SÁNCHEZ (coord.): *El Palacio Provincial y su época*, Ciudad Real, Biblioteca de Autores Manchegos, 2019.

ALMARCHA NÚÑEZ-HERRADOR, E.: «Recuperar la esencia. El Corral de Comedias y Almagro», en *El Greco en su IV Centenario: patrimonio hispánico y diálogo intercultural*, Cuenca, Universidad de Castilla-La Mancha, 2016, pp. 377-400.

ALMARCHA NÚÑEZ-HERRADOR, E. y R. VILLENA ESPINOSA: «Los castillos, ¿destino turístico?», en *De Marco Polo al low cost: perfiles del turismo contemporáneo*, Madrid, La Catarata, 2020, pp. 69-90.

ALMARCHA NÚÑEZ-HERRADOR, E., C. DÍEZ DE BALDEÓN, D. PERIS SÁNCHEZ e I. SÁNCHEZ SÁNCHEZ: *Paisajes de los conjuntos históricos: Castilla-La Mancha*, Ciudad Real, Centro de Estudios de Castilla-La Mancha, UCLM,. 2011.

ALONSO VALERO, L. y V. CARRASCO: *Parque Nacional de Cabañeros*, Madrid, Ecohábitat, 1997.

ASÍN PALACIOS, M.: *Contribución a la toponimia árabe de España*, Madrid, Consejo Superior de Investigaciones Científicas, Instituto Arias Montano,. 1940.

AVERLINO, A. (FILARETE): *Tratado de Arquitectura*, edición de Pilar Pedraza, Vitoria-Gasteiz, Instituto de Estudios Iconográficos Ephialte, 1990.

AYALA MARTÍNEZ, C. de.: *Libro de privilegios de la Orden de San Juan de Jerusalén en Castilla y León (Siglos XII-XV)*, Madrid, Editorial Complutense, 1995.

AZCÁRATE, C. A.: *Catedrales olvidadas: la red nacional de silos en España (1949-1990)*. Pamplona, T6 Ediciones, 2009.

BALLESTEROS ARRANZ, E.: «La escultura del siglo XV», en colección de videos *Historia del Arte Español*, núm. 25, 19, Madrid, Hiares, 2006.

BALLESTEROS GAIBROIS, M.: *Diego de Almagro*, Madrid, Publicaciones Españolas, 1977.

BARRANQUERO CONTENTO, J. J.: «La difusión de las fórmulas renacentistas dentro del Campo de Calatrava: Alonso Galdón y la Parroquia de Manzanares», en *Ars Bilduma: Revista del Departamento de Historia del Arte y Música de la Universidad del País Vasco*, núm. 8, 2018, pp. 63-82, en https://www.ehu.eus/ojs/index.php/ars_bilduma/article/view/17965/La%20difusi%C3%B3n%20de%20las%20f%C3%B3rmulas%20renacentistas...

BENÍTEZ DE LUGO ENRICH, L.: «El *vicus* romano de Aberturas: primeras evidencias arqueológicas de viticultura manchega en la ciudad del vino (Valdepeñas, Ciudad Real). Avance de resultados», en *Paisajes y Patrimonio Cultural del Vino y otras bebidas psicotrópicas*, Requena 12-15 de abril de 2011, Ayuntamiento de Requena, 2013, pp. 209-219.

BEÑO GALIANA, P. A.: *Argamasilla de Alba. El lugar de la Mancha*, Ciudad Real, Instituto de Estudios Manchegos, 1982.

BLANCO GONZÁLEZ, A., C. PRADO ROMÁN y A. CONCEJO CASAS: *El mercado de los bienes tangibles de colección: especial consideración a la numismática de inversión*, Madrid, Universidad Rey Juan Carlos, 1970, en https://books.google.es/books?id=qpSxtQ0CqgwC&pg=PA67&lpg= PA67 &dq=Penique+negro&source=bl&ots=0eWuz4_a&sig=vn8f5PqkyV_ teiR6D Clv0Ws5twU&hl=es&sa=X&ved=0ahUKEwj_jqjYyI7YAhVE1xQK HZKG Duc4FBDoAQhDMAY#v=onepage&q=Penique%20 negro&f=false.

BLÁNQUEZ PÉREZ, J.: *La vía heraklea y el camino de Aníbal. nuevas interpretaciones de su trazado en las tierras del interior*, en https://ifc. dpz.es/recursos/publicaciones/ 14/29/08 blanquez.pdf.

Boletines del Servicio Filatélico de Correos, núm. 1 al 49. Las tres etapas.

CÁDIZ DELEITO, J. C.: *Historia de las máquinas eólicas, molinos de viento*, Madrid, Tabapress, 1992.

CAMPO MUÑOZ, J. del y R. DOLAREA CALVAR: *Palacio de El Viso del Marqués*, Madrid, Museo Naval, 2008.

CAMPO REAL, F. del: *San Juan de Ávila, doctor de la Iglesia: la reforma católica y santos reformadores de Ciudad Real*, Ciudad Real, Instituto de Estudios Manchegos, 2012.

CAMPOS Y FERNÁNDEZ DE SEVILLA, F. J.: *Los pueblos de Ciudad Real en las Relaciones Topográficas de Felipe II*, tomo I, Ciudad Real, Diputación Provincial, 2009.

CAMUÑAS PALENCIA, C., B. BALLESTEROS NAVARRO y M. MEJÍAS MORENO: *Lagunas mesetarias de La Mancha: funcionamiento hidrológico, cultura y medio ambiente*, Madrid, Instituto Geológico y Minero de España, 2018.

CAMUÑAS-ROSELL, P. L.: *El molino manchego*, Olías del Rey, Azacanes, 2002.

CAÑIZARES RUIZ, M.ª del C.: «Valorización del patrimonio industrial agroalimentario: Los silos del «Proyecto Titanes» (Ciudad Real, España)», en *Vegueta. Anuario de la Facultad de Geografía e Historia*, núm. 21, 2021, pp. 53-79.

CARO BAROJA, J.: «Disertación sobre los molinos de viento», en *Revista de Dialectología y Tradiciones Populares*, tomo VIII, cuaderno 2, Madrid, Bermejo, 1952, pp. 213-366.

—: *Tecnología popular española*, edición corregida, Madrid, Galaxia Gutenberg, 1996.

CASTRO MARTÍNEZ, T. de.: «La alimentación en la Cronística almohade y nazarí. Acerca del consumo del vino» separata de *La Mediterrània, àrea de convergència de sistemes alimentaris (segles V-XVIII) / XIV Jornades d'Estudis Històrics Locals. Institut d'Estudis Baleàrics*, Palma de Mallorca, 1995, pp. 591-614.

CERVANTES SAAVEDRA. M.: *El Ingenioso Hidalgo Don Quijote de la Mancha*, varias ediciones consultadas, entre ellas la de Crédito Bibliotecario, Barcelona, Jover, 1988.

CHUECA GOITIA, F.: «La arquitectura del siglo XVI», en *Ars Hispaniaiae. Historia Universal del Arte Hispánico*, vol. XI, Madrid, 1953, en https://ddd.uab.cat/pub/pendent/arqsigXVI_ a1952r1@ amatller.pdf

CONDE, J. A.: *Historia de la dominación de los árabes en España sacada de varios manuscritos y memorias arábigas*, París, Baudry Librería Europea, 1840. Libro digitalizado por Google y consultado en https://books. google. es/books?id=tt6SSEUlh4YC&pg=PA254&lpg=PA254&dq=Aben+ el+Caxe ri+de+Toledo&source=bl&ots=ly-ZRwBsk5&sig=ACfU3U1KqfpSRe OI3e 2P1LMHVBMC1sNRfg&hl=es&sa=X&ved=2ahUKEwix_NSQ6bjpA hXT

CWMBHTavBCgQ6AEwAXoECAkQAQ#v=onepage&q=Aben%20 el%20 Caxeri%20de%20Toledo&f=false.

CORCHADO SORIANO, M.: «Cómo era el castillo de Almodóvar», en *Programa de fiestas de Almodóvar del Campo,* 1973. Consultado en http://www.aperos.es/2016/04/el-castillo-de-almodovar-del-campo-como.html.

CORTÉS ARRESE, M.: «Andalusí y Mudéjar», en *Arte en Castilla-La Mancha. I. De la Prehistoria al Gótico,* Toledo, Biblioteca Añil, 2017, pp. 177-202.

CRESPO LÓPEZ, M.: *Rodrigo Jiménez de Rada. Vida, obra y bibliografía.* Madrid, Fundación Ignacio Larramendi, 2014. Consultado en http: //www.larramendi.es/i18n/catalogo_imagenes/grupo. do? path= 1023075.

DÍEZ DE BALDEÓN, C.: *Almagro: arquitectura y sociedad,* Toledo, Junta de Comunidades de Castilla-La Mancha, 1993.

DÍAZ SÁNCHEZ, J. «El sello postal y el canon artístico», en *El sello postal en España. Autorretratos del Estado -II-. El sello postal del franquismo,* pp. 62-79, Cuenca, Universidad de Castilla-La Mancha, 2013.

DÍEZ DE BALDEÓN GARCÍA, A.: «Ausencia de una imagen distintiva de soberanía nacional. El sello postal en la II República y la Guerra Civil», en *El sello postal en España. Autorretratos del Estado -I-. El sello postal de Isabel II a la II República,* pp. 60-89, Cuenca, Universidad de Castilla-La Mancha, 2015.

DIRECCIÓN GENERAL DE CULTURA: *La Biblioteca de Castilla-La Mancha,* Toledo, Consejería de Educación y Cultura, Fundación de Bienes Culturales de Castilla-La Mancha, 1998.

ESCUDERO BUENDÍA, F. J.: *La iglesia de Santa Catalina de La Solana. Orígenes de la villa,* Tomelloso, Ediciones Soubriet, 2003.

ESCUDERO BUENDÍA, F. J., I. SÁNCHEZ DUQUE y J. L. SEGURA COBO: *Tomelloso: pobladores y fundadores,* Guadalajara, AACHE Ediciones, 2014.

ESPADAS BURGOS, M.: «Introducción», en *Historia de Ciudad Real,* Toledo, Caja Castilla-La Mancha, 1993, pp. 10-18.

—: «El Ciudad Real Contemporáneo», en *Historia de Ciudad Real,* Toledo, Caja Castilla-La Mancha, 1993, pp. 261-333.

ESPINOSA, M.: *Encaje de bolillo y blondas en la ciudad de Almagro,* Museo de Ciudad Real, 1989.

FERNÁNDEZ-LAYOS DE MIER, J. C.: *Los molinos de La Mancha,* Colección Temas Toledanos, Toledo, Diputación Provincial, 1988.

FREIRE SANTA CRUZ, R. J.: «Evolución técnica del sello postal desde el reinado de Isabel II a la II República», en *El sello postal en España. Autorretratos del Estado -I-. El sello postal de Isabel II a la II República.* pp. 90-112, Cuenca, Universidad de Castila-La Mancha, 2015.

GARCÍA LÓPEZ, A.: *Yebes, de los orígenes a la modernidad,* Guadalajara, AACHE Ediciones, 2012.

GARCÍA-NOBLEJAS Y GARCÍA-NOBLEJAS, J. A.: *Estudio crítico sobre el origen y nombre de Manzanares en Campo de Calatrava*, Ayuntamiento de Manzanares, 1973.

—: *Manzanares: Guerra de la Independencia*, Ciudad Real, Instituto de Estudios Manchegos, 1982.

GÓMEZ DÍAZ, J.: «División territorial de España. Provincias y partidos judiciales. 175 años», en *Tolétum: Boletín de la Real Academia de Bellas Artes y Ciencias Históricas de Toledo*, núm. 55, 2008, pp. 151-175, en https://realacademiatoledo.es/wp-content/uploads/2014/01/files_toletum_0055_0 7.pdf.

GONZÁLEZ AMEZQUETA, A.: «Arquitectura neo-mudéjar madrileña de los siglos XIX y XX. Madrid», en *Revista del Colegio Oficial de Arquitectos: Arquitectura*, núm. 125, pp. 3-74, 1969, en http://www.coam.es/media/Default%20Files/ fundacion/biblioteca/revista-arquitectura-100/1959-1973/docs/revista-completa/revista-arqui tectura-1969-n125.pdf

GONZÁLEZ-CONDE PUENTE, M, P.: «Los pueblos prerromanos de la Meseta Sur», en *Complutum*, núm. 2-3, Madrid, Universidad Complutense, 1992, pp. 299-310, en https://revistas.ucm.es/index.php/CMPL/article/view/CMPL929212029 9A/30044.

GUAITA FERNÁNDEZ, C.: *Todo se olvida*, Madrid, Khaf (Edelvives), Madrid. 2019.

HATTSTEIN, M. y P. DELIUS: *Islam, Arte y arquitectura*, Barcelona. H.F. Ullmann, 2007.

HERÓDOTO: *Historias*, Barcelona, Alma Mater, 1960.

HERRERA CASADO, A.: *Castillos y fortalezas de Castilla-La Mancha: una guía para conocerlos y visitarlos*, Guadalajara, Ediciones AACHE, 2002.

HERRERA MALDONADO, E.: «Almagro, ciudad carolina», en *Cuadernos de Estudios Manchegos*, núm. 32, 2008, pp. 231-264.

HUICI MIRANDA, A.: *Las grandes batallas de la reconquista durante las invasiones africanas*, Universidad de Granada, 2000.

IBÁÑEZ MARTÍNEZ, P. M.: «Arte del Renacimiento», en *Arte en Castilla-La Mancha. II. Del Renacimiento a la actualidad*, Toledo, Biblioteca Añil, 2017.

IRADIEL MURUGARREN, P.: *Evolución de la industria textil castellana de los siglos XIII-XVI. Factores de desarrollo, organización y costes de la producción manufacturera en Cuenca*, Universidad de Salamanca, 1974.

ITURRALDE, M.: «Historias del tren correo», en *El Correo*, diario digital, lunes 9 de marzo de 2015, en http://www.elcorreo.com/bizkaia/sociedad/201503/09/historias-tren-correo-20150 30 6155146.html

IZQUIERDO BENITO, R.: *Castilla-La Mancha en la Edad Media*, Toledo, Junta de Comunidades de Castilla-La Mancha, 1985.

IZQUIERDO BENITO, R. (coord.): *VIII Centenario Alfonso X, el legado de un rey precursor*, Ayuntamiento de Toledo, Comisión organizadora del VIII Centenario de Alfonso X el Sabio, 2022.

JENOFONTE: *Ciropedia*, Madrid, Akal, 1992.

JEREZ GARCÍA, O.: *El monte mediterráneo, la vegetación y la fauna en los Montes de Toledo orientales*, Cuenca, Universidad de Castilla-La Mancha, 2013.

JIMÉNEZ GARCÍA-HERRERA, J. y J. MUÑOZ JIMÉNEZ: *Cabañeros: un bosque mediterráneo*, Barcelona, Lunwerg Editores, 1997.

KLEIN, B.: «Comienzo y formación de la arquitectura gótica en Francia y países vecinos», en *El Gótico. Arquitectura, Escultura, Pintura*, China, Ullmann &Könemann, 2007.

LABIÁN VÁZQUEZ, M. T.: «Los servicios financieros de Valdepeñas durante el primer tercio del siglo XX. El Banco Manchego», en *Valdepeñas y su Historia*, vol. 5, Ayuntamiento de Valdepeñas, Concejalía de Cultura, 2010, pp. 13-49.

LEÓN, L. de: *De los nombres de Cristo*, Madrid, Espasa Calpe, 1991.

LÓPEZ DE LA OSA, J. A.: *Cultivo del azafrán, hornos de poya, gañanes*, Madrid, Imprenta del Asilo de Huérfanos del Sagrado Corazón de Jesús, 1900. Biblioteca Virtual de Castilla-La Mancha en https://ceclmdigital2. uclm.es/viewer.vm?id=0000321968&page=1&search=&lang=es&view=libros

LÓPEZ TORRIJOS, R.: *Entre España y Génova. El Palacio de Don Álvaro de Bazán*, Madrid, Ministerio de Defensa, 2009.

MADOZ, P.: *Diccionario geográfico-estadístico-histórico de España y sus posesiones de ultramar*, tomo I, Madrid, 1845, en https://books.google.es/ books?id=jm4DAAAAQAAJ&q=Albacete&hl=es&source=gbs_word_cloud_ r&cad=5#v=snippet&q=Al bacete&f=false

—: *Diccionario geográfico-estadístico-histórico de España y sus posesiones de ultramar*, tomo IV, Madrid, Establecimiento Literario-Tipográfico de P. Madoz y L. Sagasti, 1845-1850.

—: *Diccionario geográfico-estadístico-histórico: Castilla-La Mancha*, estudio introductorio de Isidro Sánchez Sánchez, Toledo, Junta de Comunidades de Castilla-La Mancha, 1987, 2 vol.

MADRID Y MEDINA, A.: *Un señorío de la Orden de Santiago en la Edad Media: el Campo de Montiel*, Cuadernos de Estudios Manchegos, 2ª época, núm. 28, Ciudad Real, Instituto de Estudios Manchegos, 2003.

—: *Una villa de la Orden de Calatrava. Valdepeñas*, Valdepeñas, Concejalía de Cultura, Ayuntamiento de Valdepeñas, Gráficas Carrascosa, 2008.

MALDONADO Y COCAT, R. J.: *Almagro: cabeza de la Orden y Campo de Calatrava*, Ciudad Real, Instituto de Estudios Manchegos, 1985.

MAÑAS MARTÍNEZ, M. del M.: «Don Quijote de la Mancha, de Rafael Gil: una adaptación literaria del cine español en las conmemoraciones cervantinas de 1947», en *Anales Cervantinos*, núm. 38, 2006, pp. 67-93, en http:// analescervantinos.revistas.csic.es/index.php/analescervantinos/article/view/5/5

MAROTO GÓMEZ-PIMPOLLO, A.: *La Solana y las hoces, la Barcelona de La Mancha*, La Solana, Fundación Histórico-Cultural «Paulino Sánchez Delgado», 2014.

MARQUÉS DE LOZOYA: *Castillos de España*, Barcelona, Salvat, 1979.

—: *Historia de España*, Barcelona, Salvat, 1977.

MARTÍN, J. L. (ed.): *Historia de España*, Madrid, Espasa Calpe, 2004.

MARTÍNEZ DÍAZ, J. L.: *La genealogía de las bodegas en Valdepeñas*, Ayuntamiento de Valdepeñas, 2005.

MARTÍNEZ DÍEZ, G.: «La conquista de Andújar: su integración en la Corona de Castilla», en *Boletín del Instituto de Estudios Giennenses*, núm. 176, Jaén, 2000, pp. 615-644, en Dialnet-LaConquistaDeAndujar-1146801.pdf

MONLEÓN GAVILANES, P.: «Don Juan de Villanueva y el Canal del Gran Priorato de San Juan», en *Fragmentos. Revista de Arte*, núm. 12-13-14, 1988, pp. 206-217.

MORALES CANO, S.: «Arte Gótico», en *Arte en Castilla-La Mancha. I. De la Prehistoria al Gótico, Toledo*, Biblioteca Añil, 2017, pp. 203-280.

OREJAS SACO DEL VALLE, A.: «El estudio del paisaje: visiones desde la Arqueología», en *Arqueología del paisaje: comunicaciones presentadas al 5º Coloquio Internacional de Arqueología Espacial a celebrar en Teruel del 14-16 de septiembre de 1998. Seminario de Arqueología y Etnología Turolense*, Teruel, Instituto de Estudios Turolenses, 1998.

ORTEGA Y COTES, I. J.: *Bullarium Ordinis Militiae de Calatrava*, Madrid, 1761, edición facsímil, Barcelona, 1981, pp. 686-687.

PACHECO, F.: *Libro de descripción de verdaderos retratos de ilustres y memorables varones*, edición e introducción de Pedro M. Piñero Ramírez y Rogelio Reyes Cano, Sevilla, Diputación Provincial, 1985.

PALACIOS FERNÁNDEZ, E.: *Diccionario de Autores de las Literaturas Hispánicas*, Madrid, Ediciones Orgaz, 1980.

PALACIOS ONTALVA, J. S.: *Fortalezas y poder político: castillos del reino de Toledo*, Guadalajara, AACHE Ediciones, 2008.

PEINADO LORCA, M. y J. L. AGUIRRE: *La Naturaleza en Castilla-La Mancha*, Barcelona, Lunwerg Editores, 2000.

PEIRÓ MARTÍN, I. y G. PASAMAR ALZURIA: *Diccionario AKAL de historiadores españoles contemporáneos*, Madrid, Akal, 2002.

PILLET CAPDEÓN, F.: *Geografía urbana de Ciudad Real (1255-1980)*, Madrid, Akal, 1984.

PLINIO SEGUNDO, C.: *Historia natural: libros II-IV*, introducción general de Ana María Moure Casas, traducción y notas de Antonio Fontán, Ana María Moure Casas e Ignacio García Arribas, Madrid, Gredos, 2001.

—: *Historia Natural: libro XXXVI. De la naturaleza de las piedras, de su uso en construcción, de los principales monumentos y otros usos*, cap. XLVII en https://efedocentia.wordpress.com/2019/04/10/plinio-el-viejo-historia-natural-libros-xxxvi-y-xxxvii/

POLO, M.: *El libro de las maravillas*, Madrid, Abada Editores, 2017.

PONS GINER, B. y R. MATA OLMO: *Atlas de los paisajes de Castilla-La Mancha*, Cuenca, Universidad de Castilla-La Mancha, 2011.

PORRES DE MATEO, J.: *Descripciones del Cardenal Lorenzana*, Toledo, Instituto Provincial de Investigaciones y Estudios Toledanos, 1986.

RELAÑO, V.: «Piezas de colección muy rentables. La inversión en sellos alcanza rendimientos anuales por encima del 10%», en *El País*, 26 de mayo de 2002, en https://elpais.com/diario/2002/05/26/negocio/1022416884_ 850215 .html

RIVAS CABEZUELO, J. L.: «Sobre el nacimiento de Francisco de Quevedo», en *La Perinola. Revista de Investigación Quevediana*, núm. 12, 2008, pp. 231-235. Carta escrita por Quevedo en Madrid, informando a su amigo sobre la razón de su nombre, en https://dadun.unav.edu/bitstream/ 10171/21614/1/15.%20Rivas. pdf

RODRÍGUEZ PÉREZ, M. J.: *La red de paradores. Arquitectura e historia del turismo, 1911-1951*, Madrid, Turner-Paradores, 2018.

RODRÍGUEZ SALINERO, J. C.: «La Argamasilla… de Calatrava», en *Anales Cervantinos*, núm. 35, 1999, en http://analescervantinos.revistas.csic.es/ index.php/analescervantinos/article/view/147/146

ROJAS ÁVALOS, A.: *Patrimonio mercurio: basado en el expediente de nominación a la lista del Patrimonio Mundial. Patrimonio del Mercurio. Almadén e Idria*, Ayuntamiento de Almadén, 2013.

ROMERO FERNÁNDEZ-PACHECO, J. R.: *Manzanares. 800 años de historia*, Madrid, Mediterráneo-Meral Ediciones, 2009.

ROMERO SAIZ, M.: *Mudéjares y moriscos en Castilla-La Mancha: aproximación a su estudio*, Cuenca, Llanura, 2007.

RUBIO MARTÍNEZ, C. J.: *Pedro Sánchez Trapero: El comercio del vino de Valdepeñas en Madrid entre c. 1805 y 1815*, Ayuntamiento de Valdepeñas, Concejalía de Cultura, 2009.

SALVADOR MIGUEL, N.: «El siglo XV. Teatro», en *Historia de la Literatura Española e Hispanoamericana*, tomo 1, Madrid, Ediciones Orgaz, 1980, pp. 265-275.

SÁNCHEZ LÓPEZ, A.: *Diccionario de toponimia de los pueblos de Ciudad Real*, Ciudad Real, Biblioteca de Autores Manchegos, 2012.

SÁNCHEZ LÓPEZ, L.: *El bombo tomellosero. Espacio y tiempo en el paisaje*, Tomelloso, Posada de los Portales, 1998.

SÁNCHEZ SÁNCHEZ, I.: *El cardenal Lorenzana y la Universidad de Castilla-La Mancha*, Cuenca, Universidad de Castilla-La Mancha, 1999.

SÁNCHEZ TODA, J. L.: *El arte de grabar el sello*, Barcelona, Emeuve, 1969.

SÁNCHEZ TORIJA, B.: *Fotografía de Casiano Alguacil: monumentos artísticos de España*, Universidad de Castilla-La Mancha, Universidad de Cantabria, 2018.

SERRANO PASCUAL, M.: «Los servicios postales en España durante el siglo XVIII (1706-1808)», en *El Correo y las Comunicaciones Postales en España (1716-2016)*, Revista del Ministerio de Fomento, núm. 66, 2016, pp. 12-16, en https://apps.fomento.gob.es/CVP/handlers/pdfhandler. ashx ?idpub=RP0067

SIEIRA, J. M.: «Tesoros ocultos: La capilla Valleacerón de Almadén», en revista digital *Architectural Digest*, 26 de febrero de 2019, en https://www.revistaad.es/arquitectura/articulos/capilla-valleaceron-almaden-tesoros-ocultos/22321

TORRES YAGÜES, F.: *Cervantes, Don Quijote y La Mancha*, Madrid, Sociedad Cervantina, 1976.

VALDEÓN BARUQUE, J.: *Alfonso X el Sabio: La forja de la España moderna*, Madrid, Planeta, 2011.

VASCO MERLO, F.: *Historia de Valdepeñas*, Valdepeñas, Gráficas Cruz, 1959.

VÁZQUEZ MARÍN, J.: «La prosa romántica», en *Historia de la Literatura Española*, tomo V. E. Palacios Fernández (director), Madrid, Ediciones Orgaz, 1980.

VELÁZQUEZ MUÑOZ, J.: «Las estaciones reales durante el periodo Aqueménida», en *Lucentum: Anales de la Universidad de Alicante. Prehistoria, Arqueología e Historia Antigua*, núm. 32, 2013, pp. 185-203, en https://rua.ua.es/dspace/bitstream/10045/36286/1/Lucentum_32_09.pdf

VICENTE CASCANTE, I.: *Heráldica general y fuentes de las Armas de España*, Barcelona, Salvat, 1956.

VILLEGAS DÍAZ, L. R.: «Ciudad Real en la Edad Media», en *Historia de Ciudad Real*, Toledo, Caja Castilla-La Mancha, 1993.

WERT ORTEGA, J. P.: «La Transición, lo transitivo y lo transitorio. El sello postal en el contexto gráfico de la Transición política española», en *El sello postal en España. Autorretratos del Estado -III-. El sello postal de la Transición y la Democracia*, pp. 78-103, Cuenca, Universidad de Castilla-La Mancha, 2013.

NOTAS

INTRODUCCIÓN

[1] La tercera después de Badajoz y Cáceres.

[2] En 1765 tenía tres partidos judiciales: Ciudad Real-Campo de Calatrava, Infantes-Campo de Montiel y Alcaraz.

[3] Salvo en el periodo comprendido entre 1750 a 1761, que lo fue Almagro.

[4] El odontómetro fue inventado en 1866 por el médico y coleccionista francés Jacques Aimable Legrand (1820-1912), conocido en el mundo filatélico por el seudónimo de doctor Magnus. Hoy en día existen odontómetros electrónicos, conocidos comercialmente como perfotronics, que distinguen perfectamente mediciones de ¼ de perforación.

CAPÍTULO 1

[1] Pintor y escultor francés nacido en Roanne en 1944, muy ligado a Canarias donde tiene un estudio. Es uno de los impulsores de la técnica del dripping. El sello está impreso en offset y cuatricromía e incorpora Realidad Aumentada (RA) en la que se escucha la frase silbada «emisión del sello dedicado por Correos al silbo gomero, Patrimonio Inmaterial de la Humanidad».

[2] M. Polo, *El libro de las maravillas*, Madrid, Abada Editores. 2017.

[3] Jenofonte, *Ciropedia*, Madrid, Akal, 1992.

[4] Heródoto, *Historias*, Barcelona, Alma Mater, 1960.

[5] J. Velázquez Muñoz, «Las estaciones reales durante el periodo aqueménida», en *Lucentum: Anales de la Universidad de Alicante. Prehistoria, Arqueología e Historia Antigua*, núm. 32, 2013. pp. 185-203.

[6] Que corrige a Plutarco otorgando la gloria de esta carrera a un heraldo llamado Tersipo.

[7] Encargados de cuidar los caballos.

[8] Mozos de carga y descarga.

[9] En el num. 2 de la revista *Academus* de la Real Academia Hispánica de Filatelia, el académico electo, Fernando Alonso García, comenta la transcripción de un documento árabe en el que se narra el incendio de la casa de postas de Córdoba el 12 de julio de 936, que posteriormente fue reconstruido por orden de An-Násir.

[10] Han sido numerosos los literatos que se han inspirado en su novelesca vida para escribir sus obras: el duque de Rivas, Joaquín Dicenta, Néstor Luján, Fernando Fernán Gómez o Rosa Rivas. Incluso el dramaturgo Antonio Hurtado de Mendoza le dedicó un romance a su muerte: «Ya sabéis que era Don Juan / dado al juego y los placeres; / amábanle las mujeres / por discreto y por galán. / Valiente como Roldán / y más mordaz que valiente... / más pulido que Medoro / y en el vestir sin segundo, / causaban asombro al mundo / sus trajes bordados de oro... / Muy diestro en rejonear, / muy amigo de reñir, / muy ganoso de servir, / muy desprendido en el dar. / Tal fama llegó a alcanzar / en toda la Corte entera, / que no hubo dentro ni fuera / grande que le contrastara, / mujer que no le adorara, / hombre que no le temiera».

[11] M. Serrano Pascual, «Los servicios postales en España durante el siglo XVIII (1706-1808)», en *El correo y las comunicaciones postales en España (1716-2016), Revista del Ministerio de Fomento*, núm. 663, 2016. pp. 12-16.

[12] Este hecho dio lugar al dicho popular de «al arquitecto la piedra, y la casa al emperador».

[13] *Ordenanza de 23 de julio de 1762, que manda el Rey observar a los Administradores, Interventores, Oficiales, Carteros, Mozos de los Oficios de Correo mayor del Reino, los Visitadores y Guardas de la Renta, Maestro de Postas y Postillones para el buen desempeño de sus cargos.*

[14] Grabador salmantino que llegó a ser director de la Real Academia de Bellas Artes de San Fernando, además de grabador general de las casas de Moneda de Carlos III.

[15] *Ordenanza General de Correos, Caminos y demás ramos agregados a la Superintendencia General*, Madrid, Imprenta Real, 1794.

[16] M. Iturralde, «Historias del tren correo», en *El Correo*, diario digital del lunes 9 de marzo de 2015. http://www.elcorreo.com/bizkaia/sociedad/201503 /09/historias-tren-correo-20150306155146.html

CAPÍTULO 2

[1] Sir Rowland Hill (1795-1879), según la leyenda, se inspiró para esta innovación en una experiencia personal, cuando en una ocasión presenció cómo una joven devolvía una carta enviada por un familiar después de examinarla, pero sin abrirla, aludiendo a la falta de recursos para no pagar la tasa, comprobando más tarde por su confesión que, por ciertas señales convencionales escritas en el sobre, la joven se había enterado de que este familiar se encontraba bien y, por tanto, no necesitaba leer la carta.

[2] Unidad de peso que tenía 3 tomines y equivalía a 1,79 gramos aproximadamente. Por lo que una carta sencilla venía a pesar un máximo de 10 gramos. Ya en el decreto de 1949 el peso de la carta sencilla se eleva a 8 adarmes que equivalían a 1/2 onza, unos 14,3 gramos.

[3] Francisco Javier de Quinto y Cortés (Caspe, 1810-Madrid, 1860) fue director general de Correos desde 1843 hasta la desaparición de dicha Dirección General en 1847. Era doctor en Derecho y fue jefe de sección de la Secretaría de Gobernación y entre 1837 y 1843, diputado a Cortes por Aragón. En 1844 fue senador y se le concedió la Gran Cruz de Isabel la Católica. En 1845 fue nombrado senador vitalicio. De 1852 a 1854 fue alcalde de Madrid, y en 1854 fue designado gobernador civil de la capital de España. Además de decano de la Comisión Central de Monumentos, jefe de la Casa de la reina doña María Cristina de Borbón, ministro honorario del Supremo Consejo de Guerra y Marina, académico de número de las reales academias de la Lengua y de Bellas Artes de San Fernando.

[4] Esta fábrica era la encargada de la estampación de sellos o timbres en documentos que precisaban de estos, tras la creación del papel sellado en España por Real Pragmática Sanción de 15 de diciembre de 1636 firmada por el rey Felipe IV. Posteriormente pasó a llamarse Fábrica Nacional del Sello, y en 1893 se fusionó con la Casa de la Moneda, dando origen a la Fábrica Nacional de Moneda y Timbre.

[5] 80.000 reales de vellón fue lo que presupuestó Coromina, según se detalla en la imagen de la página 56.

[6] Cuarto era el nombre de una antigua moneda fraccionaria española de cobre. Un real de vellón equivalía a ocho cuartos y medio. ?

[7] J. L. Sánchez Toda, *El arte de grabar el sello*, Barcelona, Emeuve, 1969, p. 119.

[8] Precio de venta en filatelia Lamas Bolaños de un ejemplar de Isabel II, 2 reales rojo anaranjado sin dentar, con certificado Graus, publicitado en su página web en julio de 2020.

[9] Una de las diseñadoras gráficas más importantes de Estados Unidos.

[10] «El diseño del sello, todo un arte», en *Sellos y Mucho Más,* revista editada por S. E. Correos y Telégrafos, S.A., núm. 39, marzo de 2015, pp. 10-11.

[11] Informe del grabador jefe de la Fábrica de Papel Sellado, Bartolomé Coromina, en respuesta a la consulta realizada por el Ministerio de Gobernación, fechado el 19 de septiembre de 1849 y que aparece

reproducido en el catálogo de la subasta de Afinsa, *Primer sello postal español*, celebrada el 4 de noviembre de 1997 en Madrid.

[12] Los Fournier eran una familia de impresores y grabadores franceses. Uno de sus miembros Francisco Fournier, huyendo de la Revolución llega a España en 1782, instalándose en Burgos. En esta ciudad, cuatro de sus nietos crean en 1860 una sociedad que llaman «Fournier Hermanos», que se dedicó a la fabricación de naipes con auténtico carácter industrial. En ella, Braulio y Julián eran los estampadores y Heraclio y Gervasio los grabadores. Heraclio marcha a Vitoria donde crea la famosa fábrica de naipes que siguen regentando sus descendientes hasta que en 1986 es adquirida por la US Playing Card Company. Y una hija de Braulio, Teresa, continúa con la imprenta de Burgos, que sigue fabricando naipes y además imprimió algunos sellos durante la contienda de la Guerra Civil española, como es el ejemplar que nos ocupa.

[13] *Philatélicos* es una tienda de productos filatélicos que publica en su página web: http://philatelicos.com/153-sellos-de-espana-juan-carlos-i-1976-1984?p=10 la procedencia de la imagen de un lienzo de Manuel Marín. Dato que ponemos en duda puesto que este pintor, nacido en ciudad de México en 1951, no está especializado en el retrato y no nos consta que haya tenido ningún contacto con la Casa Real ni con la FNMT.

[14] El número 1 correspondía a Madrid, el 2 a Barcelona, el número 3 a Cádiz, y así sucesivamente a todas las capitales de provincia a las que correspondían los 49 primeros números, y los restantes, hasta el número 63, a estafetas de cambio. Generalmente se estamparon en color negro, salvo los casos de Irún y La Junquera, en rojo y azul respectivamente.

[15] Este tipo de coleccionismo es conocido como marcofilia.

CAPÍTULO 3

[1] Al por mayor, el precio al que se está pagando está entre los 2.000 y los 2.500 euros/kg, llegando su precio hasta los 10.000 euros en la venta al menor, que suele hacerse por gramos.

[2] Gerente de la DOP del Azafrán de Castilla-La Mancha, con sede en Camuñas (Toledo), reflejados por la revista corporativa *Manto*.

[3] Proceso de separación de los estigmas de la flor que realizaba un grupo de mujeres sentadas alrededor de una mesa.

[4] El bermellón es cinabrio de gran riqueza, molido y lavado para eliminar las impurezas, generalmente de cuarzo. Cuando quedaba reducido a polvo se conseguía un color rojo muy intenso, utilizándolo para colorear múltiples objetos, fundamentalmente de lujo, incluidos los coloretes de las mejillas de las patricias romanas.

[5] Actualmente se identifica el lugar de La Bienvenida como la ciudad de Sisapo, que era el centro gestor de estas minas y de todas las de Sierra Morena. Por ello, parece lógico pensar que la famosa mina era en realidad un conjunto formado por todas las minas de la comarca de Almadén que, debido a una intensa explotación milenaria, ha borrado los restos de las antiguas explotaciones (NRT Arqueólogos, S.L., en su página web: http://www.nrtarqueologos.com/breve-historia-de-las-minas-de-almaden-ciudad-real/)

[6] «argentum vivum (azogue virgen) que resuda el mineral, era útil para limpiar el oro de las impurezas».

[7] NRT Arqueólogos, S.L. en la web citada.

[8] Sublimado corrosivo que fundamentalmente se utilizaba para curtir cuero.

[9] Presidente de Banesto desde 1933 a 1959, ministro en dos ocasiones y diputado por Cantabria en nueve legislaturas seguidas.

[10] Por acuerdo del Consejo de Ministros, de fecha 25 de mayo de 2001, se incorporan a la Sociedad Estatal de Participaciones Industriales (SEPI) los títulos representativos del capital de Minas de Almadén y Arrayanes S.A. que, hasta la fecha, pertenecían a la Dirección General de Patrimonio del Estado.

[11] A. Rojas Ávalos, *Patrimonio mercurio: basado en el expediente de nominación a la lista del Patrimonio Mundial. Patrimonio del Mercurio. Almadén e Idria*, Ayuntamiento de Almadén, 2013.

[12] J. M. Sieira, «Tesoros ocultos: la capilla Valleacerón de Almadén», en *Architectural Digest*, 26 de febrero de 2019. https://www.revistaad.es/arquitectura /articulos/capilla-alleaceron -almaden-tesoros-ocultos/22321.

[13] M. Asín Palacios, *Contribución a la toponimia árabe de España*, Madrid, Consejo Superior de Investigaciones Científicas, Instituto Arias Montano, 1940.

[14] C, Díez de Baldeón, *Almagro: arquitectura y sociedad*, Toledo, Junta de Comunidades de Castilla-La Mancha, 1993.

[15] J. Porres de Mateo, *Descripciones del Cardenal Lorenzana*, Toledo, Instituto Provincial de Investigaciones y Estudios Toledanos, 1986.

[16] R. J. Maldonado y Cocat, *Almagro: cabeza de la Orden y Campo de Calatrava*, Ciudad Real, Instituto de Estudios Manchegos, 1985.

[17] E. Herrera Maldonado, «Almagro, ciudad carolina», en *Cuadernos de Estudios Manchegos*, núm. 32, 2008, pp. 231-264.

[18] Entre 1750 y 1761.

[19] E. Almarcha Núñez-Herrador, «Recuperar la esencia. El Corral de Comedias y Almagro», en *El Greco en su IV Centenario: patrimonio hispánico y diálogo intercultural*, Cuenca, Universidad Castilla-La Mancha, 2016, pp. 377-400.

[20] M. Ballesteros Gaibrois, *Diego de Almagro*, Madrid, Publicaciones Españolas, 1977.

[21] Parte II, capítulo VI.

[22] Parte II, capítulo LII.

[23] M. Espinosa, *Encaje de bolillo y blondas en la ciudad de Almagro*, Ciudad Real, Museo de Ciudad Real, 1989.

[24] E. Agostini Banús, *Historia de Almodóvar del Campo y glosa de su antiguo archivo municipal*, Ciudad Real, Instituto de Estudios Manchegos, 1972.

[25] A. Dotor y Municio, «La ciudad de las veintidós reconquistas», en *La Esfera*, año XV, núm. 780, 1928, p. 2.

[26] M. Corchado Soriano, «Cómo era el castillo de Almodóvar», en *Programa de fiestas de Almodóvar del Campo*, 1973.

[27] La casa estaba situada en la esquina entre la Plaza de la Trinidad (parte trasera de la iglesia) y la calle de San Juan Bautista de la Concepción.

[28] F. del Campo Real, *San Juan de Ávila, doctor de la Iglesia: la reforma católica y santos reformadores de Ciudad Real*, Ciudad Real, Instituto de Estudios Manchegos, 2012.

[29] Conferencia de Pérez Velarde sobre *El retrato de Juan de Ávila atribuido al Greco*, realizada el 25 de julio de 2013 en la Sala de exposiciones del Antiguo Cuartel de Sementales de Baeza, en http:// sanjuandeavilaconferenciaepiscopal .es/component/content/featured?id=featured&start=65

[30] F. J. Campos y Fernández de Sevilla, *Los pueblos de Ciudad Real en las Relaciones Topográficas de Felipe II*, tomo I, Ciudad Real, Diputación Provincial, 2009, p. 175.

[31] *Ordenanzas para la construcción y gobierno del canal del Gran Priorato de San Juan que ha de ejecutarse a expensas del Sermo. Sr. Infante Don Gabriel por su arquitecto D. Juan de Villanueva*, impresa en Madrid el año 1783 por D. Joaquín Ibarra, impresor de Cámara de S.M.

[32] . Monleón Gavilanes, «Don Juan de Villanueva y el Canal del Gran Priorato de San Juan», en *Fragmentos. Revista de Arte*, núm. 12-13-14. 1988, pp. 206-217.

[33] La orden de evacuación del reino se dio el 28 de octubre de 1570, dando como fecha límite para abandonarlo el 1 de noviembre de 1570.

[34] M. Romero Saiz, *Mudéjares y moriscos en Castilla-La Mancha: aproximación a su estudio*, Cuenca, Llanura, 2007.

[35] M. Peinado Lorca y J. L. Aguirre, *La Naturaleza en Castilla-La Mancha*, Barcelona, Lunwerg Editores, 2000, p. 18.

[36] L. Alonso Valero y V. Carrasco, *Parque Nacional de Cabañeros*, Madrid, Ecohábitat, 1997.

[37] El buitre negro se utiliza como emblema del parque.

[38] J. Jiménez García-Herrera y J. Muñoz Jiménez, *Cabañeros: un bosque mediterráneo*, Barcelona, Lunwerg Editores, 1997.

[39] De las 25.000 avutardas censadas en España casi la mitad lo están en la comunidad de Castilla y León, unas 6.000 en Extremadura, 4.500 en Castilla-La Mancha, 1.200 en la Comunidad de Madrid, menos de un millar en Andalucía y algo más de un centenar en Aragón.

[40] Según el *Anuario Estadístico de España* de 2017 (p..32 de «Entorno Físico y Medio Ambiente») el número de visitantes en 2015 fue de 100.993, el más bajo de los quince parques nacionales.

[41] Fincas como La Toledana, de 2.000 hectáreas, propiedad del duque de Calabria; La Salceda, de 2.800 hectáreas, propiedad de Juan Miguel Villar Mir; o Las Cuevas, propiedad de Alberto Cortina, con 6.000 hectáreas.

[42] Para los romanos era el río de los Patos (Flumen Anas), y los musulmanes tradujeron el flumen latino al equivalente de «valle» que en árabe es وادي (wādi), quedando el nombre del río tal como ahora se conoce: Guadiana.

[43] *Catálogo Monumental Artístico-Histórico de España. Provincia de Ciudad Real*, Madrid, Ministerio de Instrucción Pública y Bellas Artes, 1917. Biblioteca Virtual de Castilla-La Mancha, p. 61.

[44] De ellos habla el historiador griego Polibio al describir una incursión del ejército cartaginés entre los ríos Tajo y Guadiana en el año 220 a. C. (*Historia Universal bajo la República Romana*, tomo I, libro 3°, capítulo 4, en https://historicodigital.com/download/polibio%20%20historia%20universal%20bajo %20la%20 republica%20romana%20i.pdf).

[45] Bajo la pretura de Tiberio Sempronio Graco, cuando se ocupan las villas de Alces y Certima. Marqués de Lozoya, *Historia de España*, tomo I, Barcelona, Salvat, 1977, p. 9.

[46] Mientras que Criptana y Villajos eran los núcleos habitados anteriormente –en periodo musulmán– y citados en la donación de 1162, Posadas Viejas tuvo que ser de nueva creación, ya que no fue nombrado en aquel documento.

[47] Así lo atestiguan las *Relaciones Topográficas* de Felipe II (1575) y el *Catastro del Marqués de la Ensenada* (1752), al ser el único pueblo de las cuatro provincias manchegas con tantos molinos de viento, un total de 34, más que todos los pueblos de esta comarca natural.

[48] J. Caro Baroja, «Disertación sobre los molinos de viento», en *Revista de Dialectología y Tradiciones Populares*, tomo VIII, cuaderno 2.°, Madrid, Bermejo, 1952, pp. 213-366.

[49] Los molinos de viento son mencionados, con aplicación directa en la molinería, en el libro de ingenios mecánicos de los hermanos Banu Musa sobre el año 850, así como por los geógrafos árabes Al-Tabari, fallecido en 923, y Al-Masudi, nacido en Bagdad en 912 y fallecido en El Cairo en 957. J. C. Cádiz-Deleito, *Historia de las máquinas eólicas*; y J. Caro Baroja, *Tecnología popular española*, ed. Corregida, Madrid, Galaxia Gutenberg, 1996.

[50] J. C. Cádiz Deleito, *Historia de las máquinas eólicas, molinos de viento*, Madrid, Tabapress, 1992.

[51] *Ibídem.*

[52] P. L. Camuñas-Rosell, *El molino manchego*, Olías del Rey, Azacanes, 2002.

[53] J. C. Fernández-Layos de Mier, *Los molinos de La Mancha*. Colección Temas Toledanos. Toledo, Diputación Provincial, 1988.

[54] F. J. Campos y Fernández de Sevilla, *Los pueblos de Ciudad Real en las Relaciones Topográficas de Felipe II*, tomo I, Ciudad Real, Diputación Provincial, 2009. p. 306.

[55] M. Cervantes Saavedra, *Don Quijote de la Mancha*, capítulo VIII.

[56] C. Guaita Fernández, *Todo se olvida*, Madrid, Khaf (Edelvives), 2019.

[57] El lugar donde se encontraba el pozo coincide actualmente con la Plaza del Pilar, donde existe una placa conmemorativa que lo recuerda.

[58] F. Pillet Capdeón, *Geografía urbana de Ciudad Real (1255-1980)*, Madrid, Akal, 1984.

[59] M. Espadas Burgos, «Introducción», en *Historia de Ciudad Real*, Toledo, Caja Castilla-La Mancha, 1993, p. 13.

[60] L. R. Villegas Díaz, «Ciudad Real en la Edad Media», en *Historia de Ciudad Real*, Toledo, Caja Castilla-La Mancha, 1993, p. 76.

[61] *Ibídem*, p. 79.

[62] *Ibídem*, p. 83.

[63] M. Espadas Burgos, *op. cit.*, p. 14.

[64] L. R. Villegas Díaz, *op. cit.*, p. 78.

[65] *Ibídem*, p. 79.

[66] *Gaceta de Madrid*, núm. 48, 17 de febrero de 1915, p. 540. Declaración como Monumento Nacional de la Puerta de Toledo de Ciudad Real., en https://www.boe.es/datos/pdfs/BOE//1915/048/A00540-00542.pdf

[67] *Ibídem*, p. 541.

[68] *Ibídem*, p. 542.

[69] M. Espadas Burgos, *op. cit.*, p. 15.

[70] P. Iradiel Murugarren, *Evolución de la industria textil castellana de los siglos XIII-XVI. Factores de desarrollo, organización y costes de la producción manufacturera en Cuenca*, Universidad de Salamanca, 1974.

[71] http://www.ciudad-real.es/fiestas/traje/traje.php.

[72] Moño alto trenzado.

[73] M. Espadas Burgos, *op. cit.*

[74] En las *Consideraciones sobre el estado económico, moral y político de la provincia de Ciudad Real*, informe realizado en 1841 por Diego Medrano y Treviño, se hace constar la penosa situación de la instrucción pública «que se ha visto desde muy antiguo en el mayor abandono», motivo por el que el entonces regente, Baldomero Espartero, propone la creación de los institutos de Segunda Enseñanza, entre ellos el de Ciudad Real, que se funda en 1842.

[75] M. Espadas Burgos, *op. cit.*, p. 278.

[76] F. Alía Miranda, *La Guerra Civil en Ciudad Real (1936-1939): Conflicto y revolución en una provincia de la retaguardia republicana*, Ciudad Real, Biblioteca de Autores Manchegos, 2017.

[77] I. Sánchez Sánchez, *El Cardenal Lorenzana y la Universidad de Castilla-La Mancha*, Cuenca, Universidad de Castilla-La Mancha, 1999.

[78] F. Alía Miranda y J. Díaz Sánchez (coord.), *El Palacio Provincial y su época*, Ciudad Real, Biblioteca de Autores Manchegos, 2019.

[79] F. J. Escudero Buendía, *La iglesia de Santa Catalina de La Solana. Orígenes de la villa*, Tomelloso, Ediciones Soubriet, 2003.

[80] *Ibídem*, p. 94.

[81] Archivo Histórico Nacional, Libro de Visitas OOMM, libro 1063c.

[82] A. Madrid y Medina, *Un señorío de la Orden de Santiago en la Edad Media: el Campo de Montiel*, Cuadernos de Estudios Manchegos, 2ª época, núm. 28, Ciudad Real, Instituto de Estudios Manchegos, 2003. p. 170.

[83] Según fotografía del 4 de diciembre de 1958, publicada en *ABC*, realizada por Alfonso Fernández-Pacheco, de La Solana.

[84] A. Maroto Gómez-Pimpollo, *La Solana y las hoces, la Barcelona de La Mancha*, La Solana, Fundación Histórico-Cultural «Paulino Sánchez Delgado», 2014.

[85] J. A. García-Noblejas y García-Noblejas, *Estudio crítico sobre el origen y nombre de Manzanares en Campo de Calatrava*, Ayuntamiento de Manzanares, 1973, p. 43.

[86] I. J. Ortega y Cotes, *Bullarium Ordinis Militiae de Calatrava*, Madrid, 1761; edición facsímil, Barcelona, 1981, pp. 686-687.

[87] J. A. García-Noblejas y García-Noblejas, *op. cit.*, p. 64.

[88] Estos árboles pudieran tener su origen en las tres badilas que figuran en el escudo de los Gutiérrez de Padilla, familia muy ligada a la Orden de Calatrava y a la Encomienda de Manzanares donde, en la reestructuración del castillo que lleva a cabo a finales del siglo XV, don Gutiérrez de Padilla plasma este escudo familiar en los estribos del alfarje de la sala de recepción del mismo, dando a entender que el poder de la fortaleza y de la Orden de Calatrava estaba ligado al linaje de su familia. Estas tres badilas o padillas, que no manzanos, que figuran por tanto en el escudo de Manzanares, nos indican la ascendencia que tuvo sobre este pueblo la familia de los Padilla, linaje procedente de Padilla de Yuso (cuyo nombre tomó), conocido en la actualidad como la villa de Padilla de Abajo, perteneciente al partido judicial de Castrogeriz, en la provincia de Burgos, y en cuyo escudo también figuran las tres badilas o padellas, nombre castellano con el que se designaba las palas de horno.

[89] De dicho documento da cuenta Juan Ramón Romero Fernández-Pacheco en su libro *Manzanares 800 años de historia*, pp. 55-58.

[90] J. R. Romero Fernández-Pacheco, *Manzanares. 800 años de* historia, Madrid, Mediterráneo-Meral Ediciones, 2009, p. 43.

[91] *Ibídem*, p. 45.

[92] Valoración anual que se realizaba por los visitadores de la Orden y que hacían costar en los libros de visita.

[93] J. J. Barranquero Contento, «La difusión de las fórmulas renacentistas dentro del Campo de Calatrava: Alonso Galdón y la parroquia de Manzanares», en *Ars Bilduma: Revista del Departamento de Historia del Arte y Música de la Universidad del País Vasco*, núm. 8, 2018, pp. 63-82.

[94] *Ibídem*, p. 75.

[95] J. A. García-Noblejas y García-Noblejas, *Manzanares: Guerra de la Independencia*, Ciudad Real, Instituto de Estudios Manchegos, 1982.

[96] Tanto el fotógrafo como el diseñador son empleados del Servicio Filatélico de Correos con mucha experiencia en este tipo de trabajos.

[97] C. de Ayala, Martínez, *Libro de privilegios de la Orden de San Juan de Jerusalén en Castilla y León (Siglos XII- XV)*, Madrid, Editorial Complutense, 1995.

[98] M. Morales Sánchez-Tembleque, *La Orden de San Juan de Jerusalén. Los prioratos de San Juan en la Mancha (siglos XVI y XVII)*, tesis doctoral, Ciudad Real, UCLM, Facultad de Historia, 2016, pp. 134-135.

[99] A. Sánchez López, *Diccionario de toponimia de los pueblos de Ciudad Real*, Ciudad Real, Biblioteca de Autores Manchegos, 2012.

[100] M. Morales Sánchez-Tembleque, *op. cit.*, p. 113.

[101] Los yacimientos Cabeza de los Frailes y Santa María de Guadiana.

[102] La teoría más aceptada actualmente es que este «oppidum» ibero estaba situado en la actual Alhambra, donde existen importantes vestigios romanos. Teoría que defiende Alföldy respaldado por Luis Andrés Domingo Puertas.

[103] Generalmente se establece su correspondencia con Alcázar de San Juan. Sin embargo, en el mapa itinerario de la España romana, publicado con el discurso de recepción de don Eduardo Saavedra en la Academia de la Historia, éste sitúa Alces entre Alcázar de San Juan y Quintanar de la Orden, mucho más cerca de esta última población, casi en el mismo lugar que hoy ocupa el llamado Miguel Esteban.

[104] F. J. Escudero Buendía, I. Sánchez Duque y J. L. Segura Cobo, *Tomelloso: pobladores y fundadores*, Guadalajara, AACHE Ediciones, 2014.

[105] L. Sánchez López, *El bombo tomellosero. Espacio y tiempo en el paisaje*, Tomelloso, Posada de los Portales, 1998.

[106] L. Benítez de Lugo Enrich, «El vicus romano de Aberturas: primeras evidencias arqueológicas de viticultura manchega en la ciudad del vino (Valdepeñas, Ciudad Real). Avance de resultados», en *Paisajes y Patrimonio Cultural del Vino y otras bebidas psicotrópicas*, Requena, 12-15 de abril de 2011, Ayuntamiento de Requena, 2013, pp. 209-219.

[107] Durante el verano de 2020, en unas obras realizadas en el paraje de El Peral, a 7 kilómetros de Valdepeñas se ha encontrado lo que pudiera ser una de las bodegas romanas más grandes de la historia (*El Español*, edición digital, 1 de octubre de 2020).

[108] F. Vasco Merlo, *Historia de Valdepeñas*, Valdepeñas, Gráficas Cruz, 1959.

[109] Aunque en las primeras revelaciones al profeta Mahoma, el vino aparece como uno de los regalos de Dios a la humanidad (sura XVI, 69/67), y es, junto a la leche y la miel, uno de los placeres que se pueden hallar en el Paraíso (sura XLVII, 16/15), las sucesivas revelaciones fueron cambiando: primero, junto a las virtudes, se destacan las desventajas que lo acompañan (sura II, 216/219), luego se recomienda que los borrachos no vayan a la mezquita a rezar (sura IV, 46/43), y ya en la sura V, 92/90, el vino, junto con otras actividades, es considerado manifestación satánica, por lo que es prohibido. Por ello se establece una constante lucha para evitar el consumo de vino, lo que indica que esta bebida estaba muy extendida y arraigada, y su prohibición no sería nada fácil de llevar a la práctica, dado la recurrencia a la misma.

[110] T. de Castro Martínez, «La alimentación en la Cronística almohade y nazarí. Acerca del consumo del vino», separata de *La Mediterrània, àrea de convergència de sistemes alimentaris (segles V-XVIII) / XIV Jornades d'Estudis Històrics Locals. Institut d'Estudis Baleàrics*, Palma de Mallorca, 1995, pp. 591-614.

[111] J. L. Martínez Díaz, *La genealogia de las bodegas en Valdepeñas*, Ayuntamiento de Valdepeñas, 2005.

[112] Doña Berenguela reinó en Castilla a la muerte de su hermanastro el rey Enrique I, desde el 6 de junio de 1217 hasta el 2 de julio del mismo año, que cedió el trono a su hijo Fernando III.

[113] La Orden concedía el derecho de ciudadanía al que se comprometiera a adquirir una casa tejada y una aranza de viña, por lo que, en la relación de bienes del comendador de Valdepeñas en el año 1409, se le reconocen como propiedades varias tierras de viña. F. Maroto Núñez, *La arquitectura de las bodegas de Valdepeñas*, Valdepeñas, Centro Asociad de la UNED, 1983.

[114] A. Madrid Medina, *op. cit.*, pp. 121 y 123.

[115] C. J. Rubio Martínez, *Pedro Sánchez Trapero: El comercio del vino de Valdepeñas en Madrid entre c. 1805 y 1815*, Ayuntamiento de Valdepeñas, Concejalía de Cultura, 2009, p. 15.

[116] *Ibídem*, pp. 26 y 34.

[117] *Ibídem*, p. 17.

[118] Se estableció entonces un tren especial con salida de Valdepeñas y destino Madrid, compuesto por más de 25 vagones, llamado «Tren del Vino», porque esta era la única mercancía que transportaba.

[119] M. T. Labián Vázquez, «Los servicios financieros de Valdepeñas durante el primer tercio del siglo XX. El Banco Manchego», en *Valdepeñas y su Historia*, vol. 5, Ayuntamiento de Valdepeñas, 2010, pp. 13-49.

[120] E. Almarcha Núñez-Herrador, C. Díez de Baldeón, D. Peris Sánchez e I. Sánchez Sánchez, *Paisaje de los conjuntos históricos. Castilla-La Mancha*, Ciudad Real, Centro de Estudios de Castilla-La Mancha, UCLM, 2011, p. 210.

[121] Según la opinión de Salvador Carlos Dueñas Serrano, presidente de la Plataforma Campo de Montiel-Patrimonio de la Humanidad.

[122] F. J. Campos y Fernández de Sevilla, *op. cit.*, pp. 1.079-1.080.

[123] Pintor madrileño del siglo XVII, especializado en bodegones y autor de algunos retratos, el más famoso es el de un enano que está colgado en el museo del Prado. En este tipo de pintura demostró una gran

expresividad, muy similar a la de Velázquez, motivo por el que en ciertos momentos llegó a considerarse el retrato de Quevedo como una copia de un original perdido de este.

[124] La poesía amorosa de Quevedo muestra paradójicamente su misantropía y misoginia, y al mismo tiempo fue el gran cantor del amor y de la mujer.

[125] *Execración contra los judíos* (1633), alegato antisemita que contiene una velada acusación contra don Gaspar de Guzmán, conde-duque de Olivares y valido de Felipe IV.

[126] *Política de Dios, gobierno de Cristo, sacada de la Sagrada Escritura para acierto del Rey y del reino en sus acciones*, obra publicada en 1655 y dedicada al conde-duque de Olivares para el buen gobierno de las Españas.

[127] J. L. Rivas Cabezuelo, «Sobre el nacimiento de Francisco de Quevedo», en *La Perinola. Revista de Investigación Quevediana*, núm. 12, 2008, pp. 231-235.

[128] «Anacreonte español, no hay quien os tope. / Que no diga con mucha cortesía, / Que ya que vuestros pies son de elegía, / Que vuestras suavidades son de arrope».

[129] Ricardo Martínez Ortega (Chile, 1956) comenzó su carrera profesional a finales de los años setenta con creaciones para publicaciones y agencias de publicidad en Miami. Fue allí donde conoció a Ignacio Moreno, con quien creó el famoso personaje de Goomer en 1987, viñetas que se han publicado en los diarios *El País* y *El Mundo*, como «Ricardo & Nacho».

[130] F. J. Campos y Fernández de Sevilla, *op. cit.*, p. 1.146.

[131] E. Almarcha Núñez-Herrador, C. Díez de Baldeón, D. Peris Sánchez e I. Sánchez Sánchez, *op. cit.*, pp. 170, 196.

[132] R. López Torrijos, *Entre España y Génova. El Palacio de Don Álvaro de Bazán*, Madrid, Ministerio de Defensa, 2009, p. 42.

[133] E. Almarcha Núñez-Herrador, C. Díez de Baldeón, D. Peris Sánchez e I. Sánchez Sánchez, *op. cit.*, p. 179.

[134] Ya en las respuestas de las *Relaciones Topográficas* de Felipe II (respuesta 36) se dice que el palacio está construido «a gusto de Génova», porque los maestros que labran sus piedras son genoveses y así lo indican.

[135] E. Almarcha Núñez-Herrador, C. Díez de Baldeón, D. Peris Sánchez e I. Sánchez Sánchez, *op. cit.*, p. 180.

[136] Pintor murciano del siglo XIX a caballo entre la corriente neoclásica y la romántica.

[137] J. del Campo Muñoz y R. Dolarea Calvar, *Palacio de El Viso del Marqués*, Madrid, Museo Naval, 2008.

[138] Nacido en Bergara (Guipúzcoa) en 1960, se licenció en la UPV-EHU en 1982, doctorándose en la misma universidad en 1984 de la que es profesor titular del Departamento de Pintura. Ha expuesto individualmente tanto en España como en el extranjero y realizado numerosas obras de grandes dimensiones en espacios públicos del País Vasco.

CAPÍTULO 4

[1] En realidad, las defunciones no sucedieron el mismo día, pues existía un desfase entre los calendarios inglés y español. En 1582 el papa Gregorio XII adelantó diez días el calendario, de modo que el día 5 de octubre pasó a ser el 15 del mismo mes. Solo Francia, Italia y España adoptaron inmediatamente este cambio. Inglaterra no lo hizo hasta 1752. Así, para los ingleses, Shakespeare murió el 23 de abril, pero para los países católicos ocurrió el 3 de mayo.

[2] Artículo en *El Imparcial*, 2 de diciembre de 1903.

[3] Artículo en *Alma Española*, Madrid, 13 de diciembre de 1903.

[4] Publicadas en *El Imparcial* del 4 al 25 de marzo de 1905, y más tarde reunidas en un libro, donde

narra su viaje y cómo, provisto de maleta, armado con un revólver y en compañía de dos libros, lápiz, notas y papel, sale una mañana en tren desde Madrid para alcanzar su primer destino: Argamasilla de Alba. Durante quince días visitó varios pueblos, transitó por sus calles, conversó con quien pudo y alquiló un carro para sus desplazamientos, que guiaba un antiguo confitero de Alcázar de San Juan.

[5] Petición de autorización para facilitar en la estafeta de correos del Congreso un sello alegórico que perpetúe la fecha del centenario de Cervantes

[6] Para la producción de estos sellos oficiales se ha recurrido tanto al diseño e impresión de sellos específicos como a la utilización de sellos de correo con sobrecargas del tipo «Oficial» o «Servicio del Estado», que los han habilitado para este uso. Fue precisamente España, en 1854, el primer país en emitir y hacer circular los primeros sellos exclusivos para uso oficial, una serie de cuatro estampillas sin dentar (número del catálogo Fesofi 28 a 31), donde además del escudo de España, figuraba como valor facial el peso máximo en onzas y libras a franquear con cada uno. Anteriormente Inglaterra en 1840 preparó un sello de carácter oficial que era idéntico al Penique Negro, salvo por la inscripción de las letras V y R (Victoria Regina) en sus esquinas superiores. Sin embargo, aunque fue impreso, este sello nunca se emitió ni usó.

[7] Declaración de la RAE en https://www.religiondigital.org/amistad_europea_ universitaria/retrato-Cervantes-atribuido-Juan-Jauregui_7_1795990388.html

[8] Se denomina «a mujeriegas» cuando las dos piernas están al mismo lado de la cabalgadura, porque era la forma de cabalgar de las damas y que también utilizaban los labradores en algunas ocasiones. Es el caso de Sancho que así solía montar sobre su rucio, sobre todo cuando comía sobre él.

[9] Opinión expresada en la conferencia inaugural del XIV Congreso del Instituto de Psiquiatras de la Lengua Española «El Quijote, entre la psicopatología y el erotismo», por el doctor don Francisco Alonso Fernández, catedrático emérito de Psiquiatría, académico, director del Instituto de Psiquiatras de Lengua Española, doctor honoris causa y profesor honorario por once universidades.

[10] Jurista holandés (1583-1645) que publicó en 1609 de forma anónima *Mare liberum*, breve tratado donde afirmaba que el mar no era propiedad de nadie, sino territorio internacional, que todas las naciones eran libres de aprovechar.

[11] En su obra *De Potestate Civili* (1528).

[12] Resolución de la Unesco número 4.121, proclamando 1972 como Año Internacional del Libro.

[13] Declaraciones del experto en Cervantes y editor de *El Quijote*, Florencio Sevilla Arroyo, de la Universidad Autónoma de Madrid, en las jornadas conmemorativas del IV Centenario de la publicación de la primera parte de *El Quijote* (1605-2005), que organizó el Departamento de Literatura de la Facultad de Filosofía y Letras de Córdoba.

[14] *Ibídem.*

[15] «Espero la luz después de la oscuridad» (Job 17, 12).

[16] J. C. Rodríguez Salinero, «La Argamasilla... de Calatrava», en *Anales Cervantinos*, núm. 35, 1999.

[17] En las *Relaciones Topográficas* de Felipe II sobre Almodóvar del Campo dice la respuesta número 4: «Cuéntase comúnmente esta villa de Almodóvar en el reino y arzobispado de Toledo [...] al pie y entrada de Sierra Morena por el paso y camino real antiguo y ordinario de Castilla la Vieja para el Andalucía». Y, más rotundamente lo dice la respuesta 55: «Este pueblo según está referido es muy pasajero y está en el camino real y cursado que va de Castilla para el Andalucía y del Andalucía para Castilla la Vieja y es paso forzoso y necesario entre las dichas dos provincias».

[18] P. A. Beño Galiana, *Argamasilla de Alba. El lugar de la Mancha*, Ciudad Real, Instituto de Estudios Manchegos, 1982, p. 67.

[19] Nacido en 1960, miembro del Senado Académico de la Academia de Arte Moderno de Roma desde 1996, medalla de honor en el X Premio de BMW de Pintura.

[20] M. del M. Mañas Martínez, «Don Quijote de la Mancha, de Rafael Gil: una adaptación literaria del cine español en las conmemoraciones cervantinas de 1947», en *Anales Cervantinos*, núm. 38, 2006, pp. 67-93.

[21] *Ibídem*, p. 72.

CONCLUSIONES

[1] En 2013 la Consellería de Educación e Ordenación Universitaria de la Xunta convocó los premios a la innovación educativa para profesorado de centros educativos de enseñanza no universitaria sostenidos con fondos públicos de la comunidad, otorgando el segundo premio a María Elisa Abad Suárez por el trabajo titulado *Aprendiendo con sellos*.

[2] Aceptó como disciplina no curricular (modulo complementario) en el centro de Bachillerato Ave María de Granada la «Cultura Andaluza a través de la Filatelia y la Numismática», además de un Seminario Permanente de Filatelia.

[3] Introdujo como disciplina no curricular (modulo complementario) la «Cultura Andaluza a través de la Filatelia y la Numismática», además de un Seminario Permanente de Filatelia.

[4] La profesora y coordinadora del equipo de Normalización y Dinamización Lingüística de este colegio, María Elisa Abad Suárez, obtuvo la medalla al Mérito Filatélico por el trabajo titulado *Aprendiendo con sellos,* primer centro educativo en recibir este premio del Ministerio de Fomento. Además, este colegio tiene establecida la filatelia con carácter interdisciplinar, ya que «los sellos se pueden encajar en cualquier asignatura, solo hay que observarlos y buscar con detenimiento», como explica dicha profesora, y es incluso un elemento de integración en un colegio en el que conviven quince nacionalidades.

[5] Su departamento de Historia del Derecho y de las Instituciones, como ya hemos comentado, ha organizado cursos de posgrado a lo largo de estas dos últimas décadas. Concretamente: máster de Filatelia e Historia Postal, especialista universitario en Gestión y Administración Filatélica y experto universitario en Filatelia y Numismática.

OTROS TÍTULOS DE ESTA COLECCIÓN

239/VICENTE PALOMARES GARCÍA, *Las Escuelas del Hogar Provincial, Pérez Molina, Cruz Prado y Ferroviario. Primer centenario de las escuelas públicas en Ciudad Real, 1924-2024.*

240/MARÍA ÁNGELES JIMÉNEZ GARCÍA, *El Campo de Montiel a través de la Literatura.*

241/ALEJANDRO MOYANO GÓMEZ, *Nuestro pasado en mapas. Cartografía histórica de la provincia de Ciudad Real.*

242/ENRIQUE JIMÉNEZ VILLALTA, *La protección del patrimonio cultural de la provincia de Ciudad Real. Las comisiones provinciales de Monumentos y de Patrimonio.*230/MIGUEL LACRUZ ALCOCER, *Las Escuelas Normales de Maestros y Maestras de Ciudad Real, 1842-1936.*

243/ANTONIO MORENO GONZÁLEZ (ed.), *José Castillejo y Duarte (1877-1945). Pionero en la modernización de la Educación, la Ciencia y la Cultura españolas.*

244/JOSÉ ANDRÉS GALLARDO, *Instantes en el tiempo. Fotografías.*

245/ANTONIO SERRANO AGULLÓ (ed.), *La gran Saladina y fundación de la Orden de Calatrava.*

246/JULIO CHOCANO MORENO, *El folklore de los molinos. Antología literaria, musical, iconográfica y paremiológica en torno a los ingenios harineros.*

247/JULIO CÉSAR SÁNCHEZ, *Sánchez Puerto, tres líneas con arte.*

248/ISABEL NIETO-MÁRQUEZ FERNÁNDEZ-CAMUÑAS, *Bichitos: de La Mancha a los Montes de Toledo. Guía de insectos para aprendices de naturalistas.*